D0922558

AMÉNAGEMENT PAYSAGER

pour le Québec

Larry Hodgson

Judith Adam

AMÉNAGEMENT PAYSAGER

pour le Québec

P. Fostin-Couture

Techniques pratiques
pour le jardinier

 **Broquet**

97-B, Montée des Bouleaux, Saint-Constant, Qc, Canada, J5A 1A9
Tél. : (450) 638-3338 / Télécopieur : (450) 638-4338
Site Internet : www.broquet.qc.ca
Courriel : info@broquet.qc.ca

DONNÉES DE CATALOGAGE AVANT PUBLICATION (CANADA)

Adam, Judith
    Aménagement paysager pour le Québec
    Traduction de : Landscape planning

    ISBN 2-89000-576-3

    1. Jardins - Architecture. 2. Aménagement paysager.
I. Hodgson, Larry. II. Titre.

SB473.A3214 2003   712'.6   C2003-940036-0

Pour l'aide à la réalisation de son programme éditorial, l'éditeur remercie :
Le Gouvernement du Canada par l'entremise du Programme d'Aide au Développement
    de l'Industrie de l'Édition (PADIÉ) ;
La Société de Développement des Entreprises Culturelles (SODEC) ;
L'Association pour l'Exportation du Livre Canadien (AELC).
Le Gouvernement du Québec - Programme de crédit d'impôt pour l'édition de livres - Gestion SODEC.

Titre original : Landscape planning

    Publié par Firefly Books Ltd. 2002

    Copyright © 2002 Judith Adam

    Photographies © 2002 pour chacun des photographes mentionés

    Conception graphique par Interrobang Graphic Design Inc.

    Directeur du projet : Wendy Thomas

    Produit par Françoise Vulpé

Pour l'édition en langue française :

    Infographie : Brigit Levesque, Josée Fortin, Nathalie Olivier
    Révision : Denis Poulet, Marcel Broquet
    Éditeur : Antoine Broquet

    Copyright © Ottawa 2003
    Broquet inc.
    Dépôt légal — Bibliothèque nationale du Québec
    2e trimestre 2003

    Imprimé en Malaisie

    ISBN 2-89000-576-3

Tous droits de traduction totale ou partielle réservés pour tous les pays. La reproduction d'un extrait quelconque de ce livre, par quelque procédé que ce soit, tant électronique que mécanique, en particulier par photocopie, est interdite sans l'autorisation écrite de l'éditeur.

DÉDICACE

À Frank et Dolores Del Vecchio : *Amici cari et generosi, rendete sempre bello il gardino.*
(Chers et généreux amis, vous qui savez rendre un jardin attrayant.)

REMERCIEMENTS

Merci à Lionel Koffler pour avoir eu l'idée de ce projet de livre et à Michael Worek
pour l'avoir réalisée. Un remerciement tout spécial à Françoise Volpé et Wendy Thomas,
deux éditeurs qui, outre leur vocation, ont une haute capacité professionnelle.
Toute ma gratitude à Kathryn Riley et à Vincent Summers pour leur appui amical
ainsi qu'à Marc, Brendan et Arden pour leur présence, encore et toujours.

TABLE DES MATIÈRES

Introduction

LES JARDINIERS savent d'instinct que tout s'enchaîne et que si l'on achète un arbuste il faudra changer la plate-bande de vivaces de place. Si l'on change les tuyaux de descente des gouttières, un sentier bien sec devient humide. Si l'on installe une piscine, il faudra une clôture pour préserver l'intimité. À mesure qu'un jardin prend de l'âge, il y a toujours des occasions pour le développer et le rénover. Mais comment déterminer ce qui est vraiment essentiel ? Si un espace pour s'asseoir à l'extérieur est nécessaire, faudra-t-il que ce soit une plate-forme surélevée en bois ou un patio en brique ? Pour créer une ombre partielle, devriez-vous planter un robinier ou un érable de Norvège ? Et que dire de cette pente abrupte dans la pelouse ? Devrait-il y avoir une marche ou faudrait-il en changer l'inclinaison ? Apprendre à penser à ce qu'est la planification de l'aménagement, voilà ce que ce livre offre aux jardiniers amateurs.

L'aménagement paysager consiste à faire des changements et des choix touchant toutes les aires de votre propriété : l'entrée et la pelouse à l'avant, les espaces privés de l'arrière-cour et les surfaces utilitaires le long du stationnement et de chaque côté de la maison. Embellir le terrain est un but important d'un plan d'aménagement paysager... mais il est tout aussi important de vous assurer que tous les éléments de votre terrain sont fonctionnels et en bon état. Chaque terrain a ses problèmes et la planification de son aménagement commence toujours par une évaluation objective du site. Ce livre vous guidera dans le processus d'éva-luation, en vous aidant à déterminer ce qui devrait être conservé et ce qui devrait disparaître ainsi qu'à savoir donner la priorité à vos listes d'améliorations nécessaires et de changements facultatifs. Que faut-il faire en premier ? De nouvelles marches pour l'entrée principale ou un jacuzzi ? Faut-il élargir l'allée principale trop étroite ou est-ce que l'installation d'un système d'irriga-tion souterraine est plus importante ? Apprendre à évaluer le degré de nécessité d'un changement est tout aussi important que de réussir à bien accomplir le travail.

De grandes variétés de végétaux sont les éléments les plus visibles de votre aménagement et aussi les plus complexes et les plus diversifiés. En tant que composantes vivantes de l'aménagement, leur valeur est plus

qu'esthétique : ils créent un environnement sain et agréable pour vos
loisirs extérieurs. Il est important de
comprendre les besoins culturels des
plantes déjà présentes dans votre jardin ainsi que les caractéristiques des
végétaux que vous ajouterez à l'aménagement. Connaître les conditions
de qualité du sol, d'humidité, de
luminosité et d'exposition au vent
qui existent dans votre aménagement
est une clé importante dans le choix
des plantes. Ce livre vous démontre
comment accorder les besoins des
végétaux et les conditions du site, de
sorte que les nouvelles plantes que
vous achèterez se développeront et
embelliront votre aménagement
pendant de nombreuses années. Faire des choix éclairés de plantes est
l'étape la plus importante d'un
aménagement planifié avec succès.

Les nombreuses plantes dont il est
question dans ce livre, avec les des-
criptions et les photos correspon-
dantes, vous guideront dans votre
choix d'une abondante variété de
végétaux pour tout type d'emplacement et de circonstances.

Il arrive souvent qu'une carrière de jardinier commence très
simplement, comme par la
plantation de quelques fleurs ou de
légumes près de la porte de derrière.
Mais au fur et à mesure que le jardin
s'agrandit, les petits gestes mènent
peu à peu à des efforts plus grands et
à des récompenses encore plus
intéressantes. La planification de
l'aménagement paysager est une
extension logique du jardinage et
vous en êtes même probablement
déjà là. La plupart des améliorations
imaginées et les changements tentés

reflètent votre intérêt pour aménager le paysage de votre jardin. Le but
de ce livre est de vous encourager et
de vous appuyer dans ce sens ainsi
que de vous montrer comment
prendre des décisions efficacement.
Il se peut que vous planifiez des
changements qui demandent certaines capacités professionnelles ou
encore, il est possible que vos deux
mains puissent accomplir la tâche
visée. Que le projet soit modeste ou
colossal, ce livre vous donnera les
renseignements et les choix pour
prendre les meilleures décisions pour
votre aménagement.

Regardez bien votre aménagement tel qu'il est aujourd'hui et
prenez-en une photographie menta-
le, car il va changer et s'agrandir considérablement à la suite de la lecture
de ce livre !

Au-delà du jardinage

Quel est le lien entre le jardinage et l'aménagement paysager ? La plupart des jardiniers amateurs se posent cette question lorsqu'ils consultent des livres de projets d'aménagement qui expliquent comment poser des dalles de patio en béton ou installer une clôture en grillage métallique, mais qui ont peu d'intérêt pour les vrais jardiniers. L'aménagement paysager est-il une discipline professionnelle qui fait appel à des consultants et à des entrepreneurs, ou le jardinier amateur peut-il élaborer son propre plan et faire le saut de la plantation d'une plate-bande à la planification d'un aménagement paysager ?

La réponse la plus simple est oui ; avec un peu de recherche et beaucoup de ce sens de l'organisation dont le jardinier est si doué, vous pouvez faire des changements significatifs à vos aménagements à l'avant et à l'arrière. Qu'il s'agisse de décider s'il faut poser du gazon ou paver une allée pour la voiture, de trouver une façon de créer de l'intimité ou à quelle hauteur faire une plate-bande surélevée, tout commence par la compréhension des différences essentielles d'ordre de grandeur et de conception entre le jardinage et l'aménagement.

Les techniques de jardinage sont souvent transmises d'une génération à l'autre et c'est ainsi que beaucoup de personnes jardinent de la même façon que leurs parents. Certains jardiniers apprennent « comment faire » dans les livres, et profitent en plus des conseils encourageants d'amis et de voisins. Mais presque toute activité horticole commence par un amour pour les végétaux en général ou pour un type de plantes en particulier. Le désir d'obtenir des plates-bandes luxuriantes remplies de pivoines, de roses et de framboises cultivées soi-même a très souvent été l'impulsion de départ pour mettre la pelle en terre et creuser. En tâtonnant, et avec un peu de patience et un dos solide, on peut effectivement acquérir les techniques de base de la plantation. Mais faire le saut de la plantation d'une plate-bande à la création de talus, d'allées en gravier et de pentes terrassées – ce qui donne à l'aménagement sa charpente – peut paraître une étape bien mystérieuse.

Les clôtures peintes sont charmantes, mais demanderont éventuellement à être repeintes.

Un mur de soutènement à la bonne hauteur peut nécessiter une installation par des professionnels.

Chaque plate-bande a besoin de son propre système d'irrigation.

Des bouquets de conifères sont attrayants en toute saison.

Ci-contre : Déterminer les besoins en surface dure par rapport à l'espace vert est la première décision importante de votre planification. Allouer suffisamment d'espace de terrasse pour une utilisation commode et, si possible, laisser les deux-tiers du terrain pour les plantations et le gazon. Placer une grosse roche naturelle près d'une surface dure classique crée un élément qui attire le regard et sert à livrer passage aux aires vertes.

Qu'est-ce que l'aménagement paysager?

En quelques mots, le jardinage est la culture d'une plate-bande ou d'une aire quelconque: pensez à une roseraie, à un jardin alpin, à un potager ou à une plate-bande d'arbustes. L'aménagement paysager, en comparaison, est une méthode pratique pour subdiviser votre espace extérieur et pour agencer les différentes aires de manière à former un tout, ce qui demande alors une vision plus globale du terrain dans son ensemble.

La planification d'un aménagement pourrait être comparée à l'utilisation d'une lentille grand-angle pour avoir une vue d'ensemble du terrain, même par-delà la haie. L'aménagement paysager prend en considération l'écologie et la topographie du terrain, les fonctions mécaniques que sont le mouvement de l'air et de l'eau et les conventions nécessaires de frontières, de sentiers et d'entrées. Planter une rangée d'arbres de chaque côté de l'allée pour la voiture, enlever et relocaliser une pelouse, ajouter des marches à une pente rapide, voilà quelques changements relevant de l'aménagement paysager pour tirer le meilleur parti de votre terrain.

Est-ce que cela signifie que l'aménagement paysager est de même ordre que la conception d'un jardin? Pas vraiment, du moins, pas dans le sens d'adopter des thèmes tels que des plates-bandes de vivaces de style victorien ou encore, une prairie du Sud-ouest. La conception de jardins est un processus qui donne à un aménagement d'un style et un caractère qui reflètent les intérêts, les idées et le tempérament du jardinier, alors que l'aménagement paysager est une analyse réaliste de ce que vous possédez et des moyens pratiques pour mieux le développer. Que vous fassiez le travail vous-même, en entreprenant un petit projet à la fois, ou que la saison très courte vous pousse à faire accomplir les gros travaux par des professionnels rémunérés, le choix et le rythme des travaux demeurent votre choix.

Rares sont les jardiniers qui ne font pas l'expérience d'une certaine incertitude quant à la manière de résoudre un problème structural ou à savoir comment mettre à profit un emplacement important. Les solutions d'aménagement à ces défis se trouvent parfois juste au-delà la plate-bande, et sont donc néanmoins bien à la portée du jardinier amateur.

On peut changer régulièrement les plantes dans une plate-bande, mais remettre en état une allée défraîchie est plus complexe et plus permanent. Le choix des solutions peut consister en une bordure en pierre avec des dalles de pierre de taille pour produire un effet classique. Les dalles de pierre en forme irrégulière posées au hasard de leur configuration demandent expertise dans la taille de la pierre, alors que les pavés cimentés sont faciles à poser et durables. La solution est peut-être de la brique durcie, à l'épreuve de l'éclatement, et posée selon un motif de tressage.

Les dix éléments du design paysager

Tous les aménagements sont déterminés par leur emplacement naturel et leur passé. Sur les sols où les glaciers étaient en mouvement, il faut s'attendre à des changements erratiques de niveau et à l'accumulation de grosses pierres. Si le terrain a précédemment servi de parc de stationnement, on trouvera un sol compacté et une prolifération de mauvaises herbes. Les jardiniers doivent jouer les cartes qu'on leur donne et apprendre à tirer le meilleur parti possible de leur aménagement.

Le design paysager commence par une analyse objective des qualités et des défauts inhérents au site (simultanément) et une projection réaliste de la manière dont vous souhaiteriez utiliser l'espace. Réussir à accorder ce que vous avez à ce que vous voulez avoir constitue un pas de géant vers la conception d'un aménagement qui répondra à vos besoins. Ensuite, il vous suffira de suivre certaines directives usuelles en ce qui regarde le style, la structure, les végétaux et le choix des couleurs pour vous aider à franchir chaque étape et à réaliser chaque projet.

Et surtout, planifiez de manière réfléchie et ne soyez pas pressé pour prendre vos décisions. Car parfois, en aménagement paysager, les meilleurs résultats s'obtiennent graduellement au fur et à mesure que vous apprenez les techniques du design et de la construction.

1. **Le style personnel.** En dépit de ce que les revues les plus récentes de design nous proposent, nous savons tous ce que nous aimons, et c'est très bien ainsi. Un « style » personnel n'est au fond qu'une autre façon de dire une « préférence » personnelle. Cela peut vouloir dire un jardin classique ou naturel, traditionnel ou contemporain, recherché et rempli de détails précis ou simple et inachevé sur les bords; densément rempli de plantes à fleurs ou sobre, avec uniquement un assemblage de textures de feuillages verts. Cette préférence personnelle influencera votre choix de plantes, de matériaux inertes et de techniques de construction. Ainsi, dans un aménagement classique le patio pourrait être composé de pierres naturelles de taille alors que, dans un contexte plus naturel, des pavés ronds pourraient

Un pot en terre cuite contenant des géraniums et posé sur le coin d'une marche ajoute une petite touche de style à cet aménagement classique.

être utilisés. Un style plus recherché pourrait se refléter dans un patio de briques à motifs complexes, alors qu'un jardinier plus décontracté choisirait un patio en dallage de pierres rapportées, c'est-à-dire, de pierres plates de forme irrégulière, placées en laissant des espaces pour de la mousse ou des plantes entre les dalles. Un patio traditionnel se composerait de pierres bien alignées et symétriques, alors qu'un patio contemporain pourrait entremêler des pierres naturelles à des dalles préfabriquées dans un motif en diagonale.

2. **La planification.** Une bonne planification est basée sur une analyse objective des conditions du site. Planter sur un flanc de coteau aride des rosiers hygrophiles, remplacer la pelouse sur l'avant par un jardin de la victoire ou installer un jacuzzi dans un patio étroit sont des idées intéressantes, mais comment les réaliser ? Les objets de grande taille comme une piscine ou un garage double sont intéressantes, mais y a-t-il assez d'espace pour les recevoir ? Quand une piscine occupe presque la cour arrière, on ne peut plus parler de jardin, mais plutôt de cour de baignade. L'identification de ce qui est possible, raisonnable et réalisable vous donnera les lignes directrices d'un plan d'aménagement pratique. La quantité de lumière disponible,

Choisissez des plantes qui correspondent aux conditions de l'emplacement, comme la terre sèche sous un arbre.

un sol humide ou sec, une surface plate ou un sol de niveau très inégal, voilà des facteurs qu'il faut considérer et peser en fonction des caractéristiques de design que vous souhaitez. Votre plan devrait inclure le calendrier et la cadence des travaux, les matériaux et les plants nécessaires, ainsi qu'une assignation des responsabilités de réalisation – les travaux que vous pouvez accomplir vous-même et les tâches qui font appel à des consultants, des entrepreneurs en construction et des artisans qualifiés.

3. **La délimitation.** Un espace de jardin privé peut ressembler davantage à un espace public s'il n'est pas bien délimité. Délimiter son périmètre lui donnera du corps et de la cohésion, en formant un tout visuellement. La clôture et la haie classique sont les éléments les plus courants pour délimiter votre espace, mais vous pouvez obtenir le même

effet de façon plus subtile au moyen de haies partielles d'arbustes à fleurs, de plates-bandes, d'allées d'arbres ou d'éléments architecturaux comme des murets bas ou une bordure garde-pavé. Les démarcations à l'intérieur de l'aménagement indiquent la direction et font aussi ressortir les relations entre une aire et sa voisine en les reliant. Un sentier composé de dalles trace un chemin d'un endroit à l'autre et vous indique où marcher. Une bordure en béton ou en briques installée le long de la pelouse sépare le gazon des sections ornementales et peut relier des éléments majeurs, comme un regroupement de grosses pierres à une extrémité d'une longue plate-bande à une vasque pour les oiseaux, à l'autre extrémité. Chaque démarcation ajoute du caractère à l'emplacement et contribue à son style et à sa conception. Les lignes droites conviennent aux aménage-

Les formes des plates-bandes vertes et les lignes des sentiers délimitent et divisent l'espace.

ments classiques, les lignes courbes plus gracieuses et plus souples aux aménagements naturels et les lignes brisées, aux aménagements contemporains.

4. **La division de l'espace.** Diviser l'espace et séparer les aires dans un aménagement est une façon de définir son usage potentiel. Séparer les plates-bandes des pelouses, souligne la démarcation entre les aires de culture et celles de promenade. Séparer les patios des pelouses vous indique où vous asseoir et où jouer au soccer. Bien sûr il est possible de placer votre chaise sur la pelouse, mais il est utile d'organiser le terrain en indiquant visuellement comment l'espace sera utilisé. On rend un grand terrain plus intéressant et plus facile à entretenir en créant des aires séparées. Des plantations à la queue leu leu d'arbustes bas et de couvre-sols, des

Des plantes grimpantes et des arbres surplombants aident à relier les aires divisées selon leur utilisation.

îlots de verdure, des bermes, des sentiers et des tonnelles peuvent servir à créer des séparations partielles, dérober la vue et piquer la curiosité. On peut faire paraître les petits terrains plus grands en utilisant des indications subtiles de division. Un simple changement de niveau, comme élever une terrasse de bois ou de pierres de seulement quelques centimètres, donnera l'impression de grandeur à une petite cour.

5. Échelle de proportion et équilibre.

Observer l'échelle de proportion de l'aménagement fait en sorte que les végétaux et les arbres ont l'air naturels dans leur environnement. Un vaste terrain peut facilement recevoir des arbres de ramure importante et des plantations massives d'arbustes. Les arbustes nains et les arbres pyramidaux, par contre, seront plus à l'échelle d'un petit terrain, avec des végétaux vedettes individuels servant de faire-valoir.

Gardez les éléments en proportion : un petit banc et un petit cabanon pour une petite cour.

Les éléments de l'aménagement – les arbres et les arbustes verticaux, les pelouses et les couvre-sols horizontaux, les surfaces inertes en pierres et les éléments architecturaux – devraient être en équilibre avec l'espace disponible ou y « convenir » afin d'y paraître bien à leur place. Une abondance de tonnelles ou d'arches dans un espace limité paraîtra artificiel, car il n'y aura pas assez d'espace horizontal pour contrebalancer l'espace vertical occupé par ces structures. Une trop grande surface de pierres pour la terrasse et les murs de soutènement peut l'emporter sur la surface d'espaces verts de l'aménagement.

6. La charpente de l'aménagement.

Les végétaux ligneux de grande taille et les éléments architecturaux forment la charpente de l'aménagement et créent une infrastructure permanente à l'épreuve des changements de saison. Imaginez votre jardin tel qu'il apparaîtra au cours des moments les plus froids de l'hiver et utilisez cette image comme point de départ pour déterminer où planter les arbres ou les arbustes à feuilles persistantes, où construire un muret de pierres et où placer une vasque pour les oiseaux. Ce que vous voyez en hiver est le squelette de l'aménagement de vos plantes à floraison printanière et estivale. Commencez par choisir les arbres et les arbustes, qui sont plus grands, puis, toute plante ligneuse d'au moins 90 cm de hauteur, comme un cornouiller à feuilles alternes (*Cornus alternifolia*) ou

Les structures permanentes et les plantes ligneuses forment la charpente de l'aménagement en toute saison.

un regroupement d'arbustes à fleurs ou de conifères nains. Toutes les plantes ligneuses contribuent à la structure permanente de l'aménagement, mais il peut être utile de choisir certaines variétés ayant des caractéristiques intéressantes en toute saison, comme un port retombant ou une écorce attrayante. Parmi les éléments architecturaux, il y a non seulement les éléments fonctionnels à considérer, comme les clôtures, les portes et les marches, mais aussi les structures ornementales, tel que les treillis, les tonnelles, les statues et les contenants.

7. Le style de plantation.

Le style de plantation privilégié donnera un ton à l'aménagement. Les végétaux peuvent être utilisés par groupes pour créer un effet de masse et ainsi couvrir efficacement l'espace ou encore, moins densément afin d'accentuer leur détail et leur profil individuel. Le jardin d'un cottage à l'anglaise ou un boisé se composent de plantes en massifs qui couvrent une grande surface de terrain. Les thèmes japonais et californiens utilisent avec plus de parcimonie et moins densément les végétaux et emploient plus de plantes vedettes individuelles qui n'ont pas besoin de

Les roches naturelles s'intègrent bien dans un aménagement simple.

faire-valoir. Il n'est pas nécessaire d'avoir un thème dominant pour tout l'aménagement. Au contraire, on peut adapter les thèmes pour répondre aux besoins de chaque aire particulière. Les plantations en massifs seront utilisées le long des fondations de la maison ou pour dissimuler des équipements ou des surfaces irrégulières. Pour accentuer le changement de niveau, on peut placer des plantes à port retombant çà et là le long d'une pente et alors en tirer avantage. Ou encore, un seul arbre vedette peut marquer la transition entre l'avant et l'arrière-cour.

8. **Le choix des couleurs.** La couleur est le trait le plus personnel de l'aménagement paysager et peut influencer la façon dont le terrain est utilisé et le plaisir qu'on en retire. Les couleurs des plantes vivaces et annuelles et des bulbes peuvent varier avec les saisons si vous les choisissez pour des effets à motifs de tapisserie, qu'elles soient chaudes (tons foncés de joyaux), froides (bleus, mauves ou blancs) ou vertes. On peut choisir des couleurs chaudes comme le rouge à l'avant et réserver un traitement plus doux à l'arrière-cour avec des couleurs plus froides : pourpre, bleu et jaune clair. Pour développer un thème de couleurs fort, il devrait y avoir au moins quatre variétés de végétaux pour chaque thème de couleurs choisi. La palette de couleurs devrait comprendre des couleurs constrastantes qui complètent et rehaussent le choix principal ; elles pourraient correspondre à environ 25 % des plantes à fleurs. Par exemple, une bordure rose sera mise en valeur par du mauve, du gris ou du blanc. Les couleurs des arbres et des arbustes contribuent aussi au caractère de l'aménagement. Les plantes ligneuses aux feuilles pourpres apportent profondeur et richesse à l'ensemble. Les plantes panachées aux feuilles vertes et blanches ou crème mettent de la lumière dans les emplacements ombragés, alors que les feuilles jaunes ou chartreuse ajoutent de l'intérêt et de la diversité. Les

Les conifères apportent texture, forme et coloration tout au long de l'année.

conifères aussi sont offerts dans des couleurs intéressantes comme le bleu-vert, le bleu acier, le gris et le doré.

9. **La succession florale.** Les arbres, les arbustes à fleurs et les vivaces herbacées offrent des fleurs, des textures et des parfums qui sont des éléments importants en toute saison. Trop souvent, cependant, la majeure partie de la floraison a lieu au printemps et au début de l'été. Cependant grâce à une bonne planification, l'aménagement peut comprendre des plantes ornementales qui sont en valeur durant toute la saison de croissance, même à la fin de la saison, une période où le terrain pourrait être exclusivement vert. La notation des dates de floraison des végétaux dans l'aménagement permettra de connaître les périodes où elle est abondante et d'autres où elle l'est moins. Un peu de recherche dans les livres et dans les jardins de votre municipalité vous aidera à

identifier les plantes vivaces qui sont en fleurs du milieu à la fin de l'été, voire jusqu'aux gels automnaux, plantes que vous pourrez alors acheter et cultiver dans votre plate-bande. Les arbustes à floraison tardive, comme l'hydrangée paniculée (*Hydrangea paniculata*), le clèthre à feuilles d'aulne (*Clethra alnifolia*) et l'heptacodium (*Heptacodium miconioides*), ainsi que les plantes ligneuses aux

Planifiez une succession florale qui va du printemps à l'automne.

fruits ornementaux, comme le rosier rugueux (*Rosa rugosa*) et le pommetier de Sibérie (*Malus baccata*), sont très indiqués dans le jardin automnal. Afin de créer des vagues d'effets ornementaux, on peut aussi inclure dans la plantation les plantes aux coloris automnaux remarquables, comme l'aronie à feuilles d'arbousier (*Aronia arbutifolia*), le fusain ailé (*Euo-*

nymus alata) et le sumac vinaigrier (*Rhus typhina*).

10. Les éléments architecturaux. Presque chaque structure peut avoir une valeur architecturale dans l'aménagement. Les éléments les plus familiers sont les sentiers et les bancs, les clôtures et les portes, les treillis, les pergolas, les tonnelles et les étangs. Leur valeur conceptuelle est d'autant plus rehaussée lorsqu'ils sont fabriqués avec dextérité à partir de matériaux appropriés. De petits objets, comme les vasques pour les oiseaux et les statues, peuvent être utilisés pour marquer les entrées et attirer l'attention sur l'intérieur d'une plate-bande. L'aménagement est mis en valeur lorsque les éléments architecturaux sont bien placés dans des endroits où ils feront ressortir la vocation d'une aire ou contribueront à la croissance des végétaux tout en rendant l'utilisation de l'aména-

Les clôtures, le pavement et les sièges sont des éléments architecturaux fonctionnels.

gement plus commode ou accessible. Utiliser trop d'éléments architecturaux peut déranger les liens entre les différentes sections de l'aménagement et couper les effets du projet. La meilleure directive consiste à s'assurer que chaque élément est utilisé à son mérite fonctionnel ou artistique. Mais les éléments et les effets architecturaux ne devraient jamais remplacer les végétaux. L'utilisation par trop généreuse de gnomes, de lanternes et de moulins à vent sur le terrain dilue l'objectif de son aménagement paysager.

LA PERSPECTIVE DE LA PLANIFICATION

TOUTE PLANIFICATION de projet demande une analyse réaliste de vos objectifs. Que vous vouliez créer un jardin botanique de renommée internationale ou tout simplement agrandir la terrasse à l'arrière, l'ordre des travaux est le même.

- Sachez clairement ce que vous voulez accomplir.
- Établissez un calendrier du début jusqu'à la fin des travaux.
- Déterminez quelles parties du projet vous pouvez exécuter vous-même.
- Faites appel à des professionnels, le cas échéant.
- Procurez-vous les matériaux nécessaires et apportez-les sur le site des travaux.

Assurez-vous d'avoir le temps, la compétence et les fonds nécessaires pour mener à terme ce que vous commencez.

La base du changement

Les jardiniers ont souvent tendance à critiquer leur propre terrain et cette tendance, si on sait la tempérer, peut être très utile pour identifier les besoins de changement. Parfois, une bagatelle peut nous énerver, mais il vaut mieux ne pas s'arrêter aux petits détails agaçants et plutôt jeter un coup d'œil sur l'ensemble du terrain afin d'en déterminer le caractère. S'agit-il d'un vieux jardin jonché d'objets laissés par les anciens propriétaires ou d'un paysage neuf inculte ? Paraît-il dégagé ou surchargé, en désordre ou malpropre, dépouillé ou d'une taille et de proportions gigantesques ? Les structures sont-elles délabrées, défraîchies ou vétustes ? Ou n'existe-il rien qu'une pelouse fraîchement posée et une clôture de pieux ?

Ce jardin bien aménagé est riche en idées. Des marches et un mur de soutènement bas, une entrée classique et un sentier plus simple en dalles, une bordure de plate-bandes facilitant la tonte, une clôture de pieux et une tonnelle sont tous des éléments inertes utiles. Des conifères nains sont utilisés dans les plantations le long des fondations, avec des arbres pyramidaux à chaque coin. La pelouse est limitée par deux haies et mise en valeur par un arbuste ornemental à port retombant et un regroupement de bouleaux au pied desquels se trouve un tapis de plantes couvre-sol.

L'œil du jardinier est un outil délicat à manier. Au premier coup d'œil, nous ne remarquons que les éléments qui suscitent notre intérêt. Mais il est préférable de prendre un peu de temps pour distinguer le bon, le mauvais et l'inutile. Une évaluation objective commence toujours par l'identification de ce qui doit disparaître du paysage. J'ai déjà trouvé dans la cour d'un client, une vieille tondeuse rouillée restée telle quelle quand son moteur avait lâché, comme si son propriétaire avait été appelé au téléphone et n'était jamais revenu. Et il n'est pas rare de retrouver, un bac à sable et une vieille balançoire dans l'arrière-cour de propriétaires dans la cinquantaine dont les enfants sont partis de la maison depuis longtemps. Quand on a fait disparaître de telles choses, l'image se précise. Si votre terrain appartient à la famille depuis des générations, vous n'avez peut-être pas remarqué à quel point certaines sections étaient devenues désorganisées et vétustes. Si vous venez d'y aménager, c'est le moment idéal pour dresser une liste de tout ce qui était inclus dans l'achat de la maison. Voulez-vous vraiment conserver la piscine hors-terre en vinyle ? Ou une énorme antenne parabolique ? Et que dire du barbecue en brique qui remonte à l'époque des Romains ? Si vous les aimez, gardez-les ; sinon, c'est le temps pour une démolition rapide ou une vente d'objets usagés.

Mais il n'est pas nécessaire d'agir avec trop d'empressement. Il demeure important de jauger la valeur de ce que vous voyez et aussi son utilisation possible. Je suis constamment à la recherche de trésors potentiels dans les jardins de mes clients. J'ai déjà trouvé des urnes antiques sous un amoncellement de douces-amères, une fontaine Art déco enterrée sous un amas de briques et, dans une cour, une jolie terrasse en pierres sous une pelouse. (Si vous le laissez aller, le gazon engouffrera tout ce qui se trouve sur son chemin !) Vous pourriez au départ ne pas apprécier un superbe muret de pierres sèches puisqu'il est à moitié tombé. Mais est-il possible de le réparer, de déplacer tout le muret vers un site plus convenable ou encore, pourriez-vous conserver certaines pierres pour une terrasse ou l'entrée principale ?

Si votre terrain a été développé avant les années 1950, il s'y trouve peut-être un trésor caché sous la forme d'un sentier en cailloutis de granit, aujourd'hui d'une grande valeur et ne nécessitant qu'un bon nettoyage. Aussi, il est parfois possible de nettoyer et de tailler des plantes ligneuses et des arbres crochus et vieillis afin de les laisser afficher le caractère de leur grand âge. N'y a-t-il pas des vivaces intéressantes qui pourraient être déterrées et relocalisées quand les changements auront lieu ? Ou pourriez-vous rajeunir une haie ou des arbustes à fleurs en les taillant ?

UN DESIGN FIDÈLE AU SITE

CHAQUE maison et chaque terrain a son site et son caractère propre qui définissent comment ils s'accordent avec le voisinage et l'univers en général. Peu importe les plans d'aménagement élaborés, ils devraient toujours faire ressortir cette identité et être en concordance avec le milieu. Quand on fait des choix peu éclairés, comme installer un éclairage haute technologie dans un jardin à la campagne, l'œil se demande toujours ce qui ne va pas.

Cette « impression générale du site » découle principalement de son contexte historique. Dans les maisons et les jardins contemporains, vous trouverez souvent des matériaux comme de la pierre agrégée composée ou du béton prémoulé. Mais une maison centenaire mérite pour la voiture une allée en gravier qui réflète son âge et sa tradition. Une maison de style Cape Cod paraît plus authenthique lorsque l'allée principale est faite de briques enliées selon un motif à chevrons. L'utilisation de matériaux et de techniques appropriés est une façon de s'assurer que l'aménagement demeure fidèle à son caractère essentiel.

Pourquoi faire tout cela ?

Peut-être voyez-vous un fort potentiel de développement dans votre terrain. Et beaucoup de travail, de sueur et de dépenses à venir. Mais il existe de bonnes raisons pour entreprendre des rénovations dans son aménagement paysager, qu'elles soient mineures ou majeures... et elles commencent toutes par « espace » et « fonction ». La question essentielle est celle-ci : cet espace fonctionne-t-il et répond-il à mes besoins ? Puis-je m'asseoir et manger confortablement à l'extérieur ? Puis-je aller où je veux sans mettre les pieds dans la boue ? Le terrain est-il sécuritaire ou est-ce que je risque de glisser et de tomber ? Les limites du terrain sont-elles clairement marquées et encadrées ? Existe-t-il des espaces pour les intérêts particuliers des membres de la famille et des invités : enfants, athlètes, nageurs, jardiniers ? Et ainsi de suite.

Tous les changements ne sont pas majeurs. Vous pourriez seulement vouloir ajouter une bordure facilitant la tonte des bords de la pelouse, réparer l'entrée principale fissurée ou ajouter une jolie haie de thuyas. Mais quel que soit le changement que vous faites, il devrait ajouter à la valeur de votre propriété et apporter la satisfaction unique d'une valeur accrue. Les bons choix dans le développement de l'aménagement témoignent toujours de la décision réfléchie du jardinier. Vous pouvez souvent constater les piètres résultats des choix malheureux de matériaux de qualité inférieure et des méthodes de « rafistolage ». Les solutions temporaires n'ajoutent pas à l'augmentation de la valeur de la propriété et démontrent plutôt un mauvais jugement et un manque de planification. Rapiécer des marches plutôt que de les reconstruire, tenter de maintenir debout ce qui est prêt à être démoli et utiliser des planches comme mur de soutènement d'un remblai diminuent tout le plaisir et la valeur d'un aménagement.

Lorsqu'il y a un dépassement de coûts, assurez-vous de la valeur de revente de vos réfections. Plus un développement paysager est coûteux et permanent, plus il est nécessaire de s'assurer de sa valeur à long terme et de son attrait général. Pour certaines personnes, une piscine est une véritable passion, mais pour d'autres, une maison perd immédiatement de la valeur s'il y a une piscine... et enlever une piscine est rarement rentable. De même, le pavage d'une vaste surface pour agrandir le stationnement peut ruiner les conditions du sol et si un acheteur potentiel désire enlever la surface dure afin d'y planter un arboretum... Avant de personnaliser votre aménagement afin d'en faire la réalisation vivante de vos rêves les plus chers, assurez-vous que vous avez l'intention d'habiter là assez longtemps pour en profiter. Peu importe l'investissement dans votre aménagement, vous pouvez vous attendre à ce que l'apparence d'un terrain bien aménagé vu de la rue ajoute sept à dix pour cent à la valeur de votre résidence, pour autant que tous les changements que vous faites sont raisonnables, enrichissants et faciles à apprécier par les passants.

EN AVOIR POUR SON ARGENT

Le coût des projets importants d'aménagement paysager peut facilement faire un trou dans votre budget, alors, avant de faire des plans à grande échelle, prenez en considération combien de temps vous prévoyez résider à votre adresse actuelle.

Pour une planification à court terme, il suffit de calculer un rapport d'une année par mille dollars d'investissement. Pour cinq mille dollars investis dans l'aménagement, vous devriez pouvoir calculer bénéficier des aménagements pendant cinq années afin de profiter pleinement de l'investissement. Dix mille dollars d'investissement devraient vous donner dix années de satisfaction : ainsi, vous pourrez calculer que votre investissement en valait la peine.

Toutes sortes de projets intéressants, comme un patio et des plates-bandes neuves, un système d'irrigation, etc. pourraient trouver place dans un tel budget. De plus, fixez un budget qui correspond à vos moyens financiers : assez d'argent pour faire un changement que vous apprécierez dans le futur immédiat, mais pas au point que vous regretterez le coût des réfections.

Déplacer des montagnes : qui fait le travail ?

Les jardiniers ont habituellement une assez bonne idée de leur niveau d'habileté. Creuser une nouvelle plate-bande, diviser des vivaces, tondre le gazon et faire du compost ne requièrent tous qu'une habilité normale. Que vous soyez meilleur à l'une de ces tâches et plus novice dans une autre, toutes ces activités correspondent généralement aux habilités de la plupart des jardiniers amateurs. Mais maintenant, vous pensez à de nouveaux niveaux d'accomplissement qui demandent des tâches et des habiletés que vous avez peut-être vues réaliser, mais que vous n'avez jamais essayé de faire vous-même. Peut-être trouvez-vous intéressant de regarder la progression des travaux sur un site de construction, mais cela ne fait pas de vous un ouvrier du bâtiment qualifié. Pensez-vous vraiment être capable de comprendre les bases du nivellement du sol, de l'installation des pavés enliés ou de choisir et planter des végétaux de pépinière de grand calibre ? Ou devriez-vous faire appel aux services de professionnels pour réaliser vos plans ?

Certaines compétences sont le domaine spécifique de professions traditionnelles comme la maçonnerie et la taille des pierres. Aménager un sentier de briques sèches sur une base de sable demande davantage de réflexion que d'habilité, mais construire un muret de briques avec du mortier demande un niveau d'expérience tel qu'il vaut mieux faire faire le travail par un maçon expérimenté. De même, assembler un patio en utilisant des dalles de pierre carrées n'est pas très compliqué, mais faire un patio avec des pierres plates de forme irrégulière exige les connaissances d'un tailleur de pierres spécialisé. En somme, entreprendre des travaux au-delà de vos capacités est une perte de temps et de matériaux coûteux.

À droite : Un nouvelle allée pour le véhicule automobile nécessite un équipement lourd pour l'excavation, une assise compactée et une surface soignée. Laissez donc un professionnel faire le travail.

Comme le courage, la débrouillardise et la jugeote comptent pour beaucoup dans l'aménagement d'un terrain résidentiel, il ne faut pas céder trop rapidement à la panique. Il est vrai que chaque projet d'aménagement exige un niveau d'habileté, des connaissances, de la force physique et du temps, mais ne pensez pas que vous n'êtes pas dans le coup tout simplement parce que vous manquez d'expérience ou que vous avez un physique un peu frêle.

Jetez un coup d'œil sur un chantier de construction et vous remarquerez que tous les hommes ne sont pas bâtis comme l'homme de Cro-Magnon. La taille n'est pas toujours synonyme de capacité physique, et la force brute n'est pas toujours un facteur déterminant. En fait, les jardiniers perspicaces savent bien que de bons outils bien choisis peuvent souvent remplacer des muscles d'haltérophile. Une pelle bien aiguisée maniée par un bras normal creusera un trou rapidement et efficacement, mais une pelle émoussée exige beaucoup plus de muscles pour accomplir le même travail.

Vous pouvez louer de l'équipement spécialisé pour plusieurs types de tâches laborieuses – découpeuses de mottes de gazon, fendeuses de briques, ciseaux à pierre, compacteurs de sol, convoyeurs, etc. – et l'utilisation de ces outils remplace la force et l'endurance personnelle. Si vous avez à déplacer des poids considérables, vous pouvez habituellement faire venir un camion muni d'une petite grue ou d'une déchargeuse, ainsi que les matériaux tels la brique, la pierre et le bois. Ainsi, l'équipement du camion permettra de décharger sans peine la marchandise sur le bord de votre stationnement d'où vous pourrez la déplacer par plus petites quantité à l'aide de votre propre brouette. Si vous avez commandé quelques tonnes de pierres ornementales et que le camion n'est pas équipé de grue ni de déchargeuse, elles pourront tout simplement être déversées sur l'entrée ou le gazon. Dans ce cas, veillez à placer de vieilles couvertures et des pneus de voiture là où les pierres vont tomber pour ne pas endommager la surface sous-jacente.

REGARDER ET APPRENDRE

SOUVENT nous en savons plus que nous le croyons à propos des techniques d'aménagement parce que, la plupart du temps, c'est tout simplement une question de gros bon sens. Il est évident que la pluie emportera la terre d'une plate-bande surélevée et qu'il faut installer une bordure ou un muret de soutènement pour retenir le sol et les plantes. Dès lors que vous avez compris que les vivaces ont besoin d'une quantité suffisante de bonne terre pour développer un bon système de racines, vous saisirez l'importance de poser 15 cm de terre de qualité sous un nouveau gazon.

On peut aussi apprendre par la simple observation. Chaque fois que vous voyez une allée en pavés enliés avec des sections affaissées, vous savez tout de suite que leur assise est inadéquate. Sachant par expérience qu'il faut de solides fondations pour les matériaux lourds, vous saurez les creuser quand vous voudrez aménager un sentier en dalles dans la pelouse de votre terrain. De bonnes fondations sous chaque dalles fera en sorte qu'elle ne se soulèvera pas sous l'effet du gel et restera bien de niveau (voir page 79). Une bonne recherche à la bibliothèque des magasins de matériaux de construction et l'avis d'amis qui ont vécu l'expérience eux-mêmes vous donnera une foule d'informations utiles. Pour chaque tâche complexe, il existe une abondance d'informations écrites, mais la découverte des subtilités est le fruit de l'expérience.

Un appel à l'aide

Quelquefois il est pertinent d'employer des professionnels pour en réaliser certaines parties rapidement et avec expertise. Par exemple, si vous êtes dans la cinquantaine avancée, peut-être voulez-vous voir l'effet d'un jardin instantané avec de grands arbres de 4,5 m de hauteur. Les pépinières peuvent livrer presque tout ce que vous désirez, mais une plante aussi massive arrive avec une motte de racines de 90 cm de diamètre et pèse plus de 270 kg. La seule idée de devoir creuser un trou assez gros pour une telle motte est suffisante pour vous faire faire des cauchemars ou une crise cardiaque ! Dans un tel cas et dans d'autres situations semblables, demandez de l'aide à quelqu'un qui a déjà fait ce travail, qui possède un équipement approprié et qui pense que votre arbre est magnifique. Les journaux de quartier sont remplis d'annonces de main-d'oeuvre que vous pouvez employer pour lever, transporter et creuser ou alors, demandez à un arboriculteur ou à un consultant en aménagement de livrer et d'installer les très gros plants. Économisez vos forces pour les travaux moins exigeants.

Si vous travaillez avec un professionnel de l'aménagement paysager, assurez-vous de bien établir ce qui sera fourni et installé. Les plantes devraient être commandées par leur nom botanique (nom latin) pour être certain de recevoir exactement ce que vous voulez. La taille aussi devrait être indiquée, car la grosseur des plants influe beaucoup sur leur prix. Pour les matériaux inertes tels la pierre naturelle, les pavés de béton et la brique durcie ou vitrifiée, assurez-vous que le paysagiste spécifie quelles variétés, tailles et quantités seront utilisées. Durant la saison la plus achalandée de l'aménagement, il y a souvent des pénuries de produits et il peut falloir utiliser des produits de substitution. Il est alors important de voir à ce que ces substitutions soient conformes aux spécifications originales.

EMPLOYER UN PROFESSIONNEL

Les paysagistes professionnels ont un bagage d'expérience et d'information qu'ils peuvent partager avec vous. Choisissez-en un qui est prodigue de son temps. Vous avez beaucoup à gagner à écouter leurs conseils et aussi leurs mises en garde, et à les impliquer dans les décisions finales. Les entrepreneurs en aménagement paysager veulent vous livrer un travail bien fait et durable, car ils dépendent de votre satisfaction et de vos références pour trouver d'autres clients.

Il est important qu'on vous donne une estimation écrite des frais incluant les détails sur le nombre de plantes qui seront fournies, leur nom botanique, leur taille et les coûts. Aussi à inclure : les quantités nécessaires de terre, d'écorce déchiquetée et de matériaux de fondations, exprimées en mètres ou verges cubes. On devrait y trouver de plus les tailles et les types de pierre et de bois. Entendez-vous aussi sur les dates de début et de fin des travaux, bien qu'il ne soit pas toujours possible d'éviter certains retards. Tout projet supplémentaire qui survient pendant les travaux devrait aussi être mis sur papier avec une estimation des coûts. Soyez clair quant aux garanties qui relèvent de la main-d'oeuvre, des matériaux de construction et des végétaux. Et assurez-vous à ce que le site soit nettoyé, les entrées balayées et les outils et matériaux remisés à la fin de chaque journée. Prévoyez payer un dépôt avant le début des travaux... et il faut un accès aux toilettes pour toute personne travaillant sur votre propriété.

SI VOUS LE FAITES VOUS-MÊME

TROUVER du temps est habituellement l'exigence la plus difficile. Travaillerez-vous seul ou aurez-vous de l'aide ? Des assistants réduiront le temps à investir dans les travaux, mais pas nécessairement de moitié.

Commencez par une évaluation réaliste du temps nécessaire requis pour trouver et acheter les matériaux, préparer les installations sur le site, réaliser le projet, nettoyer le site et retourner l'équipement loué. Est-ce le travail d'un après-midi ? Nécessitera-t-il du temps de vos vacances ou faudra-t-il l'accomplir les fins de semaine ? Avoir à vivre longtemps avec un projet salissant n'améliorera pas votre statut auprès de vos amis et voisins et il est donc important d'établir une date de conclusion si vous voulez avoir l'impression d'avoir bien travaillé. Si vous voulez vraiment le faire ce projet, mais n'avez tout simplement pas le temps, voilà une autre bonne raison pour faire appel à un paysagiste professionnel.

L'ACHAT D'ARBRES

Les pépiniéristes grossistes exigent un prix plus élevé pour entretenir une plante jusqu'à maturité et refilent ces frais aux jardineries qui, à leur tour, vous demandent plus d'argent pour le service. Les arbustes sont vendus selon leur hauteur linéaire et il y a donc une différence notable de prix entre un petit houx de 60 cm et un arbuste de 1,20 m à plus grande maturité.

Le prix des arbres est déterminé par le calibre (le diamètre) en centimètres de leur tronc. Ainsi, même si un arbre mesure moins de 3 m de hauteur, il coûtera plus cher si le diamètre du tronc est de 70 cm, car, en effet, vous achetez un arbre à plus grande maturité. Un arbre plus haut mais au tronc plus mince coûtera moins cher, mais est plus jeune et même souvent d'allure plus frêle que les tuteurs qui le soutiennent, et n'aura pas l'apparence « solide » d'un arbre à maturité. Bien sûr, rien ne vous empêche d'acheter un jeune arbre bon marché et de le regarder pousser... pour autant que c'est ce que vous vouliez.

L'ACHAT DE MATÉRIAUX INERTES

La pierre naturelle, comme les dalles de pierre et le grès, absorbera l'eau et, sous un climat froid, cela affectera sa résistance au temps. De la pierre de 3,75 cm d'épaisseur ou plus aura plus d'endurance et résistera mieux à l'éclatement dû aux gels et dégels répétés. Par contre, vous pouvez vous attendre à une augmentation des prix proportionnelle à sa durée.

Les pavés de béton, les pavés de cailloutis préfabriqués et les briques sont de taille uniforme et de prix compétitif, mais la préparation des fondations peut faire toute la différence dans le coût du projet. Une estimation pour l'installation de pavés enliés qui vous paraît trop bon marché peut cacher un défaut dans l'excavation des fondations et les produits utilisés.

Le coût plus élevé de l'installation d'un minimum de 25 cm de gravier concassé compacté, de retailles de pierre calcaire et de sable assurera une assise ayant la force et la durabilité nécessaires pour résister à l'affaissement et au soulèvement. À moins que vous n'aimiez l'effet « petites flaques d'eau » dans l'allée pour la voiture après chaque pluie, planifiez investir un montant suffisant pour obtenir une base solide.

Un seul arbre gracieux, comme le bouleau européen (*Betula pendula*), peut transformer le caractère d'une façade ordinaire en quelque chose de distinctif. L'achat d'un gros plant procurera satisfaction plus rapidement.

Les matériaux inertes coûtent cher, mais même une petite surface aménagée peut être utile et ajouter une note esthétique. Le plus important, c'est des fondations solides sous les pavés de pierre, de brique ou de béton. Ici, c'est la rondeur de la vasque pour les oiseaux qui a inspiré le design.

Payer le prix

Comme pour toute autre forme d'investissement, il faut laisser votre budget vous guider pour la réalisation de vos projets. Le travail que vous pouvez faire vous-même vous fait économiser beaucoup, mais seulement si vous avez les aptitudes et les connaissances pour l'accomplir avec compétence. Ruiner du bois coûteux ou planter un arbre à l'envers (oui, il y a un devant et un dos à chaque plante) peut faire tout un trou dans votre budget. Employer un professionnel vous coûtera deux à trois fois plus que de faire le travail vous-même, mais au moins le travail sera bien fait.

Néanmoins, vous pouvez apprendre plusieurs techniques d'aménagement paysager avec un peu de temps et un peu de recherche. Aussi, assurez-vous de commencer le processus de planification en répartissant clairement les tâches. Décidez quelles techniques vous devriez maîtriser vous-même et quels professionnels vous voulez employer pour les travaux trop complexes ou rigoureux.

Avant de consulter votre directeur de banque au sujet de votre projet d'arrière-cour, pensez à quelques méthodes traditionnelles pour économiser sou à sou. C'est un fait que les gens acheteraient presque n'importe quoi que vous sortez sur le gazon le samedi matin. Alors, pourquoi ne pas organiser une vente d'objets usagés, peut-être même avec vos proches voisins ? Cela vous donnera une rentrée rapide d'argent pour acheter des végétaux et des matériaux. Ou lancez un « fonds d'aménagement » et faites valoir à la famille qu'il s'agirait d'une bonne idée de cadeau de fête ou d'anniversaire de mariage, et proposez de dédier des arbres, une horloge solaire ou un nouveau banc à Tante Gertrude. Aussi, le seul fait de mettre de côté la menue monnaie qui se retrouve dans vos poches à la fin de chaque jour tout au long de l'hiver peut être suffisant pour vous offrir un nouveau treillis au printemps.

Prévoyez l'achat de matériaux d'occasion provenant de maisons en rénovation. Il est facile de prélever et de réutiliser des pierres sèches dont les joints sont remplis de sable. Vous pourriez peut-être acheter une clôture et des portes en fonte d'une école ou d'une église en rénovation ou même du bois s'il est encore en bonne condition et démonté avec soin. Certaines entreprises de démolition récupèrent les matériaux et les oeuvres d'art et les mettent à vendre dans leur chantier. Faites paraître votre « liste de besoins » dans le journal du quartier ou sur le panneau d'affichage de la bibliothèque municipale. Les objets d'ornement comme les fontaines et les statues se retrouvent souvent dans les ventes aux enchères locales : cela vaut la peine d'en visiter quelques-unes afin de profiter d'aubaines uniques. Les meilleures aubaines sont à la fin de la vente aux enchères, quand il y a moins d'acheteurs présents.

La meilleure stratégie financière consiste à réaliser ce que vous pouvez facilement vous offrir et à apprendre à l'apprécier chaque fois que vous le contemplez. Tout travail accompli sur le terrain ne devrait vous donner que du plaisir. Se créer un stress économique rien que pour l'aménagement va à l'encontre de son objectif même c'est-à-dire créer un petit paradis terrestre qui n'appartient qu'à vous. Mieux vaut alors vivre en appartement !

FABRIQUER SA PROPRE TERRE

ON peut fabriquer soi-même de la terre de la meilleure qualité qui soit et ce en tout temps avec des matériaux faciles à obtenir. Les ingrédients de base sont des proportions égales de feuilles petites ou déchiquetées, de fumier bien décomposé et de sable de construction grossier. On peut ramasser les feuilles à l'automne (dans un tas ou encore dans des sacs de plastique avec plusieurs trous d'aération) et elles se décomposeront dans le mélange en produisant de l'humus et des éléments nutritifs. Le fumier bien décomposé (acheté en sacs ou livré à la verge cube ou au mètre cube) apporte de l'humus, des éléments nutritifs et des micro-organismes essentiels pour la vie biologique de la nouvelle terre. Enfin, le sable grossier crée un système de drainage qui permet la circulation de l'oxygène et de l'eau dans le sol.

Vous pouvez fabriquer ce mélange de terre en petites ou grandes quantités et faire vos plantations directement dedans. Attendez-vous à ce que cette terre fraîchement composée se tasse d'environ le tiers de sa hauteur au cours des 12 premiers mois. La présence de vers de terre est une excellente indication que votre nouveau sol est de première qualité.

Comprendre les éléments de base : pentes, dénivellations et drainage

Les jardiniers savent certaines choses presque d'instinct, ou du moins, c'est ce qu'ils pensent. Certains conseils pratiques, comme « placer le côté vert vers le haut » ou « l'eau s'écoule vers le bas » paraissent si évidents que l'on rit lorsqu'on nous les répète... mais on ne rit plus lorsque l'eau s'écoule vers le bas d'une pente et remplit le sous-sol ou transforme une pelouse en marécage. L'aménagement d'une dénivellation et le drainage sont des facteurs de base dans la création d'un jardin et pourtant, rarement en fait-on mention dans les livres de jardinage. Ils peuvent vous apparaître comme des mystères de l'ingénérie, mais tout projet est affecté par la disposition du terrain et la direction de l'écoulement de l'eau... et le jardinier peut y faire quelque chose.

L'œil peut bien juger du niveau du terrain lorsque la surface est composée de terre dénudée et donc sans la moindre végétation. Mais une surface couverte, même si ce n'est qu'avec du gazon, cache bien des inégalités. Il faut y marcher pieds nus pour les déceler. En effet, marcher sur le gazon sans chaussures vous donnera des indications quant aux moindres pentes et creux qui s'y trouvent et que vous sentirez quand votre cheville s'ajustera à la surface à chaque pas. Pour des surfaces plus vastes, couchez-vous sur le dos sur la pelouse, puis à différents endroits çà et là dans la cour. Vous sentirez la direction de la pente aussi facilement que vous la sentez quand votre matelas n'est pas de niveau. En général, les jardiniers ne sont pas douillets, mais vous pouvez placer un mince drap sur le gazon avant de vous y coucher au besoin.

La dénivellation fait référence aux élévations et au nivellement du terrain. C'est un renseignement important autant pour les petits projets d'aménagement que pour les grands. Dans une plate-bande typique, on peut créer une dénivellation intéressante en râtelant le sol pour former une petite élévation de terre, peut-être seulement haute de 20 à 25 cm, à l'arrière du jardin et en nivelant graduellement le sol vers l'avant de la plate-bande. Cela assurera que l'eau s'écoulera vers l'avant, dans le gazon,

D'accord, l'eau coule toujours vers le bas, mais il est important de s'assurer que la pente du terrain est plus haute près du mur de la maison et baisse à mesure que vous vous en éloignez. Ainsi l'eau s'écoulera rapidement, loin de votre sous-sol.

et préviendra ainsi l'apparition de flaques d'eau et les débordements qui peuvent endommager les plantes, comme les delphiniums et les ifs, qui ne peuvent tolérer une humidité excessive. Cette sorte de dénivellement a aussi une valeur ornementale en ce qu'il peut faire paraître la plate-bande plus profonde et donner l'impression que les plantes sont plus à maturité.

Une plate-bande de fondations devrait être nivelée de la même manière, formant ce qu'on appelle une dénivellation positive. Le sol entourant les fondations de maison sera donc en pente, la partie la plus haute étant près du mur de la maison et la plus basse à l'avant de la plate-bande, et ce, afin d'éloigner l'eau des fondations, alors qu'une dénivellation négative fera exactement le contraire. L'eau prisonnière près du mur trouvera alors rapidement un chemin vers l'intérieur de la demeure par des fissures dans les fondations.

Le sol autour des fondations d'une maison a tendance à se compacter avec le temps et la dénivellation positive originale risque d'être perdue. L'installation d'équipements lourds près des fondations, comme un climatiseur ou un chauffe-piscine, peut également déranger le dénivellement, pouvant provoquer l'inondation du sous-sol. La dénivellation change aussi suite à la suppression de grands arbustes ou d'arbres et de leurs racines des plantations de fondations. Se rappeler de rétablir la bonne dénivellation chaque fois que le sol est dérangé près des fondations

permettra de conserver le sous-sol sec et préviendra des problèmes à tous les niveaux.

Imaginez une bande dessinée montrant votre maison au sommet d'une colline et le terrain l'entourant s'inclinant vers le bas et au loin. Cette image exagérée illustre le concept idéal comment un terrain devrait être dénivelé afin de s'assurer que l'eau de pluie et de la fonte des neiges s'écoule efficacement. Dans la réalité, la pente du terrain devrait être douce et graduelle, mais efficace dans la prévention de la formation de poches et de dépressions où l'eau pourrait rester prisonnière.

Le nivelage grossier se fait au moyen d'équipement lourd, comme une chargeuse compacte de type « Bobcat » pour déplacer des quantités considérables de terre et pour sculpter la configuration du terrain. Cette procédure fait toujours partie des travaux lors de la construction initiale de la maison, mais on peut aussi l'utiliser pour apporter des changements ou des correctifs aux problèmes de pentes et de drainage qui peuvent survenir avec le temps. Le nivelage de finition se fait plutôt à la main avec des outils comme un râteau solide pour finir le dénivellement en douceur, briser les mottes de terre et préparer le sol pour la pose du gazon ou d'autres types de plantation.

L'aménagement d'une pente est une question importante lorsque l'on prépare les fondations avec des matériaux inertes tels le béton, l'asphalte et la brique. Les surfaces dures éva-

NIVELAGE DE FINITION

LORS du nivelage de finition d'une vaste surface pour poser un nouveau gazon, trainez une section de 2,5 m de clôture en grillage métallique sur cette surface pour l'égaliser et pour préparer le sol. Si la clôture vient d'un nouveau rouleau et demeure enroulée, fixez quelques briques à une extrémité pour la maintenir ouverte, puis tenez-la par l'autre extrémité. Traînez la clôture sur le sol à quelques reprises, puis utilisez un râteau à main pour enlever les pierres et défaire ce qui reste des mottes de terre.

cuent très efficacement l'eau qu'elles reçoivent et vous voudrez alors vous assurer que cette eau s'écoule dans le bon sens. Un sentier longeant le garage ou un patio attenant à la maison devraient être légèrement inclinés pour être plus hauts là où ils touchent au mur.

Une inclinaison de 2,5 cm par 1,20 m donnera une pente de 2 %, soit suffisamment pour évacuer loin et rapidement l'eau qui y tombe. Si vous habitez dans une maison en rangée avec garage au sous-sol, la pente de l'allée sera en direction de la maison, donc vers le bas. Dans ce cas, le constructeur aura installé un gros drain de captage devant la façade du garage, à la jonction de l'allée. Ainsi, l'eau sera évacuée avant de s'infiltrer dans le garage.

Les pelouses plus âgées plantées de grands arbres peuvent se soulever de façon irrégulière à mesure que les racines bougent dans le sol, ce qui donnera une surface couverte de bosses et de crêtes. La pousse du gazon peut dissimuler en partie ces inégalités, mais vos pieds les sentent toujours lorsque vous vous y promenez. Si le problème est important, vous devrez peut-être enlever le gazon, niveler de nouveau avec de la terre additionnelle à l'aide d'une chargeuse compacte, puis reposer du gazon. Par contre, si vous êtes patient, vous pouvez égaliser les bosses terreautant deux fois par année, c'est-à-dire en appliquant une couche de 2,5 cm de bonne terre sur le gazon au printemps et à l'automne. Tondez d'abord le gazon, puis étalez uniformément la terre sur la pelouse avec un râteau à feuilles flexible. Un recouvrement de quelque 2,5 cm n'étouffera pas la pelouse et vous augmenterez graduellement le niveau du sol pour faire disparaître les bosses.

Là où il y a des fils téléphoniques ou autres enterrés sous la pelouse, des creux de plusieurs centimètres de profondeur peuvent se former à mesure que le sol se compacte. Ces dépressions bien visibles peuvent vous faire trébucher et se rempliront d'eau et de glace. Pour les combler, laissez le gazon sur place et remplissez la cavité de terre. Puis, épandez des semences de gazon sur la terre, recouvrez les graines de 2,5 cm de terre ou de tourbe et arrosez quotidiennement jusqu'à ce que le nouveau gazon soit bien établi.

De petites rigoles et même de véritables ravins peuvent se former au bas des pentes raides où l'eau de pluie descend rapidement, creusant une dépression, sans trouver d'issue. Refaire le contour de la pente avec du gravier et de la terre additionnelle créera une inclinaison plus graduelle et étalera l'eau sur une plus grande surface. Dans le cas où une inondation importante se produit, on pourra prolonger le ravin en une pente descendante jusqu'à un drain de rue ou un point plus bas loin de la pente.

Aménager un ruisseau sec artificiel au bas d'une pente est une façon géniale de capter l'eau de ruissellement afin de prévenir la formation de flaques dans la pelouse. Une rangée de tuyaux de drainage enterrés sous les pierres évacuera l'eau rapidement.

MESURER UNE DÉNIVELLATION POSITIVE

La première et la plus importante étape dans la préparation d'une plantation près des fondations est de s'assurer que l'eau s'écoule loin du mur des fondations d'une maison. Quand le sol est dérangé autour du mur de fondations, la dénivellation (ou niveau de terre) peut se trouver légèrement modifiée, avec pour résultat que l'eau s'écoule dans le mauvais sens, soit vers la maison. Cela peut arriver, par exemple, lorsqu'on enlève un arbuste à maturité ou un arbre planté trop près de la maison. Si une flaque d'eau apparaît près du mur à la prochaine pluie importante, il faut corriger la dénivellation afin de diriger l'eau loin des fondations. Vous saurez qu'il y a un problème de dénivellation si le niveau du sol est plus haut loin du mur que près du mur.

Pour favoriser un drainage efficace de l'eau qui l'éloignera des fondations d'une maison, le niveau du sol devrait baisser d'au moins 2,5 cm à tous les 15 cm sur les 90 à 120 premiers cm de la maison. Au-delà de ce point, la dénivellation devrait baisser de 2,5 cm à tous les 30 cm sur les 150 cm suivants.

1.   Pour mesurer la dénivellation autour d'un mur de fondations, il suffit d'avoir une pièce de bois de 2 x 4 d'une longueur de 1,8 m et un long niveau à bulle.

2.   Avec un crayon et un ruban à mesurer en métal, faites des marques sur la pièce de 2 x 4 à tous les 15 cm.

Fixer le niveau sur la planche avec du ruban adhésif et appuyer une extrémité de la pièce de 2 x 4 là où le sol entre en contact avec le mur des fondations.

3.   Maintenir la pièce de 2 x 4 et en ajuster la hauteur de l'autre extrémité jusqu'à ce qu'elle soit de niveau.

4.   Mesurer la baisse de la dénivellation à tous les 15 cm jusqu'à une distance de 1,20 m du mur.

Ainsi, si la première mesure indique 24 cm et la deuxième, prise 15 cm plus loin, indique 20 cm, c'est que la dénivellation augmente plutôt que de baisser. Il faut enlever 2,5 cm de sol à l'emplacement de la deuxième mesure pour obtenir une dénivellation qui baisse de façon adéquate, ce qui changera la deuxième mesure à 17,5 cm, soit la baisse de niveau désirée de 2,5 cm par 15 cm. La dénivellation 15 cm plus loin peut aussi nécessiter un ajustement, et ainsi de suite.

Utilisez une pelle ronde pour enlever la terre, à partir de là où la dénivellation commence à augmenter et en continuant aussi loin que cela est nécessaire pour obtenir une dénivellation à la baisse. Avec un râteau de jardin, égalisez la section nouvellement abaissée. Puis, mesurez la dénivellation de nouveau, en vous assurant qu'elle baisse adéquatement à mesure que vous vous éloignez du mur.

Où l'eau s'écoule-t-elle ?

Comme pour toute ressource importante, il faut assurer la gestion de l'eau. Vous devriez essayer de suivre son écoulement, prévoir quand l'attendre, combien il en faut pour le terrain et déterminer ce qui se passe avec le surplus, car trop d'eau est pire que pas assez. Corriger des problèmes simples de drainage est bien à la portée du jardinier amateur... pour autant que vous comprenez où l'eau va.

Si vous pensez avoir des problèmes de drainage, il vaut mieux vérifier la situation de visu. Autrement dit, mettez des bottes et ouvrez un parapluie, puis sortez sur le terrain sous une pluie diluvienne. Comme les voisins vous ont déjà vu couché sur le gazon, cette promenade sous la pluie ne donnera pas lieu à trop de commentaires. S'il pleut vraiment à torrents, vous devriez pouvoir bien voir la direction vers laquelle l'eau s'écoule et où elle s'accumule.

Avec le temps, l'assise d'une allée peut s'affaisser et favoriser la formation de flaques d'eau ou devenir un risque de chute sur la glace. Il faut alors refaire l'allée en lui donnant une pente plus forte (voir à la page 29). On peut corriger le problème des flaques sur le gazon en y étalant 2,5 cm de bonne terre en surface deux fois par année jusqu'à ce que le niveau du sol soit suffisamment relevé.

Si la pelouse paraît spongieuse et libère de l'eau sous chacun de vos pas, vous saurez qu'il y a de la terre compactée sous le gazon qui n'absorbe l'eau que très lentement. Il n'est pas du tout inhabituel de voir une pelouse se drainer inégalement, certaines sections absorbant l'eau comme un buvard et d'autres s'inondant. Vous pouvez enfouir un tuyau de drainage perforé composé de plastique flexible dans un lit de gravier sous la pelouse pour recueillir et évacuer l'humidité excessive. De tels tuyaux sont faciles à installer sans entreprendre une rénovation majeure du gazon et offrent une bonne solution pour les problèmes localisés. Vous pouvez les installer le long d'une plate-bande, autour d'un patio ou par lignes étagées à travers le gazon.

Si l'eau convertit votre pelouse en une mare pendant trois semaines au printemps et après chaque orage estival, il faut envisager des solutions plus importantes de drainage. Vous pourriez installer un système de drains poreux et de puits secs pour recueillir rapidement l'eau souterraine et la laisser s'écouler lentement ou creuser pour installer un tonneau en plastique ou un bassin collecteur en béton avec un grillage de surface dans un creux. Il est possible d'installer la plupart des systèmes de drainage soi-même, mais un bassin collecteur en béton peut demander l'aide de professionnels qui ont déjà fait ce travail.

GARDER
LES FONDATIONS AU SEC

LES 45 premiers cm de sol à la base des fondations composent un milieu sec et ombragé où l'on ne devrait faire aucune plantation. Mais l'eau de pluie et les mauvaises herbes trouvent bien souvent leur chemin vers cette étroite bande de terre et causent parfois des problèmes. L'eau tombant en cascade des descentes de gouttières peut causer des crues subites, érodant le sol et infiltrant les fondations par les fissures. L'ajout d'une longue extension à la descente pour évacuer l'eau à 60 cm à 1,20 m plus loin peut aider à la disperser et vous pouvez dissimuler l'extension avec des conifères nains.

Il peut aussi être utile de déposer une mince couche de gravier tout autour des fondations de la maison, en enlevant de la terre sur 7,5 cm de profondeur et 30 cm de largeur. Recouvrez l'excavation d'un agrotextile épais et remplissez l'espace avec de petits galets de rivière, en entassant légèrement les galets contre les fondations pour former une pente. Cette « bande de propreté » empêchera la boue d'éclabousser la maison et aidera à prévenir la croissance de mauvaises herbes dans cet espace. Ne lésinez cependant pas sur le géotextile, car il empêchera les galets de s'enfoncer dans le sol.

Une surface absolument égale sans la moindre pente est une invitation à l'inondation. La rénovation de la large plate-bande des fondations et l'augmentation de la pente à partir du mur aidera à garder le sous-sol au sec.

LE FONCTIONNEMENT DES DRAINS PERFORÉS

À gauche : Un tuyau de drainage consiste en une longueur de tuyau de vinyle flexible de 15 cm de diamètre. Il est perforé sur tous les côtés pour que l'eau puisse entrer et sortir et on peut le couper à la longueur désirée. Parfois, on le vend entouré d'un filet pour empêcher la terre de pénétrer dans le tuyau.

Il faut enterrer le tuyau là où l'eau s'accumule en abondance dans le sol. Idéalement, le tuyau descendra en pente vers un point plus bas d'où l'eau pourra peu à peu se drainer par les trous du tuyau. S'il n'y a aucun emplacement de niveau inférieur, le tuyau demeure quand même une solution utile. Il s'agit de l'enterrer là où l'eau s'accumule et de le diriger vers un endroit peu utilisé en laissant l'extrémité légèrement sortie du sol. Le passage de l'air dans le tuyau aidera à dissiper l'eau plus rapidement.

À droite : Si vous avez un problème d'inondation chronique et qu'il faut drainer de grandes quantités d'eau de façon efficace, il peut être utile d'avoir plus d'une rangée de drainage… et chacune peut se terminer dans un puits sec. Il s'agit d'un trou de 1,2 à 1,5 m de profondeur et de diamètre rempli de gravier et recouvert de géotextile, de sol et de gazon.

TROUVER DES SOLUTIONS AUX PROBLÈMES D'EAU

UN SOL sain ayant une bonne structure drainera tout excédent d'eau très efficacement. Mais les sols compactés et la glaise se drainent moins rapidement. L'eau retenue dans le sol déplace alors l'oxygène et les plantes poussent mal. Elle peut aussi s'infiltrer dans la maison par de minces fissures dans les murs. Les drains perforés sont une solution aux problèmes d'excès d'eau comme des flaques d'eau dans la pelouse, l'érosion ou l'inondation au bas des pentes ou un sol toujours détrempé près des murs de fondations de la maison.

Quand la fonte des neiges ou des orages estivaux provoquent une rapide accumulation d'eau en surface, une rigole de drainage pourra assécher la zone en moins de deux. Une rigole est une dépression peu profonde qui remplit un point bas du terrain ou qui s'étend le long des limites du terrain. L'eau excédentaire s'écoule dans la rigole puis se dissipe peu à peu. Souvent des rigoles se forment suite à l'érosion par l'eau ; si elles ne sont pas désagréables à voir, vous pouvez les conserver. Si vous creusez une rigole dans un endroit peu visible, stabilisez-la en doublant le fond et les parois de géotextile puis en recouvrant l'étoffe de gravier ou de gros galets de rivière.

L'INSTALLATION D'UN TUYAU DE DRAINAGE

L'installation d'un tuyau de drainage n'exige aucun outillage spécial et n'est pas difficile à faire. On n'a même pas à creuser très profondément et le travail peut se faire au cours d'une journée ou s'étaler sur plusieurs jours. Une seule rangée de drainage suffit pour une aire restreinte, au bas d'un terrain en pente, par exemple. Mais s'il faut plusieurs rangées de tuyaux pour une plus grande surface, il n'est pas nécessaire de toutes les installer en même temps. Le travail peut s'étaler sur plusieurs semaines ou selon votre horaire. Et la bonne nouvelle c'est que les tuyaux de drainage fonctionnent aussitôt qu'ils sont installés. Vous n'aurez plus à vous battre avec des inondations et des flaques d'eau et l'oxygénation de votre sol s'en trouvera améliorée.

Si le site d'enfouissement du tuyau est recouvert d'une pelouse, utilisez une bêche pour faire une incision dans le gazon le long de la future tranchée. Puis, en tenant la bêche à l'horizontale, glissez-la sous le gazon de chaque côté de l'incision, et repliez-le afin d'exposer une bande de terre d'une largeur de 35 cm.

  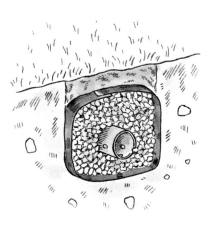

1. Sur la longueur nécessaire pour diriger l'eau loin du site, creusez une tranchée de 35 cm de profondeur et de diamètre. Tapissez le fond et les parois de la tranchée d'un géotextile filtrant solide, disponible dans les jardineries. Laissez suffisamment de géotextile pour recouvrir le sommet de la tranchée.

2. Placez 10 cm de gravier dans le fond de la tranchée, déposez le tuyau, puis remplissez les côtés avec du gravier et recouvrez le tuyau de 5 cm.

3. Couvrez le gravier avec le surplus de géotextile filtrant et rajoutez de la terre sur le géotextile de façon à arriver à égalité avec le niveau du sol. Replacez le gazon sur la tranchée et tassez-le solidement avec vos mains.

Planifier l'aménagement

2

Les jardiniers savent que les projets s'enchaînent, et que cette « petite demi-heure de désherbage avant le déjeuner » peut au bout du compte se prolonger jusqu'au coucher du soleil. Il n'y a en fait aucune limite au travail qu'il faut accomplir et il est plus facile de tout simplement s'y mettre sans penser à essayer d'établir des priorités. Car, tout

est important. Mais, quand les projets sont plus ambitieux et plus coûteux, il vaut mieux changer d'attitude savoir ce qu'il faut faire en premier.

Cependant, avant de prendre des décisions, il est important de comprendre le processus de planification. La planification consiste surtout à mettre ses besoins en ordre de priorité et a peu à voir avec la réalisation

de ses rêves. Le rêve du « chocolat-olique » de pouvoir se promener en toute liberté dans une chocolaterie ne trouverait pas sa place dans une planification alimentaire basée sur la nutrition. De même, le désir ardent d'avoir un parc d'attractions personnel ne devrait pas être inclus dans un plan d'aménagement. Un plan d'aménagement est basé sur une réflexion

On dit que rien n'est laid aux yeux de celui qui aime, mais chacun sait reconnaître la valeur d'une bonne planification et d'une bonne construction. Chaque terrain a ses attraits, comme un siège confortable sous un arbre gracieux. Une bonne planification aidera à intégrer de nouvelles idées aux éléments existants pour rendre l'espace plus profitable.

Ci-contre : Des éléments anciens peuvent parfois avoir beaucoup de charme et l'on peut les retaper avec de nouveaux matériaux et de nouvelles techniques de construction. Les surfaces en bois peint exigent des retouches périodiques. De nouvelles clôtures et portes d'un style identique mais enduites d'une teinture hydrofuge exigeront beaucoup moins d'entretien que la peinture.

intelligente sur ce qui est nécessaire et utile dans le développement du potentiel d'un terrain. Les qualités fonctionnelles de la propriété et les façons de se sentir à l'aise et « chez soi » dans la nature entourant votre demeure sont les priorités. L'objectif ultime de la planification d'un aménagement paysager n'est pas de produire un emplacement digne d'une illustration de revue. Vos choix devraient améliorer la valeur de votre demeure et faire de votre terrain un endroit où votre famille et vos amis peuvent passer plus de temps.

Bien sûr, nous voulons que le terrain soit transformé pour… hier. Mais il y a des avantages à laisser les changements à l'aménagement évoluer selon une progression équilibrée. Si vous comprenez la nature pro-fonde de votre terrain ainsi que les changements que vous voulez appor-ter, vous avez besoin d'un plan stra-tégique et d'un échéancier. Malheu-reusement, notre culture moderne va souvent à l'encontre de l'appréciation des jardins et de la vie à l'extérieur. Les heures que nous devons passer dans nos bureaux et devant nos écrans d'ordinateur et l'attrait de la télévision et des écrans de cinéma enlèvent du temps aux activités exté-rieures. Vivre sous un climat froid peut nous décourager d'utiliser notre terrain pendant plusieurs mois par année. Aussi, quand nous pensons à aménager ce dernier, nous sentons une urgence, avant que quelque cho-se d'autre ne nous distraie ou que la saison soit trop avancée, de tout mettre sur papier, en inscrivant cha-que détail architectural et chaque plante sur un document permanent. Voilà qui est peut-être minutieux, mais cela fonctionne-t-il ?

Il n'est pas rare de voir des jardiniers d'un certain âge se balader sur leur terrain avec de grandes feuilles de papier quadrillé déchirées sur lesquelles est dessiné leur plan d'aménagement d'origine datant de plus dix ans. Le dilemme est qu'ils sont maintenant prêts à planter un pommetier 'Selkirk', reconnu pour ses gros fruits luisants et ornementaux, mais que l'emplacement désigné sur le plan est maintenant complètement à l'ombre. Il y a dix ans, c'était un site ensoleillé, mais bien sûr les choses changent. Des édifices avoisinants et des arbres prennent de l'expansion et bloquent la lumière, la diffusion de

Il est toujours possible de remplacer le gazon par un paillis de pierre, mais alors choisissez avec soin le type et la couleur du matériau. Le gravier blanc est trop brillant; sa taille uniforme et son apparence préfabriquée conviennent mieux à une aire de stationnement. Le gravier est offert dans plusieurs couleurs, dont le chamois, le gris et l'ocre, toutes des teintes qui se marieraient mieux avec cet aménagement.

l'eau dans le sol est changée, le pommetier spécifié devient subitement impossible à trouver, etc. Et là est la question : la planification à long terme n'est pas pratique à cent pour cent.

Voir des plans d'aménagement complexes se réaliser en une seule saison procure une joie immense. Mais étaler les phases de développement sur deux ou trois ans vous donnera plus de temps pour évaluer vos accomplissements et pour réfléchir à la procédure. Les jardiniers peuvent passer un nombre incalculable d'heures à la contemplation sentimentale de leurs accomplissements. Il peut sembler que rien de très important ne se passe, mais cela est en fait un exercice précieux dans l'étude du changement et dans la décision de ce que devrait être la prochaine étape. Vous pouvez commencer par « tout vouloir » pour découvrir que vous vous satisferiez d'un peu moins, et que cela vous fera épargner de l'argent.

La clé du travail réparti sur une période de temps est de s'assurer que chaque phase a l'allure d'un produit fini. Vous ne voudriez pas laisser paraître des éléments encore bruts ou des aires qui s'arrêtent abrutement comme si vous vous étiez arrêté par manque de matériaux. Ainsi, si la première phase d'un changement total de style consiste à remplacer une terrasse surélevée pourrie, n'oubliez pas d'y inclure l'installation du tablier de pierre ou de brique qui entoure la dernière marche et qui fait la transition vers la pelouse. Cela donnera à la terrasse une touche de finition... et vous pourrez alors vous accorder un répit pendant que vous réfléchissez à la prochaine étape à accomplir.

Un tronc d'arbre au sol et des pierres de forme irrégulière dans des teintes naturelles de gris sont un complément aux végétaux et ajoutent à l'effet naturel d'un emplacement. Ils ont peut-être été déposés par un glacier... ou par le jardinier.

Une évaluation des lieux en dix points

Si vous prévoyez aménager un nouveau terrain pour la première fois, ou si vous rénovez une ancienne propriété, voici les éléments d'évaluation cruciale que vous devriez prendre en considération. Grâce à ces éléments d'évaluation, vous pouvez identifier les problèmes, déterminer les changements que vous voulez apporter et commencer à les placer en ordre de priorité. Que vous planifiiez d'accomplir tout le travail simultanément ou prévoyiez travailler par phases réparties sur plusieurs saisons, une évaluation étape par étape déterminera ce qu'il faut accomplir.

1. La taille et la forme. Quelles sont les dimensions du terrain ? Est-il rectangulaire, carré, en pointe ou irrégulier ? Le terrain a-t-il des proportions inhabituelles, est-il long et étroit, large et peu profond, possède-t-il des angles aigus ? S'il est trop grand, pourrait-on le diviser ou, s'il est trop petit, peut-on lui donner l'apparence d'être plus grand ? Sa forme est-elle un avantage ou faudrait-il appliquer des considérations spéciales pour le modifier ou pour en déguiser les proportions ?

2. Les limites du terrain. Le périmètre est-il défini par une bordure de trottoir, un mur bas, une clôture, une haie ou une simple rangée d'arbustes ou d'arbres ? Comment le terrain à l'avant est-il séparé de la voie publique ? Est-il clairement indiqué où commence la propriété privée ? Comment les limites entre les voisins sont-elles établies ? À quelle distance se situent les voisins des trois côtés ? Existe-t-il une forme quelconque de barrière ou d'écran d'intimité; en aura-t-on besoin ? Les aires de repos et de restauration sont-elles dérobées aux regards ?

3. Les terrasses au sol et surélevées. La terrasse est-elle de niveau, évacue-t-elle l'eau efficacement, y a-t-il des pierres ou des briques qui dépassent ? Les bordures sont-elles stables et maintenues par une bande de métal dissimulée ? Certaines planches de la terrasse surélevée sont-elles fendues, courbées ou pourries ? Des animaux peuvent-ils se réfugier sous la terrasse ? Les marches de la terrasse surélevée sont-elles de niveau et sécuritaires ? La terrasse est-elle assez grande pour recevoir vos meubles ?

Des arbustes et des plantations assurant une succession florale lieraient les traits et les formes décousues de cet aménagement tout en remplissant les vides très visibles.

On peut marquer les limites de propriété avec des bordures de trottoir, des murs, des clôtures ou des végétaux.

Des surfaces inertes séparent les aires classiques et fonctionnelles d'une aire de verdure décontractée.

4. La pelouse. Le gazon est-il en santé, dense et vert foncé ? Croît-il avec vigueur ? La pelouse se draine-t-elle rapidement à la fonte des neiges ? À quelle fréquence le gazon a-t-il été aéré ? La pelouse au pied des grands arbres est-elle clairsemée et frêle ? Existe-t-il des zones où il y a plus de mauvaises herbes que de gazon ? Certaines aires sont-elles usées à force d'être piétinées ? Des meubles, des équipements de sport ou de jeux (trampoline, bacs à sable, piscine pour enfants) ont-ils endommagé certaines sections du gazon ?

Si on le laisse trop longtemps en place, ce banc fera éventuellement mourir le gazon au-dessous.

5. L'irrigation. Comment le terrain est-il arrosé ? Uniquement par la pluie ? Existe-t-il un système d'irrigation souterrain ? Pour la pelouse seulement ou également pour les plates-bandes ? Arrosez-vous avec un tuyau amovible et un arroseur ? La distribution de l'eau est-elle inégale, y a-t-il des zones excessivement humides ou d'autres sèches ? À cause d'un excès d'eau, les vivaces, les arbustes et les arbres montrent-ils

Pour bien irriguer des petits emplacements densément plantés, il vaut mieux utiliser un tuyau poreux.

des symptômes de maladies fongiques au printemps ou à l'automne ? Un sol trop sec provoque-t-il chez les végétaux ligneux une mortalité excessive des rameaux à la fin de l'hiver ?

6. Entrée et sentiers. Combien d'entrées donnent sur le terrain ? De la porte de derrière et la porte latérale de la maison ? Y a-t-il une porte dans la clôture à l'arrière ? Un sentier le long du garage ? Les entrées sont-elles mises en valeur par des arches, des plantes grimpantes ou des végétaux en bordure ? Utilise-t-on des plantes vedettes pour embellir l'entrée et pour conduire les visiteurs vers le jardin ? Les arbustes qui longent les entrées sont-ils trop larges ou dominants ? Les sentiers mènent-ils aux zones les plus utilisées ? De quelle largeur sont-ils ? Les dalles et les sentiers sont-ils en bois, en béton, en pavés, en pierre naturelle ? Ces zones d'accès sont-elles strictement fonctionnelles ou se marient-elles avec le caractère du terrain ?

Une entrée latérale insignifiante pourra être pleinement mise en valeur par une simple porte de style pleine lune et du treillage.

7. Les bandes latérales. Existe-il une ou des bandes latérales étroites le long de la maison, de l'aire de stationnement ou du mur du garage ? Sont-elles couvertes de gazon, de béton, de dalles, de pavés, de pierres naturelles ? Cette bande de terrain est-elle de niveau et propre, permettant un accès facile ? Peut-on l'utiliser

Cet espace perdu a été récupéré grâce à des conifères aimant l'ombre et à un sentier classique.

l'hiver ? Y a-t-il de l'espace pour des végétaux ou des plantes couvre-sol entre les pierres ou à côté d'elles ? Les murs de la maison ou du garage offrent-ils de l'espace pour des plantes grimpantes ? La bande de terrain se trouvant le long de la maison sert-elle de sentier menant au jardin ? Paraît-elle faire partie du jardin ?

8. **Les aires de culture.** Les plates-bandes sont-elles placées de façon à être visibles des aires de repos, des entrées et des portes, de l'intérieur de la maison à travers les fenêtres ? Les aires de plantation se drainent-elles efficacement tôt au printemps et après la pluie ? Le sol a-t-il été fréquemment enrichi de matières organiques et de sable grossier ? Les plates-bandes sont-elles assez larges pour accommoder plus d'un rang ou d'un niveau de végétaux ? Le maintien

de la bordure des plates-bandes fait-il partie de leur entretien de base ? Y a-t-il de la terre nue entre les plantes; existe-t-il des problèmes de mauvaises herbes; le paillis biodégradable est-il remplacé annuellement ?

9. **Arbres et ombre.** Les arbres donnent-ils une ombre dense, filtrée ou partielle ? Toute la journée ou pendant combien d'heures ? Certaines racines sortent-elles de la terre ? Y a-t-il des arbres massifs comme des érables ou des saules près de la maison ou des plates-bandes ? Les arbres plus grands ont-ils été élagués pour augmenter la lumière et la circulation de l'air ? Pousse-t-il des arbres sur le terrain public longeant la rue ? Dans votre communauté, existe-t-il des règlements sur la taille ou la suppression des arbres sur les terrains privés ?

10. **Le garage et l'aire de stationnement.** Le garage est-il un élément dominant du terrain; l'a-t-on adouci avec des arbustes ou des plantes grimpantes ? Possède-t-il une fenêtre et une jardinière remplie de fleurs ? Si l'aire de stationnement est asphaltée, est-elle bordée de pavés ronds ou d'une autre forme de pierres décoratives ? Si l'aire est en béton ou en pavés enliés, y a-t-il des fissures, des endroits soulevés ou des dépressions ? Y a-t-il des taches d'huile ou des marques de pneu ?

Quand une vaste aire de stationnement domine l'aménagement, l'utilisation d'une surface à motifs pourrait aider à la ramener à l'échelle du terrain.

Une plate-bande crée un écran pour une aire de repos et d'intimité au fond du terrain où il fait bon se retirer.

De petits arbres à floraison hâtive, comme l'amélanchier, font un accueil printanier à l'avant.

Ci-contre : Examinez la possibilité de modifier une terrasse existante. La cuisson à l'extérieur exige-t-elle un foyer en pierre ? Les meubles en bois conviennent-ils au climat ou est-ce que d'autres matériaux ou styles répondraient mieux aux besoins d'utilisation ? Une pergola ou une tonnelle offriraient-elles une ombre bienfaisante ?

Tout mettre sur papier

La première étape consiste à faire un croquis conceptuel (voir la page suivante) qui reflète l'état actuel de votre terrain. De tels plans sont des plus utiles et représentent la situation présente, illustrant uniquement les changements proposés pour la saison en cours. Leur valeur principale consiste à vous donner une base de comparaison pour développer des idées et pour vous aider à concentrer votre attention sur les décisions à prendre. Les croquis illustrant les détails complexes de vos « rêves les plus chers » à réaliser dans un avenir très éloigné ont tendance à diluer le travail à accomplir et à drainer votre élan vital. Le meilleur avis que vous puissiez recevoir est de toujours conserver votre plan à jour et axé sur le présent.

POURQUOI PLANIFIER ?

COMMENCER par un plan pour le proche avenir et le futur prévisible relève non seulement du bon sens, mais c'est souvent plus économique à long terme. Vous concentrer sur les améliorations dont vous avez besoin et que vous pourrez apprécier au cours des cinq prochaines années vous permettra de développer une approche flexible à la planification de l'aménagement. Les premiers deux-tiers des éléments de votre liste de priorités sont ceux qu'il faut examiner plus sérieusement. Les choses qui restent ne sont peut-être que des lubies. Ne soyez pas surpris si, une fois les premières améliorations réalisées, certains de vos besoins deviennent moins urgents et même assez faciles à abandonner.

Si vous avez dressé un plan pour le développement de votre terrain dans un avenir rapproché, vous êtes sans doute impatient de voir quelque chose se réaliser. Vous voilà attendant nerveusement que l'action commence mais sans savoir quelle tâche entreprendre en premier. Très fréquemment, on se concentre sur la tâche la plus attrayante, mais il existe des protocoles à suivre. Les concepteurs professionnels de l'aménagement paysager dessinent leurs aménagements de la maison vers le terrain, en commençant par les aires à surface dure, comme les sentiers, les terrasses au sol et surélevées et les clôtures, puis progressent vers la plantation des arbres et des arbustes, et enfin établissent les plates-bandes. L'irrigation et l'éclairage constituent les étapes finales du développement et c'est alors qu'il faudra peut-être profiter des tuyaux qui ont déjà été installés sous les surfaces inertes et les sentiers. Si vous ne planifiez pas à l'avance, vous risquez de devoir défaire des constructions importantes pour pouvoir installer le système d'irrigation.

Le scénario idéal serait d'avoir assez de temps, d'aide et de moyens financiers pour réaliser la transformation totale du terrain dans une seule saison. Mais en réalité, il est courant que l'un des éléments de l'équation soit plutôt peu disponible et alors le projet doit s'étaler sur plusieurs saisons par phases de développement. En fait, ce n'est pas nécessairement une mauvaise façon de procéder, car vous aurez alors de plus longues périodes pour évaluer votre travail et plus d'occasions pour régler les détails avec minutie à mesure que vous avancez. Vous avez aussi un sentiment plus décontracté d'appartenance et de contrôle du projet lorsque tout avance à un rythme plus lent. Par contre, il faudra plus de réflexion afin de planifier des phases de projet plus longues dans une séquence logique tout en évitant certaines erreurs courantes.

Choisir où commencer la première phase du projet crée toujours quelques moments de tension. Nous sommes souvent attirés par les tâches d'intérêt personnel plutôt que par la logistique. Par exemple, qu'est-ce qui doit venir en premier, le spa ou la terrasse ? Or, il n'est pas logique d'acheter un spa si vous n'avez pas une assise solide sur laquelle le placer. Il faut donc d'abord se concentrer sur l'installation des fondations.

Selon l'approche typique des manuels d'aménagement paysager, il faut commencer par les murs de la maison et travailler en s'en éloignant. Cela veut dire installer d'abord les surfaces inertes comme les terrasses, les plates-formes et les sentiers ainsi que des plates-bandes le long des fondations de la maison. Mais si vous allez trop vite et que vous plantez de nouvelles plates-bandes dans la cour, vous serez découragé lorsqu'elles se trouveront écrasées par les installateurs de la clôture. Examinez attentivement ce que vous voulez accomplir et établissez une séquence logique des travaux qui vous feront pleinement profiter de toutes vos ressources.

AVEZ-VOUS BESOIN DE FAIRE UN DESSIN ?

Nous voyons tous les choses de façon différentes et certaines personnes ont même de la difficulté à se les imaginer. Si vous ne faites que des changements mineurs, les circonstances seront claires, les détails minimaux et un croquis à l'échelle du terrain entier et de tout ce qui s'y trouve n'est pas vraiment nécessaire. Mais vous pourriez tout de même apprécier voir une esquisse générale de l'ensemble si votre plan implique des plantations importantes, de nouveaux sentiers et des changements de niveau.

Un croquis aide à organiser l'information en présentant la situation actuelle ainsi que les changements proposés dans une seule image. Il vous permet de voir les liens entre deux aires, et comment cela change lorsque vous faites des ajouts comme des haies, des terrasses ou des étangs. Et il vous aide à mieux expliquer vos plans à des intéressés qui pourraient ne pas voir l'intérêt de ce que vous faites.

Faire un croquis à l'échelle, vu d'en haut, n'est pas difficile. Utilisez un long ruban à mesurer, du papier quadrillé et un crayon pour mesurer et pour indiquer les dimensions des limites du terrain. Ensuite mesurez la maison, le garage et tout autre édifice et tracez-les sur le croquis. Ajoutez les éléments dominants que vous avez l'intention de conserver, comme les arbres, les plates-bandes, les terrasses et les sentiers. Si vous avez déjà décidé de supprimer quelques plantes ou objets, ne les mettez pas sur le croquis. Vous voilà maintenant en possession d'un plan de base avant les changements et vous pouvez en faire plusieurs photocopies qui serviront à vos expériences. Vous pourrez y esquisser un enclos à chiens potentiel, une nouvelle aire de jeu pour vos jeunes enfants ou le terrassement proposé pour une pente abrupte.

Ci-dessous : Un croquis à l'échelle est un outil de planification et de référence pratique et illustre clairement comment chaque élément s'insère dans l'espace disponible.

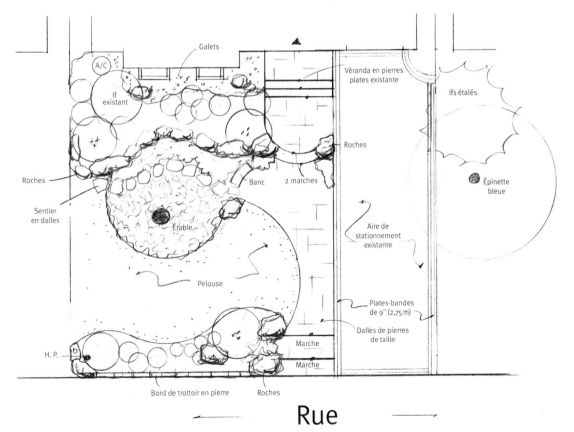

Contrôler l'envie de tout aménager

Habituellement, l'aménagement paysager se fait sans suer sang et eau, bien qu'il soit possible que vous versiez un peu de sueur et quelques larmes. Certaines personnes n'ont pas hâte de s'y mettre, mais d'autres plus nombreuses, passent de l'enthousiasme au zèle dès que le sol commence à trembler sous le poids de l'équipement lourd. Il faut employer ces énergies de façon constructive… et commencer par un *énoncé de vos objectifs et de vos restrictions* est un bon exercice dans la sélection des priorités. Cela sert aussi la cause du développement démocratique du terrain, car ainsi on reconnaît les intérêts de tous les participants et utilisateurs.

Votre énoncé peut être aussi simple que « La cour à l'avant paraît un peu fatiguée. La porte de la clôture est brisée et l'entrée en béton est sérieusement fissurée. Investissons 3 000 $ pour un contrat qui comprendra une nouvelle porte avec un treillage au-dessus pour les rosiers grimpants et une entrée principale en pierres rondes ». Il s'agit là d'un excellent énoncé, car il dit pourquoi les changements sont nécessaires, combien d'argent est disponible pour les travaux et quelles tâches exigent des connaissances professionnelles. C'est exprès qu'il ne fait pas mention d'autres améliorations à la cour à l'avant comme des rénovations à la pelouse, la création de nouvelles plates-bandes de fondations et le choix de rosiers pour le treillis, soit des tâches que le ou les jardiniers peuvent accomplir eux-mêmes une fois le travail de l'entrepreneur terminé.

Le choix des priorités n'a pas besoin d'être douloureux, mais il exige un peu de recherche attentive. Il est toujours plus facile de sauter immédiatement à notre liste de souhaits et de révéler notre obsession secrète pour un spa et un terrain de golf personnel. Il ne nous arrive pas souvent de devoir choisir entre la nécessité et le désir, mais c'est un exercice utile pour contrôler ses propres intérêts.

1. Tout d'abord, commencez par identifier ce qui est essentiel, c'est-à-dire, les éléments qui doivent être réparés ou remplacés afin que le terrain soit dans un état acceptable. Cela pourrait inclure de trouver des solutions aux problèmes d'érosion, de clôture qui s'affaisse et de murs de soutènement qui s'effritent. Des marches et des surfaces en béton qui sont trouées, fissurées ou abîmées, tout comme une allée pour la voiture en asphalte défoncé ou bombé seront aussi sur la liste des projets à envisager. Il faut de plus inclure sur cette liste les arbres et végétaux importants qui ont été endommagés par une tempête, qui sont malades ou dans un état de dépérissement. Il faut apporter des correctifs importants aux problèmes d'inondation et de drainage, tout comme les limites de propriété qui ont souffert de négligence ou de vandalisme. Voilà les éléments auxquels il faut donner priorité.

La phase initiale d'un bon plan d'aménagement paysager est consacrée à la réparation ou au remplacement des éléments indispensables du jardin. Cela vaut la peine de prêter attention aux risques et à la sécurité – et votre agent d'assurances sera d'accord avec cela. Si la terrasse en bois est si pourrie que vous pourriez facilement enfoncer votre pied à travers les planches, cet élément devrait venir en tête de liste. Tout emplacement qui devient glissant quand il pleut mérite aussi une attention immédiate. Une clôture affaissée au point où elle semble faire des courbettes ou un stationnement aux fissures si larges qu'on pourrait y cultiver des choux peuvent être aussi parmi les premières choses dont il faut s'occuper. C'est seulement après avoir planifié la réparation et le remplacement que vous pouvez vous prêter aux projets de grands travaux : l'installation de nouveaux éléments comme un talus pour l'intimité, une porte de style pleine lune à l'entrée du jardin ou un étang ornemental muni d'une cascade d'eau.

2. Maintenant, concentrez-vous sur ce dont vous avez besoin, soit les changements qui pourraient améliorer l'usage que l'on fait de votre terrain et encourager les vôtres à passer plus de temps en plein air. Il vous faudra vraiment être équitable et prendre en considération les intérêts de tous les utilisateurs du terrain. Pensez aux améliorations importantes, aux emplacements pour s'asseoir et pour dîner à

l'extérieur, aux équipements de jeux et aux aires de récréation. Évaluez le besoin d'écrans d'intimité supplémentaires, de plus d'ombre pour se protéger contre la chaleur du soleil, de plantations ornementales et de couvre-sols, d'espace d'entreposage pour la tondeuse et les autres outils de jardinage, de rampes d'accès pour les personnes à mobilité réduite et d'espace additionnel de stationnement pour les autos et les véhicules récréatifs.

Certains changements d'apparence mineure peuvent produire de nettes améliorations, comme élargir un sentier, élaguer un arbre, installer une porte dans une clôture ou poser des tuiles de drainage. C'est aussi le moment de penser sérieusement aux paniers de basket et bacs à sable, aux filets de badminton et au potager – que ce soit pour les ajouter ou pour s'en débarrasser. Et n'oubliez pas d'inclure un emplacement calme et tranquille où vous pourrez vous asseoir et rêver aux éléments de votre liste de souhaits qu'il vous reste à réaliser.

3.   Après avoir mis de l'ordre dans les nécessités et les besoins pour le développement de l'aménagement, ce qui reste correspond à ce que vous voulez. Il s'agit d'objets de désir, peut-être extravagants ou irrationnels, ou même impossibles pour votre terrain, mais néanmoins, qui composent votre liste personnelle de souhaits. Il n'y a pas à avoir honte d'admettre que vous voulez une piscine en béton soufflé à fond noir avec des pierres incrustées et une cascade. Il est parfaitement acceptable aussi d'exprimer de l'intérêt pour une cabine de bain avec un bar, un sauna et le câble. Mais l'échelle de votre aménagement devrait influencer votre décision quant à quels éléments de votre liste de souhaits mériteraient d'être réalisés.

Peut-être recherchez-vous un style méditerranéen, mais avec trois enfants et un chien, est-ce vraiment ce dont vous avez besoin ? Démêler les changements pratiques d'avec réalisation d'éléments de vos rêves est souvent très difficile.

EN TOUTE SIMPLICITÉ

L'ACCUMULATION d'installations de grande taille peut rapidement surcharger une arrière-cour par ailleurs charmante.

Une petite cour de ville occupée entièrement par une piscine donnera l'impression d'un bizarre manque d'équilibre par rapport à la mince bande de terrain restante. Même une cour de banlieue plus grande peut paraître surchargée lorsqu'on y retrouve une piscine, une cabine de bain, une tour à plongeons, une vaste aire de repos, plusieurs terrasses et un spa. Parfois « avoir tout le kit » rime avec perdre le sens des proportions ou oublier ce qui est approprié pour un terrain privé.

Il vaut mieux garder à l'esprit la prémisse voulant qu'un terrain soit un lieu pour profiter des arbres et des végétaux. Surcharger le terrain d'éléments inertes masque le paysage naturel et mène tout droit vers le parc thématique à la Disney.

Si votre budget le permet, vous pourriez peut-être inclure un des objets de votre liste de souhaits parmi les améliorations retenues. Ou vous pourriez ouvrir un compte « jardinage » et y déposer peu à peu l'argent nécessaire. Assurez-vous d'ajuster votre budget à vos priorités, voilà tout.

Exemple d'un plan quadriennal

Un plan qui s'étale sur quatre ans pour rénover une arrière-cour pourrait ressembler à ceci :

PREMIÈRE ANNÉE

Réparer les objets qu'il vaut la peine de conserver et commencer à ajouter des « os » à l'aménagement. Construire une terrasse surélevée en cèdre et un sentier en pavés de béton qui mènera de la nouvelle terrasse à côté de la maison. Durant la construction du sentier, installer des tuyaux souterrains là où de futures conduites d'eau et d'électricité pourraient être nécessaires. Appliquer une teinture hydrofuge sur le bois de la terrasse. Préparer des plates-bandes de fondations de 1,5 m de largeur et, le long du mur des fondations, une bande de propreté de géotextile de 45 cm recouvert de gravier. Acheter et planter de jeunes végétaux dans les plates-bandes.

DEUXIÈME ANNÉE

Ajouter plus d'« os » et un peu d'architecture. Afin d'éviter des dommages aux plantes et au sol, poser une clôture sur trois côtés du terrain avant d'installer des plates-bandes. Ajouter une porte surmontée d'un treillage s'ouvrant sur l'aire de stationnement. Planter les arbres de grande taille et les grimpantes qui monteront sur le treillis.

TROISIÈME ANNÉE

Améliorer la pelouse et installer des plantes à fleurs. Enlever le gazon frêle, améliorer le sol avec des amendements organiques et reposer de nouvelles mottes de gazon. Arroser le gazon quotidiennement. Former et creuser de nouvelles plates-bandes, et améliorer le sol en passant. Acheter et planter les arbustes à fleurs et les vivaces.

QUATRIÈME ANNÉE

Ajouter l'irrigation et l'éclairage. Installer une irrigation souterraine pour le gazon avec des goutteurs au sol pour les arbres et des gicleurs surélevés dans les plates-bandes afin d'arroser par le haut. Installer des fils et des lampes à bas voltage.

Première année Réparer les surfaces inertes comme les sentiers, les marches et les clôtures afin de prévenir une détérioration éventuelle.

Deuxième année Installer de nouvelles structures qui ajoutent du style et du caractère.

Troisième année Rénover les pelouses et les plates-bandes, planter de nouveaux arbres et arbustes de grande taille.

Quatrième année Compléter les plantations et installer les systèmes d'irrigation et d'éclairage.

Un plan d'aménagement étape par étape

Utilisez l'exemple suivant pour vous aider dans votre planification. Une série de petits projets est moins intimidante – et plus facile à réaliser – qu'une « révision totale ».

1. Déterminer vos priorités pour le travail que vous voulez accomplir cette saison. Il faut inclure les réparations obligatoires, les améliorations et les mises à jour qui rendront le terrain plus facile à utiliser, ainsi que certains projets choisis dans votre liste de souhaits.

2. Préparer un énoncé du plan complet qui comprendra tous les changements que vous avez l'intention de faire, le travail que vous accomplirez et les tâches spéciales qui demanderont l'aide d'entrepreneurs professionnels.

3. Préparer un croquis à l'échelle du terrain tel qu'il existe et indiquer les changements que vous voulez y apporter.

4. Établir un calendrier qui indique les dates de début et de fin pour chaque phase du projet et qui souligne également les endroits où certains projets pourraient se chevaucher afin d'économiser du temps.

5. Demander les permis de construction au besoin.

6. Dresser un budget pour le projet entier, ainsi que pour chaque phase.

7. Faire de la recherche sur les matériaux de construction et les végétaux et déterminer où se les procurer.

8. Trouver des entrepreneurs pour les projets qui demandent des compétences spéciales, comme la maçon-nerie, la pose d'asphalte, l'irrigation et l'éclairage.

9. Appeler les compagnies de service public pour localiser et indiquer l'emplacement des câbles souterrains.

10. Aviser les voisins de la durée des travaux.

11. Commander les matériaux en donnant comme date de livraison la semaine précédant le début des travaux.

12. Faire disparaître du site tout objet que vous avez choisi de vendre, de donner, de recycler ou de jeter.

13. Récupérer tout matériau qui peut être utilisé dans le nouveau plan, comme la pierre, les pavés ou les végétaux.

14. Déterminer un espace d'entreposage pour les matériaux de construction et les nouveaux végétaux.

15. Protéger des dommages provoqués par la construction, les plantes à conserver comme les arbres, les arbustes, les vivaces et les couvre-sols.

16. Réserver les outils et l'équipement de location pour la période où vous en aurez besoin.

17. Veiller à avoir sur place un conteneur à déchets au besoin.

18. Commencer par enlever les végétaux en piètre condition. Ensuite, déterrer les plantes à récupérer ou à être déplacées et en tourner leurs racines de géotextile ou les planter dans des pots. Les placer à l'ombre.

19. Au besoin corriger les pentes .

20. Au moyen de pieux et de fils, tracer des lignes indiquant l'emplacement des futures surfaces inertes tels que terrasses au sol, les terrasses surélevées et les sentiers et commencer à creuser pour l'installation des matériaux de fondations.

21. Déposer des tuyaux de PVC (ils serviront pour d'éventuelles installations électriques ou hydriques) à 3 m d'intervalle sous les sentiers (perpendiculairement à la ligne du sentier), en bouchant chaque extrémité avec un morceau d'étoffe, et les enterrer dans la couche de fondations.

22. Compléter la finition des surfaces inertes avec de la pierre, de la brique, des pavés de béton ou du bois.

23. Creuser et installer une pièce d'eau.

24. Construire les clôtures et les portes.

25. Acheter de nouveaux végétaux et les entreposer sur le site.

26. Tracer les formes des nouvelles plates-bandes et préparer le sol avec des amendements organiques.

27. Enlever la pelouse au moyen d'une découpeuse mécanique.

28. Poser les conduites électriques et d'irrigation.

29. Planter les arbres, les arbustes, les haies et les vivaces.

30. Pailler la base des plantes ligneuses et vivaces avec de l'écorce déchiquetée.

31. Installer des lampes et des gicleurs surélevés dans les plates-bandes.

32. Poser un nouveau gazon.

Élaborez votre premier plan d'aménagement quadriennal

Cet exercice aidera à concilier vos besoins immédiats avec vos rêves tout en vous aidant à travailler dans les limites de vos moyens.

« Ce qui est essentiel » et « ce dont vous avez besoin » peuvent paraître des termes redondants, mais il vous faut savoir faire la différence, car nous avons tous des « besoins » non essentiels que nous considérons nécessaires à notre jouissance de la vie. Il n'y a rien de mal toutefois à leur accorder une place raisonnable sur la liste de priorités de votre plan.

CE QUI EST ESSENTIEL

1.   Faites une liste de tous éléments, de l'extérieur de la maison aux cours à l'avant et à l'arrière, qui ont besoin de réparations immédiates pour des raisons de sécurité, d'assurances ou de limites de propriété ou parce que vous les utilisez régulièrement. Cela peut comprendre des problèmes de drainage, des marches brisées, un manque d'éclairage ou une clôture de sécurité ou d'intimité.

2.   Faites une liste des éléments qui contribuent à créer une apparence délabrée, miteuse ou de mauvais goût. Ces éléments représentent les travaux à être accomplis pour que votre propriété soit conforme à vos normes personnelles (et celles du voisinage),

une liste qui peut comprendre des plantations de fondations, une plate-bande de vivaces, un couvre-sol pour remplacer un gazon défraîchi ou peut-être une nouvelle allée pour la voiture.

CE DONT VOUS AVEZ BESOIN

3.   Faites une liste de tous les éléments ou changements qui permettront ou encourageront une utilisation plus fréquente et plus agréable de votre terrain. Vous pourriez, par exemple, inclure la réparation ou l'installation d'une terrasse, la création de « pièces de jardin », la construction d'une remise et d'une aire utilitaire ou la rénovation de l'entrée principale pour mieux accueillir les invités.

4.   Faites une liste des éléments ou des aires qui ne sont pas utilisés ou qui sont en si mauvais état qu'ils sont inutilisables et indiquez comment vous aimeriez les utiliser. Peut-être y a-t-il une aire de jeu pour les enfants, qui ne sert plus, mais qui ferait une excellente terrasse ou plate-bande.

5.   Dressez la liste des zones, à l'avant ou en arrière-cour, qui auraient besoin d'avantage d'ombre ou de plus de soleil. Parfois, il s'agit de déplacer un arbre ou un cabanon pour permettre à votre jardin de fleurs coupées de prendre véritablement son envol.

CE QUE VOUS VOULEZ

6.   Faites une liste de tous les éléments que vous désirez pour votre aménagement, qu'ils soient simples ou extravagants. À côté de chacun, écrivez ce qui vous empêche de l'obtenir. Par exemple, vous voulez une piscine, mais votre cour est trop petite et vos voisins ne sont pas prêts à vous vendre la leur. Ou encore, peut-être que tout ce dont vous avez toujours rêvé pour votre cour en plein soleil est un petit boisé où vous pouvez vous asseoir pour lire à la fraîche le dernier best-seller de votre auteur préféré.

Éléments	*Restrictions*

7. Budget. Dressez votre budget d'aménagement disponible pour cette année, pour l'an prochain et pour dans quatre ans. Des prévisions réalistes aideront à prévenir toute déception.

Cette année : _____ $

L'an prochain : _____ $

Dans quatre ans : _____ $

ÉLABOREZ VOTRE PLAN

Maintenant, passez quelques heures à examiner vos listes. Dans la liste « Ce qui est essentiel », déterminez les tâches qu'il vous faut accomplir le plus rapidement possible. Affectez leurs coûts au budget de cette année et, au besoin, aux budgets des deux et quatre prochaines années.

Une fois ces tâches essentielles accomplies, vous pouvez regarder la liste de « Ce dont vous avez besoin ». De la même manière, répartissez ces éléments selon vos moyens et sur les quatre prochaines années.

Finalement, vous pouvez jeter un coup d'œil à votre liste de « Ce que vous voulez ». Vous devriez avoir déjà éliminé les éléments qui sont clairement irréalisables à cause de leurs restrictions. Pour les éléments restants, déterminez les coûts approximatifs de chacun et la place possible de chacun dans votre budget et dans vos plans pour deux et quatre ans. Rappelez-vous que, lorsque vous aurez réellement fait ces changements, votre propriété aura évolué et vous aussi, et vous pourriez découvrir que la pièce d'eau que vous vouliez avec tant de passion n'est plus aussi tentante ou possible. Gardez l'esprit ouvert, en vous rappelant qu'un aménagement change avec le temps tout comme vos besoins et vos désirs. Révisez votre plan quadriennal fréquemment et, à l'année quatre, refaites-le au complet. (Retournez au besoin à *Une évaluation des lieux en dix points* à la page 38 et à *Les dix éléments du design paysager* à la page 13.)

Pour l'instant, cependant, cet exercice fournira une liste de priorités et de possibilités à partir desquelles vous pourriez élaborer votre propre Plan d'aménagement quadriennal.

PLAN D'AMÉNAGEMENT QUADRIENNAL

Cette année : _____

_____

_____

_____

_____

_____

_____

_____

_____

_____

_____

D'ici deux ans : _____

_____

_____

_____

_____

_____

_____

_____

_____

_____

_____

_____

_____

D'ici quatre ans : _____

_____

_____

_____

_____

_____

_____

_____

_____

_____

_____

_____

_____

Avant de commencer

Toute personne qui fait ses gâteaux à partir des ingrédients de base sait que la préparation prend autant de temps, et est tout aussi importante que mélanger et monter le gâteau. Aussi, avant de faire venir les engins de démolition, veillez à organiser chaque étape de votre projet afin d'être certain que tout soit prêt. Même s'il ne s'agissait que de rétablir les limites du gazon, il vous faut à tout le moins trouver un coupe-pelouse, ou encore, lui substituer une pelle carrée empruntée à des voisins, et bien l'affûter à l'aiguisoir. Il vous faut aussi une brouette pour ramasser les rognures et un emplacement où les empiler pour le compostage. Le long de la nouvelle bordure, le gazon sera sans doute haut et inégal et vous aurez alors besoin d'une cisaille à gazon ou d'un coupe-bordure motorisé pour le tailler. Rien n'est simple, mais une bonne planification fait en sorte qu'au moins le travail avance sans heurts. Il vous faut acquérir la même façon de penser qu'un oiseau qui construit son nid pendant un orage : s'il est bien organisé la première fois, il ne tombera pas de l'arbre.

1. **Démarrez les projets d'importance en faisant des appels de courtoisie**, en avisant les voisins si les travaux doivent affecter la circulation dans la rue. L'aménagement à l'avant est au vu et au su de tout le monde et vous pouvez vous attendre à ce que les voisins soient très prodigues de leurs commentaires. Quand vous en aurez assez entendu, passez-leur une pelle et vous verrez que le dialogue cessera rapidement. Si vous devez avoir un conteneur à déchets dans la rue et faire des travaux qui la saliront, vous aurez besoin de la compréhension de toute personne qui devra l'emprunter. Laissez-leur savoir ce à quoi il faut s'attendre, combien de temps ce chaos durera et assurez-les que vous surveillez le tout, que vous ferez en sorte que leur entrée ne soit jamais bloquée. Pendant les travaux, assurez-vous de terminer chaque journée en nettoyant la rue et le trottoir. Balayez le trottoir et utilisez une pelle plate pour enlever toute la terre de la rue, sinon les pneus des voitures la ramasseront et la traîneront sur les aires de stationnement des voisins. Au pire des travaux, les voisins auront hâte que le tout se termine le plus rapidement possible, mais il vous faut persévérer de façon déterminée en continuant vos nettoyages quotidiens. Quand les travaux sont enfin terminés, envoyez des fleurs aux deux voisins immédiats… et acceptez le témoignage de leur admiration.

2. **Pensez aux permissions, aux permis et aux autorisations** que vos travaux peuvent exiger. Si vous voulez remplacer une clôture mitoyenne, il vous faudra négocier le changement avec le voisin concerné ou encore la rebâtir de votre côté, à l'intérieur des limites de votre terrain. Certaines villes et régions ont des restrictions sur l'aménagement paysager tandis que d'autres envoient des inspecteurs régulièrement. Des permis de construction peuvent être nécessaires pour des travaux structuraux comme les aires de stationnement et les terrasses. Si vous voulez planter une haie à l'avant, il vous faut savoir à quelle distance de la rue elle peut être installée. Tout plan d'aménagement impliquant une piscine fera certainement l'objet d'une réglementation et de plus, certaines municipalités exigent des autorisations pour les bassins ornementaux, surtout s'ils sont à l'avant. Si vous connaissez les directives, il vous sera possible d'ajuster votre plan afin d'en tenir compte.

3. **De simples préparatifs sur le chantier peuvent vous faire économiser du temps** et bien des frustrations. Assurez-vous de téléphoner à tous les services utilitaires pour connaître l'emplacement des conduits souterrains. Il est bien possible que d'anciens propriétaires aient enterré des fils téléphoniques ou de câblodistribution. Il vous faut aussi localiser les conduites de gaz naturel et parfois, il peut aussi y avoir des fils électriques enterrés, notamment dans les développements résidentiels récents. Si votre terrain est doté d'un

Ci-contre : Les structures architecturales sont des installations permanentes qui satisfont autant aux exigences ornementales que fonctionnelles. Cet obélisque relativement bon marché ajoute de la force de caractère à la plate-bande tout en offrant un soutien à la croissance des végétaux, alors que la clôture est attrayante et donne de l'intimité. Laissez votre budget vous guider, mais achetez toujours la meilleure qualité que vous pouvez vous permettre.

système d'irrigation souterrain, obtenez un plan des conduites d'eau. Les tuyaux de vinyle souple ne seront qu'à 15 à 20 cm de profondeur et sont souvent coupés ou entaillés par la pelle lors des constructions. Bien qu'ils soient faciles à réparer si vous avez des colliers métalliques sous la main, la résultante immédiate, de l'eau jaillissant du sol, peut être alarmante et crée une boue très salissante, ce qui attirera sûrement des remarques désapprobatrices. Et qui a besoin de critiques dans ces moments-là !

4. **Il est préférable de bien nettoyer et d'organiser le site** avant de commencer, en enlevant tout débris superflu, comme du bois pourri, la vieille niche à chien, les jouets brisés ou tout autre objet qui ne restera pas sur le terrain en permanence. Si des éléments importants, comme une vasque pour les oiseaux ou un banc, sont encombrant, mieux vaut les déplacer temporairement afin que le chantier ne soit pas obstrué. déterminez un « espace d'entreposage » pour les outils et les matériaux dont vous aurez besoin pendant toute la durée des travaux et procurez-vous une grande toile pour les recouvrir la nuit et lorsqu'il pleut.

5. **Protégez les plantes qui ont de la valeur** durant les travaux. Vous pouvez délicatement déterrer les vivaces herbacées comme les pivoines, les hémérocalles et les iris et les placer dans des sacs de plastique dans le fond desquels vous aurez auparavant percé des trous pour le drainage. Quand elles sont dans leur sac, arrosez-les légèrement, assez pour maintenir le sol humide, puis entreposez-les dans un endroit ombragé, jamais en plein soleil. Les végétaux peuvent demeurer dans les sacs jusqu'à un mois si vous les surveillez régulièrement, les placez debout à l'ombre et les arrosez au besoin. Quand vous les retournerez à leur emplacement dans le jardin, arrosez-les avec une solution d'engrais et ils se réadapteront rapidement.

Les changements de dénivellation peuvent faire mourir les arbres. Un simple muret en pierres irrégulières empêchera la terre de s'empiler contre le tronc de l'arbre et d'étouffer ses racines.

6.   **Protégez les surfaces inertes,** comme la pierre et les briques enliées, des égratignures et de la boue en les recouvrant d'une toile épaisse jusqu'à la fin des travaux.

Les changements de dénivellation trop importants peuvent endommager les arbres qui sont trop grands pour être déterrés et replacés au nouveau niveau. Si vous prévoyez surélever le niveau du sol là où se trouve un arbre établi, il vous faudra construire un puits autour du tronc. On forme ce puits en construisant un mur de soutènement qui retient le sol nouvellement surélevé et qui protège le tronc et les racines de l'arbre contre l'étouffement. Le puits assure que l'oxygène et l'eau continuent d'atteindre l'écorce et les racines. Pensez cependant que le puits devra supporter une forte pression de la part d'un sol qui prendra normalement de l'expansion au moment du gel : il nécessitera alors un bon drainage et des fondations solides. Il peut être sage d'utiliser les services d'un professionnel pour cette tâche délicate.

7.   **Des préparations spéciales** peuvent être nécessaires pour les arbres et les arbustes. Vous pouvez temporairement ficeler les grands arbustes avec une corde solide afin de redresser leurs branches et les tenir loin de la zone de construction. Attachez-les solidement, mais sans forcer, de façon à ne pas briser les branches et les rameaux. Les plantes tapissantes utilisées comme couvre-sol, comme l'aspérule odorante et le pachysandre, ne supporteront pas une circulation dense ni le passage de la brouette, mais il n'est pas toujours pratique de les déterrer temporairement. Recouvrez alors les zones de grande circulation de larges feuilles de contreplaqué afin de distribuer également le poids des machines et des hommes. Bien que les plants se trouvent temporairement aplatis, ils se relèveront en quelques semaines une fois les planches enlevées et que vous aurez procédé à un bon arrosage.

Les arbres déjà en place demandent une protection spéciale pour prévenir les dommages à leur écorce et la compression du sol au niveau des racines. Leurs racines s'étendent jusqu'à la périphérie des branches, soit les limites extérieures de leur ramure. Si vous empilez de la terre ou d'autres matériaux de construction au-dessus des racines ou contre le tronc, leur poids compactera le sol et coupera l'apport d'oxygène. Quand on travaille seul, il est plus facile de se rappeler de ne pas placer des matériaux sous l'arbre, mais si vous engagez des ouvriers, il est plus sage d'installer à la périphérie des branches une clôture à neige temporaire ou une autre barrière afin de prévenir les dommages.

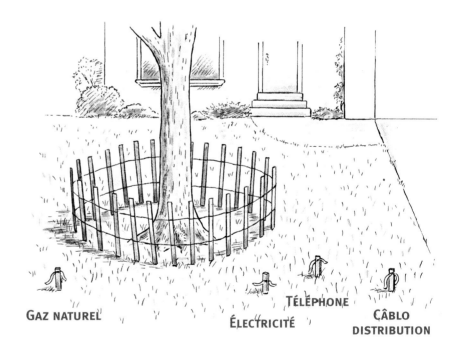

GAZ NATUREL   ÉLECTRICITÉ   TÉLÉPHONE   CÂBLO DISTRIBUTION

Établissez une zone de protection autour des arbres pour protéger leur écorce et leurs racines contre toute blessure durant la construction. Assurez-vous que les services publics indiquent l'emplacement de leurs conduits souterrains.

D'une pierre deux coups

Il est toujours excitant d'utiliser des matériaux neufs dans son aménagement, mais il y a aussi un plaisir tout spécial à recycler et à réutiliser de ce que l'on trouve déjà sur le site. En retournant le sol et en creusant ça et là, vous pouvez déterrer des vestiges intéressants. Si vous creusez près des fondations d'une maison ancestrale, vous pourriez trouver des éléments de sa construction, comme des roues de poulie ou des bouteilles de bière anciennes laissées par les ouvriers de l'époque. Les travaux autour des maisons construites dans les années 1950 révèlent souvent des jouets perdus et des pièces de machinerie abandonnées. Mais les sols de presque toutes les décennies contiennent des trésors pour le jardinier sous la forme de roches naturelles. Un sol rocailleux peut porter un coup dur à la pelle, mais il offre des matériaux intéressants pour l'aménagement.

Les clôtures en pierres des champs sont un beau témoignage de la capacité des

Les gravats de béton peuvent servir à donner de l'élévation, et vous pouvez les dissimuler avec des végétaux.

agriculteurs à tirer parti de leur pire problème soit tout simplement en récupérant la pierre qui jonchait le sol. Dans certaines régions il y a tellement de résidus de roche dans le sol que les habitants regardent les pierres comme une nuisance agricole pire que les mauvaises herbes. Reconnaître la valeur potentielle des roches qui n'en ont apparemment aucune est une façon utile de mettre en valeur les ressources naturelles de votre terrain. Un jardinier intelligent reconnaît une belle roche quand il en voit une, mais il vaut la peine de mettre de côté toute pierre que vous déterrerez, même les plus moches. Les spécialistes en aménagement paysager classifient les roches selon leur taille naturelle, soit les gravillons (les morceaux les plus petits), le galet, les pierres, les roches et enfin les rochers. Si en creusant vous rencontrez des pierres de toute taille, trouvez une place permanente pour les accumuler en vue d'une utilisation future. Votre « collection de pierres » deviendra une précieuse source de matériaux de construction pour servir d'appui à certains objets et pour faire contrepoids à d'autres, pour border des constructions, etc. Et bien sûr, avec assez de pierres de taille variable, vous pouvez créer une rocaille d'allure naturelle ou même une grotte très élaborée.

Les vieilles dalles sont un matériau extraordinaire à récupérer et à recycler, du moins en autant qu'elles sont libres de mortier. Si elles sont propres et lisses, vous pourriez les utiliser pour réaliser un sentier sec, en remplissant les interstices avec du sable, ou encore comme pas japonais. Débarrasser des dalles de mortier incrusté est cependant difficile et les résultats sont

rarement acceptables pour les travaux où la finition est importante, comme une terrasse. Par contre, elles pourraient servir pour construire un mur de soutènement bas ou pour border une plate-bande surélevée. Les galets lisses et arrondis et les pierres de la grosseur d'un poing peuvent servir de séparateurs entre des dalles où leur rôle serait de remplir les interstices, de tenir les dalles en place et d'éliminer la boue.

On peut réutiliser de vieux pavés de béton dans beaucoup de types de construction. S'ils sont tachés ou salis, retournez-les et utilisez l'autre côté. Nettoyés avec un jet d'eau puissant ou frottés avec une brosse métallique, ils peuvent servir pour aménager toutes sortes de petites surfaces plates, comme une base sèche pour la poubelle ou un pied solide bien de niveau pour un barbecue au propane. Ou placez-les debout pour aménager une très belle bordure de plate-bande. Entreposez aussi, pour utilisation future, le sable et le gravier retrouvés sous les pavés. Le bois aussi peut être récupéré s'il est en bonne condition, c'est-à-dire, sans déformations ni fissures. Les extrémités qui ont été en contact avec le sol peuvent toutefois être tachées par la pourriture; alors, recoupez-les jusqu'au bois intact. Les essences qui ont une bonne résistance à l'eau, comme le cèdre, le séquoia et le teck, ont beaucoup de valeur et coûtent cher. Il vaut alors toujours la peine d'investir du temps à démonter et à nettoyer avec soin les structures faites avec ces essences.

Le sol est la ressource la plus précieuse de tout jardin : il ne faut jamais s'en débarrasser. On peut facilement amender même les sols de piètre qualité, comme les argiles jaunes et bleues, ou encore une terre surtout composée de sable, avec les éléments qui leur manquent et ainsi produire un sol limoneux fertile. Si vous n'avez pas le temps maintenant d'améliorer un sol de piètre qualité, mettez-le de côté pour l'instant, ce qui vous donnera l'occasion de l'améliorer plus tard, quand vous en aurez besoin. Conservez aussi le gazon que vous avez enlevé. S'il est en bon état, vous pouvez utiliser une découpeuse de gazon louée pour le lever avec précision, en l'enroulant pour le transport. Ensuite, il s'agira d'en transférer des sections à des aires exigeant des rénovations ou même d'enlever toute la pelouse d'un endroit et de la reposer ailleurs. Si le gazon est inégal et se défait en mottes lorsque vous l'enlevez, empilez ces dernières dans un emplacement dérobé aux regards et laissez-les se composter. Le mélange brins d'herbe verts et terre qui colle aux racines donnera un sol d'excellente qualité dans deux ans.

Les rénovations d'un terrain impliquent souvent la suppression de certains végétaux ligneux et de conifères, que ce soit la coupe d'arbres ou l'arrachage de vieux arbustes devenus trop gros. Il se peut que ces végétaux aient déjà fait l'affaire pendant plusieurs années et qu'ils n'aient plus leur place dans le nouvel aménagement, mais ils ont encore une grande valeur comme paillis et amendements organiques pour le sol.

Si vous supprimez vous-mêmes des plantes ligneuses, il vous faudra soit couper et attacher les branches ensemble pour les mettre aux ordures ou encore trouver une façon de les apporter au site d'enfouissement où, dans certains cas, il peut y avoir des frais. Mais mieux encore, vous pouvez louer une déchiqueteuse pour environ soixante-dix dollars et y faire passer rapidement toutes les branches par ses lames en acier, produisant ainsi de la matière organique de première qualité pour laquelle il vous aurait fallu débourser des centaines de dollars.

Entreposez ce produit de grande valeur, en le laissant se composter pour une utilisation éventuelle, ou appliquez-le immédiatement comme paillis frais sur la plate-bande et le potager. Un tel paillis est idéal pour recouvrir la surface des allées dans le potager ou les sentiers dans un sous-bois et vous pouvez l'utiliser aussi, en mélange avec du sable grossier, pour convertir de la glaise bleue en sol friable. Si ce sont des entrepreneurs professionnels ou des arboriculteurs qui font le travail, ils peuvent utiliser leur propre déchiqueteuse ou profiter de votre appareil loué. Dans les deux cas, cependant, assurez-vous que les résidus de bois, toujours si utiles, restent sur le site.

Le gros bon sens peut vous guider et vous aidera à trouver des solutions pratiques et opportunes à la plupart des problèmes. Durant une saison de construction très affairée, plusieurs matières inertes et des végétaux peuvent venir à manquer : il faut alors être prêt à utiliser des produits de substitution. Ainsi, par exemple, rappelez-vous qu'on peut combiner la pierre naturelle et les pavés de béton pour combler tout déficit de l'un ou l'autre matériau.

S'il faut substituer certains végétaux, recherchez quelque chose de taille similaire pouvant s'adapter à l'ensoleillement du site. Plusieurs cultivars de thuya et de genévrier ont une silhouette similaire et sont bien adaptés à la lumière vive. L'if japonais colonnaire et l'épinette naine de l'Alberta font de bons substituts si l'emplacement est ombragé.

Soyez prêt à toute éventualités quel que soit le travail. Les entrepreneurs

DU REMPLISSAGE GRATUIT DISPONIBLE

SI vous devez éliminer une surface en béton, comme une vieille allée ou un sol de garage, il vous faudra casser les dalles avec une masse. Ce processus donne un produit unique et utile qu'on appelle gravats de béton.

Ces gravats n'ont aucune valeur esthétique, mais constituent un excellent matériau de remplissage pour les espaces vides. Avec du gravier acheté, on peut s'en servir comme base pour donner de la hauteur à un talus ou à une terrasse ou pour préserver une berge de l'érosion. Certains jardiniers utilisent de gros blocs de béton pour faire du terrassement sur une pente ou pour construire des murs de soutènement, mais il s'agit là d'un recours ultime.

En effet, les gravats de béton constituent un matériau grossier et ne devraient jamais être trop visibles. Si en désespoir de cause vous les utilisez de cette façon, assurez-vous au moins que des plantes retombantes et grimpantes les recouvreront prestement.

professionnels déterrent fréquemment de vieilles fondations en béton précisément là où l'on avait planifié de planter des arbres. Plutôt que d'essayer d'entreprendre des exploits d'ingénierie hors du commun, déplacez tout simplement l'emplacement choisi pour les arbres à côté de l'obstruction. Permettre une certaine flexibilité dans votre plan est la meilleure stratégie pour solutionner les problèmes imprévus. Et n'oubliez pas de photographier les progrès de votre projet afin de pouvoir revivre la satisfaction d'un travail bien fait.

L'aménagement avec des éléments inertes

Les jardiniers sérieux se méfient parfois de l'objectif visé par l'aménagement paysager avec des éléments inertes. Ils voient des plates-bandes de pivoines être déplacées au profit d'aires de stationnement et des lilas déracinés pour élargir un sentier. Et ils ont peut-être raison d'être prudents, car il y a quelque chose dans l'être humain qui adore paver et construire, en recouvrant le sol. Mais les techniques de l'aménagement avec les éléments inertes constituent des outils importants pour solutionner des problèmes d'aménagement paysager et pour faire un heureux mariage de bonne terre et de jolies plantes. Si vous voulez que les végétaux paraissent dominer les autres aspects de l'aménagement paysager, ce qu'il faut, c'est plutôt un peu de perspective.

Il y a plusieurs raisons d'utiliser des matériaux inertes comme la pierre, la brique, le béton, l'asphalte, le bois, l'acier et le fer dans un jardin. D'abord et avant tout, ils résolvent des problèmes. Les problèmes dans l'aménagement apparaissent rarement seuls et tendent à se multiplier avec le temps. La clôture qui penche ploiera davantage pour éventuellement tomber, en arrachant vos delphiniums et en écrasant votre rosier préféré. Le chemin battu tracé par le facteur dans la pelouse deviendra de plus en plus dénudé et saillant tant qu'il y a livraison de courrier. Remplacer la clôture et ins-

taller des dalles constituent des solutions faciles qui n'empiètent pas sur les végétaux ni sur les espaces verts. Utiliser des éléments inertes d'une façon aussi fonctionnelle satisfait à l'intérêt du propriétaire de maintenir les végétaux en tête de liste des priorités.

Il arrive cependant toujours un moment où l'on a besoin davantage d'utilisation, et d'une utilisation différente du terrain. Une demande instante pour un espace réservé à une aire de repas en plein air ou pour un espace additionnel de stationnement peuvent être des sujets de discussion pendant plusieurs étés jusqu'à ce qu'il faille finalement agir pour satisfaire cette envie. Ces changements dans le déve-

Les murs et les autres utilisations de la pierre ajoutent une structure vitale au paysage.

Les portes et les clôtures peuvent embellir l'aménagement tout en marquant des frontières.

Les marches font partie des éléments d'accueil pour les gens qui fréquentent votre demeure.

Les sentiers peuvent vous amener où vous voulez aller ou vous diriger vers une surprise cachée.

Ci-contre : Combiner des plantations avec des zones de repos à surface inerte adoucit les vastes surfaces en pierre et aide à intégrer la terrasse au terrain. Une succession de plantes ornementales en fleurs du printemps à l'automne dans les plates-bandes autour de la terrasse satisfait au désir du jardinier de donner à son aménagement un aspect naturel.

loppement du terrain nécessitent des surfaces inertes font paraître une partie de la terre de jardinage. Mais ils rendent le terrain plus utile, en permettant aux utilisateurs d'y passer plus de temps, et mettent à profit la valeur de la propriété. Et bien que cela puisse faire avoir un petit remords de conscience au jardinier dans l'âme, il faut admettre que ces nouvelles surfaces inertes jouent un rôle légitime dans la mise en valeur du site.

Il faudrait tirer la sonnette d'alarme lorsque quelqu'un suggère de poser des dalles de pierre sur le gazon pour agrandir le patio ou aménager une vaste allée en demi-lune pour la voiture devant la porte principale et à travers les hostas de collection. C'est le genre de situation où les matériaux inertes et les concepts agressifs d'aménagement paysager s'entremêlent, ce qui peut faire hurler de désespoir le jardinier dans l'âme. Il est inutile de prendre une position trop catégorique sur les aménagements où les surfaces inertes l'emportent sur les végétaux. Heureusement que la cour est un endroit privé que nous créons pour nous faire plaisir à nous-mêmes et non pas aux autres. Il existe de bonnes raisons pour repenser le patio et l'allée pour la voiture, mais assurez-vous qu'elles correspondent à votre propre perspective du jardinage et des espaces verts.

L'utilisation la plus extraordinaire des matériaux inertes relève d'une véritable obsession pour les matériaux de construction. Tout le monde a déjà vu des aménagements où l'utilisation excessive de pierre naturelle, de pavés autobloquants ou d'asphalte démontrait une fascination pour les surfaces inertes. Certains propriétaires sont tout simplement des passionnés du béton et le laissent couler comme de la lave d'un bout à l'autre du terrain, ne laissant plus que de maigres trous de plantation où les arbres ont du mal à survivre et finissent par s'asphyxier. Une telle image peut vous mettre en état d'alerte et attiser la crainte que l'ajout d'une seule brique puisse mener à un déluge de surfaces inertes. Mais, ressaisissez-vous ! Aussi longtemps que vous tenez solidement à votre perspective, vous êtes capable de réussir un heureux mariage d'inerte et de végétal.

LA NATURE A AUSSI SA PLACE

MÊME le plus grand passionné de végétaux doit admettre qu'il faut certaines surfaces fermes et solides sur un terrain. Des sentiers secondaires et des allées principales, des murs de soutènement et des clôtures, voilà quelques-unes des constructions dont nous avons absolument besoin pour rendre le terrain utile et accueillant. Il ne faut pas oublier que les végétaux devraient toujours former la présence dominante et qu'il vaut mieux donner un rôle strictement secondaire aux surfaces inertes et aux matériaux de construction. Quand l'aménagement est surchargé de meubles de patio, de bains tourbillons et de surfaces inertes, ce que vous avez créé est une salle d'attente très plaisante avec quelques belles plantes.

À droite : Les éléments inertes sobres – banc, clôture et bordure en pierres – apportent une structure aux espaces verts astucieusement esquissés pour mettre en valeur les plantes ornementales.

Les bordures surélevées et les murs de soutènement

L'aménagement d'un terrain est intimement lié à la gestion des sols, c'est-à-dire à la capacité de maintenir le sol en place et d'adapter sa quantité et sa distribution à l'utilisation dans le jardin. Certains terrains sont absolument plats, ce qui pose un tout autre problème, car c'est le relief du terrain – soit de petites élévations et buttes – qui crée l'intérêt de base du paysage. Mais les terrains dotés de pentes ou de corniches abruptes peuvent poser un problème chronique, car la terre est emportée par la pluie et soulevée par le vent. Les bordures surélevées sont de simples constructions utilisées pour retenir le sol, pour prévenir l'érosion par la pluie et pour maintenir les racines des plantes intactes. Une bordure surélevée peut être aussi basse que 7,5 cm et un mur de soutènement aussi haut que 90 cm. C'est la quantité de sol à retenir qui détermine le besoin d'une simple bordure ou d'un mur.

Un mur traditionnel de briques et de mortier demande une expertise en maçonnerie.

Des pierres naturelles massives sont lourdes et difficiles à manipuler, mais créent un mur durable.

Les pierres de taille et les dalles de béton s'assemblent facilement et restent en place.

Des plantes placées dans les interstices d'un mur en pierres des champs de forme irrégulière peuvent créer un « mur vivant ».

Les blocs de béton prémoulés et uniformes font un mur de construction rapide.

Les murs faits de moellons (fragments de roche) sont instables et demanderont éventuellement des réparations.

Un peu de hauteur est toujours bon. Lorsqu'il existe déjà une montée légère, une bordure surélevée en fera ressortir la hauteur, créant de l'intérêt et de la diversité, tout en offrant du soutien. Surélever la bordure d'une plate-bande est un truc de conception qui peut faire paraître plus grand un petit espace, mais qui peut aussi servir sur un vaste terrain à caractériser à un espace vide. Peu importe où on l'aménage, la bordure surélevée prévient l'érosion du sol et empêche les graminées de gazon d'envahir la plate-bande. Et il n'est pas nécessaire d'avoir beaucoup de hauteur : une élévation de quelque 7,5 à 22,5 cm suffira pour que les plantes avoisinantes paraissent plus grandes et plus à maturité.

Il existe une grande variété de matériaux qui peuvent servir à créer une bordure surélevée, mais plusieurs d'entre eux constituent de piètres choix. Les briques de maison posées debout et en contact avec un sol humide s'effriteront

après seulement deux ou trois années. Les traverses de chemin de fer traitées au créosote dureront plus longtemps, mais commenceront à pourrir après huit ou dix ans, puis se détérioreront rapidement. Le bois traité résiste aussi environ huit à dix ans et les deux matériaux libèrent des produits toxiques qui séjournent dans le sol. Tant qu'à vous donner la peine d'installer une bordure de plate-bande, aussi bien la faire solide et permanente, et cela veut dire utiliser une forme ou une autre de pierre naturelle ou fabriquée.

Un mur de soutènement est plus haut qu'une bordure et doit retenir et contenir un plus grand poids de sol. Comme le mur supporte la pression du sol, de l'eau et de la glace qui poussent vers l'avant, ses fondations et sa construction doivent être plus solides à tous les niveaux.

En suivant les directives simples (voir à la page 63), tout jardinier peut construire un mur de soutènement sans

mortier de moins de 45 cm de hauteur et supporté par son propre poids.

Les murs plus hauts sont plus compliqués à cause de la pression accrue qu'ils doivent supporter. Il faut employer des techniques de construction spéciales pour accroître la stabilité et la solidité à tous les niveaux et aussi installer des tuyaux de drainage pour prévenir toute poche d'eau ou de glace. On construit un mur de soutènement sans mortier de faible hauteur en posant les pierres les unes sur les autres, et à plat pour une solidité additionnelle, et en les reculant de 1,2 cm à chaque rang pour que le mur penche vers la pente, ce qui assurera sa stabilité.

Si vous souhaitez que l'effet paraisse naturel, vous pouvez utiliser de petits rochers pour autant qu'ils aient environ la même taille et sont faits du même type de minéraux. Ils doivent avoir environ 25 à 30 cm de haut, en tenant compte du fait qu'une partie de leur hauteur sera perdue dans la préparation des fondations. S'en tenir à une seule variété de minéraux, du granit ou du calcaire, par exemple, donnera de la consistance au mur complété et évitera un aspect incohérent. Les pierres de taille et les blocs de béton prémoulés posés debout peuvent aussi servir. Toute forme de dalle de pierre coupée à la machine à angle droit constituera un bon choix et est offerte dans diverses épaisseurs et tailles. Les pavés de granit peuvent servir pour une bordure rustique et les pavés fabriqués conviennent aussi et ont l'avantage d'être offerts dans un grand choix de formes et de couleurs.

Il a fallu utiliser de l'équipement lourd pour placer ces rochers naturels, utilisés pour soutenir une pente raide. Les plantes retombantes et grimpantes aident à adoucir l'apparence des roches massives et à les intégrer à leur milieu.

Encore une fois, les pierres naturelles de forme irrégulière ou variée peuvent être utiles pour les bordures qui ont besoin de quelques contours et courbes. Pour un mur qui sera très droit, la pierre de taille avec une « face » laissée au naturel serait indiquée. Si vous utilisez des dalles de pierres naturelles, les blocs auront des surfaces plus ou moins plates sur le dessus et le dessous, mais les formes seront irrégulières et il vous faudra les enlier étroitement. Si vous aimez les casse-tête, vous vous amuserez à assortir les formes. Posez les pierres les plus grosses à la base et assurez-vous de faire en sorte que les formes des pierres suivent la courbe de votre bordure.

Les pierres de taille s'assemblent très rapidement, rang sur rang, la face

naturelle toujours tournée vers l'extérieur afin d'adoucir l'allure sévère du côté taillé. Si votre pierre est uniforme de tous les côtés, vous pouvez retailler la façade vous-même avec un marteau de maçon et un ciseau afin de lui donner une allure plus naturelle, mais cela demande une habileté spéciale.

Mieux vaut alors demander au fournisseur de le faire à la carrière.

POUR CHAPEAUTER LE TOUT

UN CHAPERON est une pierre plus large et plus lourde qui sert à couronner le haut du mur. On le fixe avec un adhésif. Demandez à la carrière de vous donner assez de chaperons pour couvrir la longueur de votre mur et allez dans un magasin de matériaux de construction pour obtenir le bon adhésif.

On fixe le chaperon aux surfaces rugueuses comme les dalles irrégulières avec du mortier fait de ciment Portland, en mélangeant une partie de ciment avec trois parties de sable et seulement assez d'eau pour préparer une pâte ferme qui garde solidement sa forme. Trop d'eau affaiblira le mélange et le mortier séché s'effritera rapidement.

Voici un test pour vérifier la consistance : renversez le seau pendant cinq secondes ; si le ciment ne bouge pas, vous avez la bonne consistance.

Pour fixer le chaperon à une pierre au fini lisse, utilisez un adhésif à maçonnerie moins fort que le ciment Portland. Il est offert en tube de plastique souple et est beaucoup plus facile à utiliser.

Il faut aussi se donner la peine de regarder certains des nouveaux systèmes de murs en béton prémoulé qui ont l'apparence de pierres des champs ou de pierres de carrière. Ils sont remarquablement attrayants, faciles à installer et combinent l'adhésif avec un système de rainures et de clés qui les fixe mieux ensemble.

La pierre peut servir de multiples façons. La bordure uniforme à la limite de la rue sépare la propriété privée du terrain public, les pierres le long de l'allée pour la voiture aident à maintenir une bordure propre et enfin le mur de soutènement dans la pelouse est un élément ornemental qui aide aussi à prévenir l'érosion d'une pente naturelle.

AMÉNAGER UNE BORDURE SURÉLEVÉE

L'intégrité et la durabilité de toute bordure surélevée sont basées sur deux facteurs : une surface supérieure parfaitement de niveau et des fondations solides. Peu importe la sorte de matériau de construction (pierre naturelle, béton, etc.), il faut s'assurer que le tiers inférieur soit souterrain, dans les fondations, afin que la bordure puisse résister au soulèvement dû au gel.

1. Pour construire une bordure, on commence par tendre une corde à la hauteur éventuelle prévue, corde qui servira d'indication pour votre travail. Si la bordure est courbe, il faudra déplacer et ajuster la corde autour des coins.

2. Creusez maintenant une tranchée autour du parterre. Cette tranchée doit être assez profonde pour recevoir 5 cm de sable grossier pour le fond et pour un tiers de la hauteur verticale de la pierre. Creuser une tranchée peut paraître beaucoup de travail, mais cela vous permet d'apporter les ajustements précis nécessaires pour vous assurer que chaque pierre est de niveau et alignée avec ses voisines. La couche de sable sous les pierres est essentielle, car elle aide à drainer l'eau et à diminuer l'action du gel. Si vous travaillez avec des pierres équarries, il faudrait de plus un niveau à bulle d'air pour vérifier l'horizontalité sur le haut des pierres posées.

Lorsque vous utilisez du sable ou du gravier dans la construction des fondations, il est important de bien tasser ces matériaux avec un outil solide et ferme avant de poser la pierre. Dans l'espace limité d'une tranchée, vous pouvez égaliser le sable avec le dos de votre main et utiliser une brique plate pour le tasser. N'utilisez jamais votre pied, car il a trop de rondeurs.

3. Posez les pierres sur les fondations à la verticale et côte à côte, aussi serrées que possible. Travaillez d'une extrémité à l'autre de la tranchée et vérifiez fréquemment le sommet de la bordure avec le niveau. Il vous faudra sans doute apporter plusieurs ajustements et redistribuer le sable avant que tout soit parfaitement aligné et prêt à être remblayé.

4. Remplissez le trou de terre avec précaution, en utilisant une brique pour la tasser fermement. Tout sol restant peut s'ajouter au parterre derrière la bordure. Sans doute vous faudra-t-il encore beaucoup plus de terre pour le remplir et hausser son niveau à 2,5 cm de la limite supérieure de la bordure.

CONSTRUIRE UN MUR DE SOUTÈNEMENT

Le mur de soutènement demande des fondations plus profondes qu'une bordure. Cette technique de construction simple suffit pour des murs de soutènement mesurant jusqu'à 90 cm de hauteur. Chaque rang de pierres est légèrement décalé par rapport au précédent, ce qui augmente sa force et sa capacité de diminuer la pression créée par le gel hivernal. Installer une bordure en pierres plates à la base du mur donne une finition plus nette et vous épargne le fardeau de devoir tondre le gazon le long du mur avec un coupe-bordure. Vous pouvez remplir des trous laissés exprès dans le mur avec de la terre de jardin mêlée de tourbe humide et les utiliser comme base de plantation pour des espèces de rocaille rampantes, comme l'orpin, le thym et certaines euphorbes. Si vous laissez une plate-bande au sommet du mur, remplissez-la de 30 cm de bonne terre de jardin afin de permettre le bon développement des racines et plantez-y des vivaces basses et des rosiers couvre-sol.

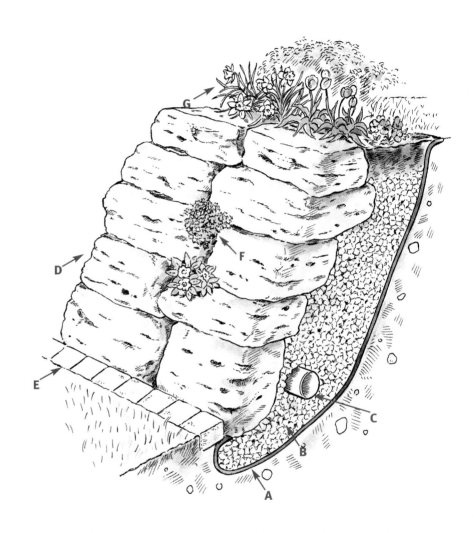

1. Creusez une tranchée assez profonde pour contenir 15 cm de matériaux de fondations. Tapissez le sol nu au fond de la tranchée et derrière le mur avec du géotextile (A), un tissu de jardinage en vente dans les jardineries, qui permet à l'humidité de s'évacuer tout en empêchant le sol de s'échapper.

2. Disposez 15 cm de gravier concassé (B) au fond de la tranchée. La première couche devrait être à moitié enfoncée dans le sol. Placez un tuyau de drainage perforé (C) dans le gravier, derrière le premier rang de pierres.

3. Complétez chaque rang avant de poser le suivant au-dessus, en reculant chacun de 1 cm par rapport au premier (D). En complétant chaque rang, remplissez l'arrière avec du gravier. Le mur avec son chaperon doit pencher légèrement vers la pente. Pour finir la base du premier rang, du moins à sa rencontre avec la pelouse, posez un chemin de tonte (une bordure de pavés de patio prémoulés) (E) à

l'égalité du sol pour contenir le gazon et faciliter la tonte.

4. Remplissez les interstices entre les pierres (F) avec du gravier fin ou un mélange de terre de jardin pour faire des bases de plantation. Vous pouvez aménager une plate-bande (G) de 30 cm de profondeur au sommet du mur pour les vivaces et les arbustes rampants.

AMÉNAGER LE TERRASSEMENT D'UNE PENTE

Il peut être pénible d'avoir une pente raide dans un jardin. Elle est difficile à entretenir lorsqu'elle est couverte de gazon et les vivaces couvre-sol forment souvent un tapis inégal, en ayant tendance à pousser densément au sommet de la pente et peu au bas. Les zones dénudées deviennent alors sujettes à l'érosion des sols et à l'envahissement par les mauvaises herbes. Mais on peut stabiliser une pente et en faire un élément attrayant de l'aménagement avec du terrassement.

Les terrasses sont une série de murs de soutènement bas, jusqu'à 60 cm de hauteur, coupés dans le côté d'un terrain en pente. Seulement une ou deux terrasses peuvent être nécessaires pour une pente mineure, mais plusieurs peuvent être requises si la surface en pente est vaste. Les terrasses sur une pente raide peuvent être aménagées directement l'une derrière l'autre ou, sur une pente moins à pic, être espacées stratégiquement à différentes hauteurs, selon les besoins. La longueur des terrasses variera aussi selon les besoins. Ces terrasses stabiliseront la pente et répartiront la pression venant du sol tout en offrant amplement d'espace pour des plantes permanentes qui peuvent retomber joliment en cascade vers le bas.

1. Excavez la zone à aménager en terrasses (A). Distribuez environ la moitié du sol ailleurs sur votre terrain et amendez l'autre moitié avec des matières organiques (fumier décomposé, tourbe, feuilles et aiguilles de pin). Le sol amendé servira de substrat de plantation dans les terrasses complétées.

2. Déposez 10 cm de gravier concassé (B) au fond du trou d'excavation de la terrasse inférieure. Moulez une feuille de géotextile (C) sur le fond, en allouant assez de tissu pour monter sur les murs avant et arrière de l'espace de plantation. Placez le premier rang de pierre (D) sur le gravier, à moitié enterré. Ajoutez les rangs suivants de pierre, en reculant chaque rang de 1 à 2,5 cm vers le fond de façon à ce que le mur penche légèrement vers le sol en arrière. Levez le géotextile et tenez-le contre les pierres pendant que vous remplissez de terre l'espace de plantation. Construisez chaque terrasse de la même manière, en utilisant le géotextile (E) comme barrière entre le sol dans l'espace de plantation inférieure et les fondations en gravier de la terrasse supérieure.

Les végétaux choisis pour les terrasses devraient être de port bas et d'une échelle appropriée pour de si petits espaces de plantation. Les plantes et les arbustes hauts peuvent basculer dans le vide dans une terrasse alors que les racines en pleine expansion des plantes de bonne taille peuvent affaiblir la construction. Les plantes naines avec une bonne résistance à la sécheresse conviennent mieux pour les petits emplacements de plantation. Les genévriers nains couvre-sol constituent un bon choix pour produire un effet attrayant douze mois par année. Les plantes de rocaille et les plantes grimpantes tombant en cascade sont aussi compatibles avec la plantation en terrasse.

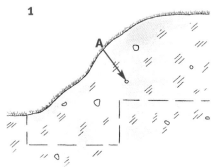

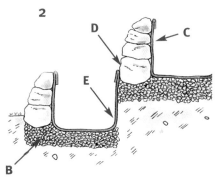

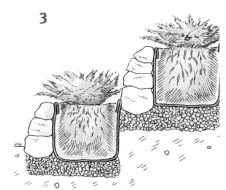

POUR FACILITER LA TONTE

Vous créez une nouvelle tâche d'entretien chaque fois qu'une bordure surélevée ou un mur de soutènement sont construits au bord d'un gazon. Les 7,5 premiers cm de gazon en bordure de la barrière sont inaccessibles à la tondeuse et deviendront rapidement un fouillis total. Il faudra alors repasser avec un coupe-bordure après chaque tonte, une procédure qui deviendra rapidement ennuyeuse. Installer un chemin de tonte à l'égalité du sol à la rencontre d'une pelouse et d'une bordure surélevée ou un mur créera une assise solide pour la roue de la tondeuse et lui permettra de tondre le gazon de façon efficace. On peut installer ce chemin de tonte au bord de tout gazon, qu'il y ait ou non une bordure surélevée ou un mur.

Ce chemin de tonte peut s'installer au bord de toute la pelouse, réduisant ce bord de verdure de quelques centimètres et donnant une bande solide à surface dure au niveau du sol. Tout matériau inerte durable, comme des dalles équarries, des blocs de béton, des pavés ou des briques durcies peuvent convenir.

Il est important que le chemin de tonte ait des fondations solides afin qu'il ne bouge pas et qu'il ne se soulève pas sous l'action du gel sur le sol. Un chemin de tonte a une plus belle apparence et est plus efficace lorsqu'il mesure au moins 15 cm de largeur et peut mesurer jusqu'à 40 cm si vous utilisez une pierre attrayante. S'il mesure plus de 40 cm, ce que vous obtenez est plutôt un sentier étroit le long de la pelouse.

INSTALLER UN CHEMIN DE TONTE

1. Pour que le chemin demeure solide et propre, enlevez le gazon et excavez jusqu'à une profondeur égale à la hauteur de votre pierre, plus 7,5 cm additionnels pour permettre le dépôt d'une couche de sable égalisé et compacté.

2. Préparez les fondations en y déposant 7,5 cm de sable grossier dans la tranchée. Tassez-le solidement pour l'égaliser et le compacter.

3. Placez les pierres sur le dessus, en les serrant solidement puis remplissez les joints de sable fin pour combler toute fissure ou ouverture.

Les clôtures et les portes

Les clôtures occupent toujours une partie importante de tout budget d'aménagement paysager. Si vos moyens sont limités, alors vous voudrez peut-être penser à une haie. Par contre, une clôture arrive déjà toute poussée et donne alors une intimité instantanée, ce qui est peut-être important pour vous. Il est utile de comprendre exactement ce qu'une clôture peut faire pour votre terrain… et ce qu'elle ne peut pas faire. C'est une bonne façon d'empêcher les chiens de pénétrer, mais elle n'arrêtera pas une personne déterminée. Une clôture dérobe votre terrain à la vue

des curieux, mais le bruit et les conversations traversent de façon très audible. Les clôtures ne fournissent ni gîte ni nourriture pour les oiseaux (toujours bienvenus dans le jardin), mais elles offrent un excellent support pour les grimpantes à fleurs. Les clôtures aident à apaiser les frictions entre voisins dans le sens où elles marquent au moins clairement les limites de la propriété, mais des différences d'opinion peuvent quand même surgir quant à leur style et au partage des coûts. Tout ce qui demande une aussi importante quantité de matériaux coûteux et de main-d'œu-

vre de construction ne sera sûrement pas simple. Si vous pensez installer la clôture vous-même, regardez-y à deux fois. Les clôtures sont des objets architecturaux proéminents et toute imperfection se remarque rapidement. Si vos habiletés en menuiserie sont moins qu'excellentes, l'installer vous-même est peut-être une bonne façon d'économiser de l'argent, mais une clôture mal faite fait toujours tache… et tout le monde vous le dira. Qui sait pourquoi une clôture tortueuse fait insulte, mais elle fera assurément l'objet de nombreuses critiques. Une compagnie spécialisée dans

Le motif à sommet biseauté se fait facilement au moyen d'une boîte à onglets.

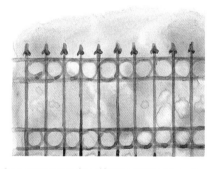

On peut trouver des clôtures antiques en fer forgé dans les chantiers de ferraille.

Les clôtures faites de panneaux de treillis offrent un bon support pour les clématites et les ipomées.

Les panneaux plats à lattes très serrées offrent l'intimité la plus complète.

Le coût d'une clôture augmente considérablement selon la quantité de bois à couper sur demande.

Pour maintenir un bon équilibre, il faut mesurer et découper les motifs symétriques de façon très précise.

la pose des clôtures peut faire le travail rapidement, mais prenez le temps de regarder quelques exemples de clôtures qu'elle a déjà érigées pour être certain qu'elle a le niveau d'habileté dont vous avez besoin.

Les matériaux de clôture en bois et en métal n'ont pas beaucoup changé depuis des centaines d'années, mais leur prix a augmenté considérablement. Les bois naturellement résistants à la pourriture et à la dégradation du temps, comme le cèdre ou le séquoia, sont les meilleurs pour la construction des clôtures, mais ils sont très coûteux. Le bois traité à l'arséniate de cuivre chromaté, autrefois très populaire, sera bientôt retiré du marché (voir l'encadré).

REMPLACER LE BOIS TRAITÉ ?

Le bois traité sous pression à l'arséniate de cuivre chromaté (ACC), ce bois de coloration verdâtre que l'on voit dans maints aménagements, a été depuis plus de 40 ans le matériau le plus utilisé pour les constructions extérieures, mais les risques de son utilisation pour l'environnement (il continue de libérer des produits toxiques, notamment l'arsenic, pendant des décennies après l'installation) font en sorte qu'il ne sera plus fabriqué au Canada après le 31 décembre 2003. On songe à remplacer le bois traité à l'ACC par du bois torréfié, du bois traité à différents dérivés du cuivre ou avec d'autres produits. Comme ce dossier est en pleine évolution et qu'aucun remplaçant définitif n'a encore été déterminé, informez-vous auprès de votre fournisseur de matériaux de construction pour connaître ses recommandations. Les bois peu résistants à la pourriture (pin, épinette, pruche, etc.) et non traités peuvent toujours être utiles, mais pour une bonne durabilité, doivent toujours être enduits de peintures ou de teintures de conservation et, de plus, ne doivent jamais être en contact direct avec un sol humide. Pour les constructions en bois traité déjà sur votre terrain (clôture, terrasse surélevée, etc.), il y a moins de danger pour l'environnement de les laisser debout que de les défaire, car le bois traité ne doit pas être brûlé et peut présenter un danger s'il est enfoui. Un traitement aux deux ans à l'aide d'un produit de conservation préviendra normalement toute contamination de l'environnement. On déconseille toutefois de planter des espèces comestibles près du bois traité.

Ce style pleine lune permet aux rosiers et aux plantes grimpantes de monter au-dessus de la porte.

Le bambou est léger et remarquablement durable.

Les portes contemporaines en aluminium aussi sont légères, mais ressemblent à celles en fer lourd.

Les piliers en pierre naturelle forment des supports solides pour une porte de style cottage anglais.

Ce modèle de style Chippendale est un élément classique des jardins à l'anglaise.

Une porte à lattes en pointe de flèche, un style américain, demande une coupe soigneuse et précise.

Étant donné le coût du bois, cela vaut la peine d'opter pour une clôture métalique. La clôture traditionnelle en fer forgé durera un siècle, mais son coût élevé fait qu'elle est souvent hors de portée. Les nouvelles clôtures en aluminium constituent une solution de rechange abordable et attrayante et,

INTIME, MAIS PAS INFRANCHISSABLE

LA HAUTEUR est une question délicate... des deux côtés de la clôture. La plupart des municipalités ont des directives concernant la hauteur d'une clôture le long des limites du terrain et il importe de rester à l'intérieur de cette hauteur maximale. Une clôture d'intimité de 1,8 m est idéale, mais n'est pas toujours permise. Le cas échéant, pensez à une clôture en planches de 1,35 m surmontée d'un panneau en treillage de 30 cm pour un total de 1,6 m.

Bien sûr, il n'est pas toujours nécessaire de construire un mur aussi haut et si vous voulez une meilleure pénétration de lumière et une circulation d'air accrue, une clôture traditionnelle en lattes de 1,2 m de hauteur soulignera gracieusement une division sans avoir l'allure d'un rempart.

C'est un geste de courtoisie de choisir un style qui a une belle apparence des deux côtés. Vous ne faites pas un acte de bon citoyen si votre clôture ressemble à un mur de grange du côté de votre voisin. Un bon choix de style est la clôture à planches alternées, d'apparence égale des deux côtés. Elle permet une bonne circulation d'air et assez d'intimité pour satisfaire à tous.

mieux encore, n'exigent aucun entretien. On peut aussi laisser le bois sans aucun traitement, mais l'application d'un produit de conservation aux deux ans prolongera considérablement sa vie.

Le matériau de clôture le moins intéressant et le moins cher est le grillage métallique (clôture « Frost »), une forme moderne de la clôture traditionnelle en fil de fer. Travailler avec succès avec une clôture en grillage métallique pose un défi esthétique, mais si c'est tout ce que le budget permet, achetez au moins du grillage noir. C'est presque miraculeux comme un grillage noir peut se fondre dans l'aménagement et devenir presque invisible. Vous pouvez le dérober à la vue en plantant une haie en conifères devant la clôture, du thuya dans les endroits ensoleillés et de l'if à l'ombre. Si votre budget pour les végétaux ne couvre pas des conifères plus coûteux, optez pour une haie à feuilles caduques comme le lilas nain ou le gadelier alpin.

Si la clôture se trouve en face de votre propriété, il vous faudra aussi une entrée et alors, il faut penser à une porte quelconque. En tant qu'élément

architectural, une porte suggère l'idée nostalgique de grincements amicaux et de battements gracieux. En réalité, cependant, la plupart des portes de jardin sont laissées ouvertes, ce qui fait qu'elles se détachent peu à peu de leurs charnières et deviennent mal alignées. Une porte est essentiellement incommode puisqu'il faut avoir une main libre pour l'ouvrir et la refermer à chaque passage.

Peu importe la raison, les portes de clôture tombent souvent en état de délabrement et donnent une impression d'abandon. Si vous tenez à en avoir, optez pour une porte à ressort et assurez-vous que tous les membres de la famille sont prêts à la garder fermée et en bon état. La porte doit être assez large pour permettre le passage d'objets de grande taille comme les meubles et les équipements de jardin. Si vous décidez de ne pas intégrer une porte dans la clôture, vous pouvez embellir l'entrée avec une tonnelle surmontant la clôture (voir l'encadré). Une entrée avec tonnelle ou treillage peut être en bois ou en métal et on peut la laisser nue ou la recouvrir d'une plante grimpante.

Une clôture en lattes blanches donne une image de jardin classique, mais en réalité, elle est loin d'être idéale. Les pieux en contact avec un sol humide seront éventuellement à remplacer et les lattes s'écailleront rapidement et devront être repeintes. Par contre, malgré l'entretien assez particulier, une telle clôture demeure le support parfait pour les rosiers grimpants et les clématites.

CRÉER UNE CLÔTURE VIVANTE

Si les circonstances demandent une structure décontractée, pourquoi ne pas penser à une clôture vivante recouverte de vignes à raisin ou de rosiers grimpants ?

1. Enfoncez des pieux de 15 par 15 cm (A) dans du béton à environ 2,4 m d'intervalle.

2. Percez des trous dans les pieux pour des œillets à haute résistance (b) et passez du fil de fer de gros calibre (C) dans les trous sur toute la longueur de la clôture. Installez 3 niveaux d'œillets et de fil : deux vers le haut, où la végétation est plus lourde, et un à la base. Si une allure plus industrielle vous convient, vous pouvez remplacer les pieux par des barres d'acier perforées en « T ». Il s'agit de les enfoncer avec un plante-piquet (un tube en métal lourd à extrémité fermée et muni de deux bras).

3. Plantez les vignes à raisin sous un léger ombrage et les rosiers en plein soleil, un plant entre deux poteaux, et attachez les tiges à l'horizontale le long des fils. L'entretien consiste en une seule séance majeure de taille par année. Les ornithologues apprécieront l'activité ailée accrue autour des raisins et les jardiniers adoreront l'abondance de roses.

Les marches

L'endroit où vous entrez dans un jardin et par où vous en sortez est un espace de grande circulation et de drames considérables. C'est ici que la civilisation entre dans le monde naturel… et cela vaut la peine de songer un peu à rendre la transition sécuritaire, élégante et invitante. Puisque la plupart des demeures sont plus élevées que le terrain, votre entrée dans le jardin devra comporter un certain nombre de marches entre le mur et le sol et

ces dernières seront probablement faites de pierre ou de pavés de béton ou encore, peut-être avez-vous une véranda et des escaliers en bois. Il existe des marches en béton pré-moulé, mais elles sont sans doute les moins intéressantes, car leur taille et leur dimension sont déterminées à l'usine et ne peuvent pas être ajustées. De plus, les marches faites de planches ou de plus grosses pièces de bois de construction, comme les traverses de chemin de fer, peuvent subir des

dommages dus à l'humidité et ont une durée de vie plus courte. La partie horizontale et plate de l'escalier sur laquelle vous posez le pied s'appelle la marche ; sa face verticale est la contre-marche. La marche est un genre de gradin et vous voulez être certain qu'elle logera votre pied et supportera le poids de votre corps tout en laissant assez d'espace à la jambe pour vous permettre de passer à la marche suivante. Les gens préfèrent ne pas avoir à penser à ces considérations

Une marche large permet un mouvement aisé et sécuritaire, que ce soit en montant ou en descendant.

Les escaliers en pierre plate posée sans mortier peuvent résister à la glace et à la neige ainsi qu'aux gels et aux dégels répétés.

Les escaliers composés d'une mosaïque de pierres irrégulières peuvent demander des réparations fréquentes.

Les marches incluses dans un mur de soutènement doivent être conçues pour retenir la pression exercée des deux côtés.

Les marches en brique et en mortier résistent plus longtemps dans les climats aux hivers doux.

De simples dalles dans une pente conviennent bien à un jardin de sous-bois.

quand ils utilisent les marches et présument qu'il y aura toujours assez d'espace pour leur pied au moment où il touche à la marche suivante. Mais cela n'est pas toujours le cas et des marches mal conçues peuvent parfois réserver de mauvaises surprises.

Lorsqu'ils voient un haut cadre de porte avec un espace très limité en-dessous, certains entrepreneurs compressent les marches comme un accordéon, ce qui donne une marche plus étroite et une contremarche plus haute. Cette configuration recrée l'expérience d'escalade de montagne, car vous devez prendre appui sur chaque marche avec vos orteils. Le fait de tomber lorsque vous montez un escalier est presque toujours causé par une contremarche trop haute : votre jambe s'élève automatiquement à un niveau normal, puis vous trébuchez sur la contremarche. Descendre un tel escalier est également excitant, car il n'y a aucun espace pour le talon. Ainsi, vous devez dévaler la pente sur la pointe des orteils avec un rebond saccadé. Et puis, il y a aussi les marches trop larges combinées aux contremarches trop basses, qui vous obligent à adopter une démarche lourde et étirée qui fait perdre patience à tous les utilisateurs. N'arriveront-ils donc jamais à faire des marches comme il faut ? Ce que nous voulons tous, ce sont des marches si bien proportionnées et si efficaces que nous remarquons à peine que nous passons de l'une à l'autre.

Si la pelouse n'a qu'une pente douce, une seule marche placée à la rencontre de l'allée principale du trottoir ou de l'aire de stationnement aidera visuellement à aménager l'entrée. Il est vraiment préférable de laisser votre pied vous guider et de marcher sur l'allée sans chaussures. Vous sentirez immédiatement l'endroit où un changement de niveau n'est pas confortable et c'est ici qu'il faut poser une marche. Les fabricants de pavés de béton préfabriqué ont aussi conçu des ensembles de marches qui s'installent facilement. Ils sont offerts en plusieurs couleurs et peuvent être joliment combinés avec des pavés et la pierre naturelle comme le granit, l'ardoise, le calcaire et la pierre plate.

Les marches s'associent naturellement aux tonnelles de jardin. Si vous avez une tonnelle à l'entrée d'un jardin et qu'elle est légèrement surélevée, une marche de pierre convient parfaitement pour lever votre pied au nouveau niveau quand vous passez en-dessous. Si la tonnelle est de niveau avec le terrain, vous pouvez toujours utiliser de la pierre comme élément de design en la plaçant sous la tonnelle et en abaissant son niveau à celui du gazon. N'oubliez pas d'utiliser assez de pierres ou de pavés pour combler tout l'espace sous la tonnelle.

Quand il n'y a que deux ou trois marches, elles sont faciles à construire, ne demandant qu'une base de niveau en sable compacté. Mais des marches dans une pente importante demandent davantage de matériaux de soutien comme des parpaings et du gravier et il vaut mieux en confier l'installation à un entrepreneur professionnel.

La règle générale pour un escalier parfait est une marche de 30 cm et une contremarche de 15 cm. Les marches pour une terrasse surélevée ou une porte principale peuvent être un peu plus larges, soit de 35 à 40 cm. Cette proportion horizontale/verticale s'adaptera à la taille de la plupart des adultes du XXIe siècle, qu'ils posent le pied sur quelques marches ou sur les marches de tout un escalier. Lorsqu'il n'y a pas assez d'espace pour loger des marches proportionnées, on peut les séparer par un palier, en tournant les marches inférieures vers le côté.

CONSTRUIRE DES MARCHES

Les marches nous mènent d'un niveau à un autre. Un simple escalier offre une utilisation efficace et confortable, mais si les marches ne sont pas de la taille adaptée au besoin, si elles sont branlantes ou si elles ne sont pas de niveau, vous les détesterez chaque fois que vous y passerez. Installer deux ou trois marches est facilement à la portée du jardinier amateur, mais un escalier plus haut demande davantage d'excavation et de matériaux et, de préférence, l'habilité d'un entrepreneur professionnel.

Des marches bien posées offrent une facilité d'utilisation et de la sécurité ; par contre, des marches mal posées risquent de provoquer des accidents et des blessures. Utiliser les meilleurs matériaux assure que les marches seront sécuritaires et dureront de longues années. Si vous installez des marches vous-même, il est préférable d'utiliser une seule dalle solide de pierre ou de béton pour chaque marche ou sinon, au maximum deux morceaux serrés solidement l'un contre l'autre. Les marches construites de matériaux à motif sont difficiles à mettre de niveau et risquent davantage de se desserrer et peut-être de faire trébucher un utilisateur. Les entrepreneurs professionnels, par contre, ont les capacités d'assembler les marches en plusieurs morceaux ou à motif de façon stable.

Les marches sont faciles à construire, mais demandent une planification bien pensée. D'abord, prévoyez le nombre de marches nécessaires, en vous basant sur la différence de hauteur entre les premier et deuxième niveaux où les marches seront placées. Calculez une marche à tous les 7,5 à 10 cm, entre le niveau inférieur et le niveau supérieur. Il peut toutefois exister des situations où une marche moins haute de seulement 5 à 7,5 cm peut être utile. Les marches extérieures de plus de 10 cm demandent des matériaux et des techniques de construction plus complexes.

1. Excavez le secteur sur une longueur égale à la mesure combinée des largeurs des marches et une profondeur égale à la hauteur des contremarches, plus 5 cm de matériaux de fondations compactés. Par exemple, deux marches de 35 cm de largeur et de 7,5 cm de hauteur demanderont une excavation de 71 cm de longueur et de 20 cm de profondeur.

2. Remplissez le fond de l'excavation de matériaux de fondations faits de pierre concassée, de poussière de calcaire ou de sable grossier, puis compactez-les avec un pilon de métal ou une brique. Si le niveau baisse, ajoutez plus de matériaux et tassez encore jusqu'à ce que vous obteniez une base solide et compactée de 5 cm de hauteur. Utilisez un niveau pour vérifier que la base est égale, en ajustant de nouveau le niveau du matériau de fondations au besoin.

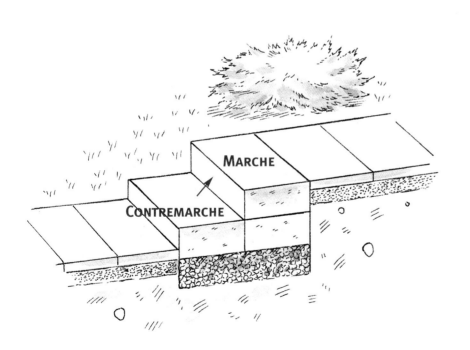

3. Utilisez des dalles de pierre ou de béton qui ont une hauteur égale à celle de la contremarche. Les matériaux d'une épaisseur de 5 à 12 cm seront assez solides pour résister aux pressions de l'utilisation extérieure sans se fissurer. (Il faut lier les dalles plus minces avec du mortier ou un adhésif chimique, un travail à faire faire par un entrepreneur professionnel.) Placez les dalles du premier niveau de façon à couvrir toute la surface des fondations. Si vous placez la première dalle à peine plus basse que le premier niveau de l'allée, soit 5 mm, cela aidera à la fixer solidement. Placez ensuite les dalles des niveaux subséquents sur les dalles du premier niveau pour former des marches ascendantes. La lourdeur des dalles les fera tenir en place.

Les allées

On pourrait facilement diviser les êtres humains entre ceux qui se concentrent sur la destination et qui préfèrent alors un sentier droit, et ceux qui préfèrent le trajet, et une route moins directe. Dans les deux cas, une allée bien faite a bien des attraits et quand vous en trouvez une que vous aimez, vous voudrez y faire l'aller retour à pied quelquefois, en vous habituant à la texture sous vos pieds. Les sentiers sont aussi distinctifs que les gens qui y déambulent et on peut les fabriquer avec des boîtes de carton écrasées dans un potager ou des dalles de granit poli pour l'entrée principale d'une demeure. Parmi les autres matériaux courants pour la construction d'un sentier, vous trouverez tout genre de pierre naturelle, d'agrégat et de pavé de béton, de brique, d'asphalte, de gravier et de copeaux de bois.

Toutes les allées ont certaines choses en commun. Pour obtenir de bons résultats, elles doivent être adaptées à leur objectif. Les allées qui entourent votre demeure doivent être assez solides pour supporter une circulation quotidienne dense, peu importe le temps et le déplacement d'équipements et d'objets lourds comme les meubles et les réfrigérateurs.

De plus, une allée doit être élevée et bien se drainer de façon à ce que vous n'ayez pas à marcher dans des flaques d'eau et de la boue. Vous

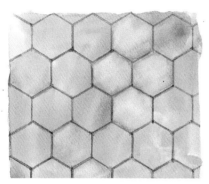

Les pavés de béton uniformes sont faciles et rapides à installer.

Différentes tailles de pavés de béton frustes donnent un aspect vieillot.

Pour enlier les pierres solidement, il faut les tailler de forme irrégulière à la main.

Pour éviter l'effritement sous les climats froids, utilisez des briques durcies.

Le jardinier amateur trouvera les pierres de taille faciles à assembler.

La brique de récupération ne peut être utilisée que là où il n'y a pas de gels importants.

ne voudriez sans doute pas d'un sentier mou en écorce déchiquetée comme allée menant à la porte principale, mais il pourrait convenir pour le sous-bois derrière la maison. La dalle de pierre naturelle est un matériau luxueux qui coûte cher, mais les pavés de béton sont moins coûteux et conviennent parfaitement à la tâche. Il est possible de combiner les deux dans une même allée, en utilisant la pierre naturelle plus près de la porte où elle sera davantage appréciée.

Les jardiniers adorent les sentiers informels qui forment des méandres à travers des plates-bandes, mais préfèrent un matériau moins « habillé » sous le pied. Si vous agrandissez les plates-bandes tous les ans pour y mettre plus de végétaux, vous pouvez vous retrouver avec des allées de gazon là où il y a déjà eu une pelouse. C'est un aménagement incommode, car les graminées du gazon envahiront avec vigueur les plates-bandes et les végétaux seront déchiquetés par la tondeuse quand ils s'étaleront sur le sentier en poussant. Le gravier est le matériau traditionnel pour cette utilisation et la surface la plus pratique pour la situation. Le gravier se draine bien, enraye l'apparition des mauvaises herbes et offre juste assez de support pour une promenade sans but parmi les rosiers anciens.

Même le sentier le plus simple a besoin des fondations pour être permanent. Le soulèvement dû aux gels hivernaux et l'envahissement des plantes durant la saison de croissance peuvent rapidement venir à bout d'un sentier qui n'a pas été renforcé par une base permanente (voir ci-dessus).

Des dalles bien espacées laissent de l'espace pour des plantes couvre-sols qui peuvent combler les interstices.

On peut insérer des bordures et des motifs de brique durcie dans du gravier finement concassé.

Un sentier en méandres constitue toujours le passage le plus gracieux entre deux points.

Les dalles conviennent parfaitement à une utilisation occasionnelle dans les aires décontractées.

N'utilisez les allées très droites que sur de courtes distances ou là où les autres possibilités sont limitées.

Des roches non fixées peuvent border un sentier en gravier ou en écorce dans les aires boisées.

Les sentiers faits de matériaux durs demanderont une base compactée (A) de 10 à 15 cm de gravier concassé recouverte d'une couche de 5 cm (B) de sable grossier dont le niveau a été vérifié avec un niveau à bulle d'air. On place ensuite le revêtement de pavage en serrant les éléments les uns sur les autres, puis on étend du sable à béton sur la surface, en le balayant pour combler les interstices. Une bordure en métal bien dissimulée peut servir à tenir les bordures en place de façon permanente. Pendant que vous pensez aux préparatifs de construction, il est aussi important de planifier les emplacements des tuyaux transversaux qui serviront pour une utilisation future, soit l'installation des conduits d'eau et d'électricité éventuels. Il s'agit de longueurs de tuyaux en PVC de 10 cm de diamètre achetés dans un magasin de matériau de construction, que l'on couche à l'horizontale dans la fondation, en les laissant dépasser de 5 cm de chaque côté du sentier. Dans le futur, vous pourriez vouloir faire courir un câble électrique ou un conduit d'irrigation de l'autre côté du sentier, et il y aura alors un tuyau souterrain par lequel les enfiler, ce qui vous épargnera une rénovation coûteuse. On place le tuyau dans le gravier et le sable compacté des fondations en bouchant les extrémités avec des torchons pour le garder libre de terre. N'oubliez pas de marquer l'emplacement avec une pierre enfoncée dans le sol, ou de prendre des mesures avec soin et de bien noter l'emplacement.

INSTALLER LES FONDATIONS D'UNE ALLÉE

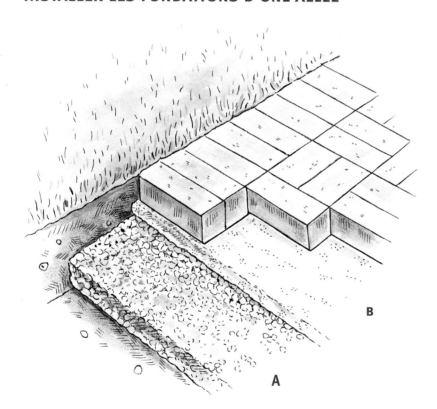

Aucune surface en pierre ou en brique, même de luxe, ne peut dissimuler des fondations défectueuses. Des fondations insuffisantes ou mal faites viendront rapidement déloger le sentier, permettant à la pression créée par l'action du gel dans le sol environnant de désagréger et de soulever les matériaux de pavage.

Il faut excaver l'allée assez profondément pour contenir 10 à 15 cm de gravier concassé (A), de pierre concassée ou de calcaire criblé. Utilisez un pilon à main ou une brique pour compacter le sol afin qu'il soit de niveau. Si vous utilisez une bordure de métal pour solidifier les bords de l'allée, insérez-la maintenant, puis ajoutez une couche de matériau de fondations concassé. Compactez le matériau concassé et vérifiez qu'il est à niveau. Ajoutez maintenant une couche de sable grossier de 5 cm (B) et compactez-la encore pour la mettre au niveau.

Enfin, placez les briques ou les pierres et étendez du sable stabilisant sur la surface, en le balayant pour qu'il pénètre dans les joints.

Ci-contre : Les plantes en contenant placées aux coins qui s'étalent vers l'avant, comme l'alchémille (*Alchemilla mollis*) aux fleurs chartreuses (centre), adoucissent et dissimulent la bordure rigide de l'allée. Certaines plantes, par contre, comme l'herbe aux goutteux (*Aegopodium podagraria* 'Variegatum') (extrême gauche) peuvent pousser dans les joints et les fissures où l'on ne les apprécie pas et deviennent alors difficiles à supprimer.

Préparer une allée en gravier

Peu importe la largeur choisie pour votre allée, si elle est aménagée le long d'une plate-bande, elle perdra de la largeur à cause des plantes qui commenceront à s'étaler à partir de la mi-été. Une largeur minimale de 90 cm laissera de l'espace pour circuler et une largeur de 1,20 m fera une allée d'apparence plus nette où vous pourrez vous promener avec un visiteur. Une bordure solide en briques ou en pavés d'aménagement de chaque côté de l'allée fera une délimitation plus nette et empêchera le gravier de se déplacer. Si vous préférez un aménagement moins apparent, vous pouvez utiliser une bordure flexible en métal ou en caoutchouc solide.

Une allée de gravier demande peu d'entretien, et se limite à redistribuer occasionnellement du gravier vers les endroits plus bas et à souffler les feuilles à l'automne (la seule utilisation raisonnable pour une souffleuse à feuilles, d'ailleurs). Après quelques années, le gravier peut se tasser ; ajoutez alors du gravier pour augmenter la hauteur de l'allée et pour combler tout creux ou toute dépression.

Il faut 10 cm de gravier étalé uniformément sur l'allée pour obtenir une surface appropriée pour la promenade. (Pour estimer la quantité de gravier qu'il faut commander, consultez la formule pour commander de la terre à la page 143.) Le choix d'un gravier approprié pour la surface relève davantage du calibre et de la forme des particules que de leur contenu minéral. Le blanc est la seule couleur trop vive ; il ne paraît pas à sa place dans un jardin. Rechercher du gravier concassé qui a des petits morceaux angulaires d'un calibre de moins de 5 mm. Le gravier rond (gravier de rivière) est trop gros et trop arrondi et ne se compacte pas assez pour faire une surface solide.

Compacter l'allée est un bon départ, car cela tasse le gravier et stabilise la base. On peut louer une plaque vibrante pour faire ce travail ou encore utiliser une dame à main en acier – une large plaque fixée à une longue perche – pour tasser solidement le gravier sur toute la surface de l'allée.

1. Utilisez une bêche pour distribuer le sol du sentier aussi également que possible et pour créer un fond uni.

2. Roulez le sol pour le stabiliser. S'il y a du gazon dans l'aire de l'allée, tondez-le aussi ras que possible et recouvrez la surface du sentier de huit à dix feuilles de papier journal.

3. Posez un revêtement de géotextile à haute résistance (A) sur la surface de l'allée pour empêcher le gravier de s'enfoncer dans le sol. Il s'agit d'un tissu synthétique non tissé vendu dans les centres de bricolage et les jardineries. Fabriquez des agrafes maison en coupant des cintres de métal en de courtes sections et utilisez-les pour fixer les bords du géotextile. Étalez le gravier également sur la surface de l'allée avec un râteau de jardin, en le tassant notamment sur les côtés pour dissimuler complètement le géotextile.

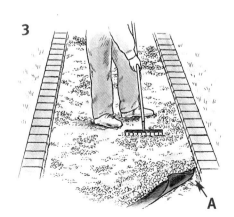

AMÉNAGER DES PAS JAPONAIS

Si vous avez besoin d'un sentier décontracté pour des utilisations occasionnelles, les pas japonais offrent une solution intéressante et bon marché. On peut les installer presque n'importe où : sur le côté de la maison qui n'est pas souvent utilisé comme accès au terrain ou même à travers la pelouse si le facteur et les livreurs de dépliants sont en train de tracer un chemin battu dans le gazon. Des pas japonais peuvent aussi être utiles dans une vaste plate-bande de fleurs comme élément de design… avec, en plus, l'avantage pratique de permettre un accès facile pour l'entretien.

Des pas japonais qui traversent une surface gazonnée ou en gravier devraient être conçus pour permettre un mouvement aisé et spontané. Vous voulez vous déplacer naturellement et rapidement sans penser où poser le pied. Idéalement, vous devriez pouvoir vous promener dans le noir sur le sentier terminé sans perdre pied.

1. D'abord, marchez le long du sentier proposé pour déterminer le nombre de dalles nécessaires. Déambulez à vos rythme et vitesse normaux afin de laisser assez d'espace entre les pierres d'après vos démarche et longueur de jambes. Laissez tomber un repère à chaque pas et ainsi vous saurez combien de dalles acheter.

Pour un aménagement durable, il est préférable d'acheter des dalles d'au moins 5 cm d'épaisseur. Vous pouvez choisir soit de la pierre taillée en carré pour un style plus classique, soit des formes arbitraires et irrégulières pour un style plus décontracté.

2. Posez les dalles en plaçant les plus grosses au début et à la fin du sentier afin de créer une entrée et une sortie plus solide, puis ajustez-les jusqu'à ce que vous ayez une distance confortable entre chaque dalle.

Si vous placez les dalles dans du gravier déjà sur place, enlevez assez de gravier pour que la pierre puisse entrer dans l'espace vidé. Elle devrait être assise de façon à dépasser la surface de gravier d'environ 2 cm.

Si les dalles doivent aller dans une pelouse, utilisez une bêche carrée aiguisée pour découper le gazon autour de la pierre. Enlevez la pierre, glissez la bêche sous le gazon découpé et enlevez-le.

Utilisez un transplantoir pour enlever de la terre à une profondeur égale à l'épaisseur de la pierre, plus 5 cm additionnels pour les matériaux de fondations.

3. Nivelez le fond de l'excavation et égalisez ses parois, puis ajoutez 5 cm de sable de construction grossier dans le fond. Égalisez la surface du sable et placez la dalle par-dessus. Avec un large maillet en caoutchouc (jamais un marteau en métal), frappez sur la dalle pour l'enfoncer partiellement dans le sol. Avec un niveau à bulle d'air, vérifiez que la dalle soit parfaitement de niveau. Sinon, soulevez-la, ajustez les fondations de sable, replacez la pierre et vérifiez de nouveau le niveau. Le pas devrait dépasser le niveau du sol de 2,5 cm, ce qui permettra le passage de la tondeuse.

1

2

3

LES DIX MEILLEURS COUVRE-SOLS POUR LES PAS JAPONAIS

Les pas japonais constituent un élément utile dans l'aménagement, car ils offrent une surface solide sous le pied dans les endroits où vous marchez occasionnellement plutôt que quotidiennement. Ils sont peu coûteuses, faciles à installer (voir à la page 69) et, une fois en place, vous en bénéficierez pendant de nombreuses années.

On peut installer des pas japonais sur une pelouse de graminées ou sur un sol nu, entourés d'un paillis d'écorce déchiquetée pour prévenir l'apparition des mauvaises herbes. Par contre, lorsque c'est possible, les plantes tapissantes vivaces (couvre-sols) sont tout à fait indiquées pour des pas japonais. Il suffit de choisir des plantes de croissance basse et qui conviennent à la lumière disponible dans l'emplacement choisi.

Si le sentier doit servir durant toute l'année, pensez aux couvre-sols à feuillage persistant, comme le lierre anglais rustique, la petite pervenche ou le thé des bois. Leurs tiges rampantes et étalantes s'entrelaceront rapidement pour créer un tapis ornemental entre chaque dalle. Pour obtenir de bons résultats, assurez une irrigation régulière, surtout les deux premières années. L'entretien se limite à une taille une fois par année pour éliminer toute croissance trop exubérante.

BUGLE RAMPANTE *Ajuga reptans* H 15 cm L 60-90 cm Zone 3 Une plante utile aux petites rosettes de feuilles s'enracinant exponentiellement par stolons rampants, la bugle rampante produit des épis floraux de 20 cm à la fin du printemps. Il existe plusieurs cultivars au feuillage vert, bronze ou panaché et aux épis de fleurs bleues, roses ou blanches. Sol ordinaire, ombre légère à soleil partiel.

ASARET D'EUROPE *Asarum europaeum* H 15 cm L jusqu'à 30 cm Zone 5 Feuilles persistantes lustrées et réniformes sur des tiges duveteuses. Les feuilles recouvrent de petites fleurs discrètes, d'abord vert pourpré puis marron, qui s'épanouissent à la fin du printemps. Sol forestier organique, ombre à soleil partiel.

LAMIER MACULÉ *Lamium maculatum* H 20 cm L 60 cm Zone 3 Un autre couvre-sol vigoureux qui forme des talles étalantes créant un tapis bas de feuilles vert moyen à vert clair. Différents cultivars offrent un feuillage panaché et des fleurs roses ou blanches. Sol ordinaire, ombre partielle à soleil partiel.

SAGINE, MOUSSE IRLANDAISE *Arenaria verna* H 1,5 cm L 20 cm Zone 3 Bien qu'elle ne soit pas une vraie mousse, cette vivace produit un feuillage vert clair qui ressemble à une mousse, formant des touffes étalantes parsemées de nombreuses fleurs blanches minuscules en été. 'Aurea' (ci-dessus) est une variante au feuillage doré. Sol humide et bien drainé, ombre partielle à soleil partiel.

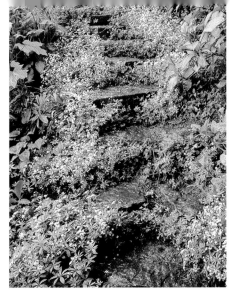

ASPÉRULE ODORANTE *Galium odoratum* H 20 cm L illimitée Zone 3 Forme rapidement un tapis dense de feuilles verticillées délicates en forme d'étoile. Fleurs blanc pur parfumées du début du printemps à l'été. Résiste à l'ombre sèche ou au soleil partiel. Brûle en plein soleil.

THÉ DES BOIS *Gaultheria procumbens* H 15 cm L jusqu'à 1 m Zone 2a Feuilles persistantes vert luisant avec de petites fleurs roses ou blanches au printemps et des baies aromatiques écarlate vif à l'automne. Lorsqu'elles sont écrasées, les feuilles dégagent une forte odeur de thé des bois. Ombre partielle, sol humide, légèrement acide.

LIERRE ANGLAIS RUSTIQUE *Hedera helix* 'Baltica' H 7,5 cm L illimitée Zone 5 (4 en site protégé) C'est le plus rustique des lierres anglais. Feuillage vert foncé aux nervures crème. Croissance vigoureuse, s'enracinant à partir de tiges rampantes. D'autres cultivars, moins rustiques (endroits protégés de la zone 5), offrent plus de choix : feuillage jaune vert, panaché ou pourpré, feuilles diversement découpées, etc. Sol ordinaire, ombre à soleil partiel.

ORPIN BÂTARD *Sedum spurium* H 15 cm L 60 cm Zone 3 Plante rampante à feuillage semi-persistant. Feuilles succulentes, petites rosettes s'enracinant aux nœuds pour former un tapis collé au sol. Plusieurs cultivars au feuillage vert, rouge ou panaché. Excellent choix pour la rocaille et les jardins en terrasse. Résiste dans les sols secs, soleil partiel à plein soleil.

THYM SERPOLET, SERPOLET *Thymus serpyllum* H 10-25 cm L 45 cm Zone 3 Petites feuilles vertes sur des tiges rampantes finement velues qui forment un tapis dense couvert de masses de fleurs pourpres au début de l'été. Sol ordinaire, soleil partiel à plein soleil.

PETITE PERVENCHE *Vinca minor* H 10-29 cm L Illimitée Zone 4 Tiges rampantes portant des feuilles persistantes luisantes aux fleurs bleu violet au printemps. Divers cultivars ont des feuilles au contour blanc et des fleurs blanches ou pourpres. Peut être très envahissante. Sol ordinaire, ombre à soleil partiel.

Les allées pour la voiture et les aires de stationnement

L e fait que tout s'étend éventuellement jusqu'à occuper tout l'espace disponible s'avère certainement vrai dans le cas des allées pour les voitures. Personne ne veut que les dimensions de son allée soient réduites et la plupart voudront même qu'elles soient plus grandes. La largeur minimale pour une allée simple devrait être de 2,7 m, mais cela ne laisse de l'espace que pour la voiture : le conducteur et les passagers doivent longer le véhicule, en marchant sur le gazon ou dans la neige. La largeur pour une allée double de 5,5 m permettra un passage très aisé aux piétons, aux poussettes et aux vélos le long de la voiture, mais recouvre beaucoup d'espace vert de très grande valeur et est visuellement très dominante.

Et les allées surdimensionnées et circulaires invitent les chauffeurs à abandonner leurs voitures où bon leur semble, approche peu méthodique qui satisfait à leur désir de jouir de privilèges personnels et leur refus de faire quelques pas de plus jusqu'au garage. Les gens n'apprécient pas toujours les commentaires sur les dimensions démesurées de leur aire de stationnement et certaines personnes sont même assez susceptibles au sujet de cet espace. Après tout, on en a besoin pour laver les pneus (un rituel bisannuel) et elle fournit une place de stationnement supplémentaire pour les invités lors des fêtes, également une activité bisannuelle… ou encore, c'est le site des matchs de basket nocturnes.

Les jardiniers comme moi, bien sûr, utilisent l'allée pour la voiture comme emplacement pour leur pépinière personnelle de plantes collectées au printemps et en attente d'un emplacement permanent dans la plate-bande, ce qui exclut, durant la saison

---

UN MAL NÉCESSAIRE

LES STATIONNEMENTS de poche sont des mini-aires de stationnement maintenant permises par certaines villes. On les installe généralement dans la pelouse à l'avant ou à l'arrière, en désespoir de cause, devant la concurrence féroce pour le stationnement dans la rue. Tout le monde regrette d'avoir installé une aire de stationnement là où elle ne devrait pas être, mais c'est souvent le seul choix pour les citadins.

On peut aménager un stationnement de poche avec tout matériau convenable, mais à cause de sa grande visibilité, il est logique d'utiliser la surface la plus attrayante que votre budget vous permet. La largeur minimale est de 2,7 m et l'aire doit être assez longue pour garer votre voiture, plus 90 cm supplémentaires.

Si l'aire se trouve sur votre pelouse à l'avant, un permis spécifique peut être nécessaire et l'extrémité de la voiture ne doit pas déborder sur le trottoir. Vous pourriez installer une clôture en panneau de treillis de 1,2 m de hauteur le long du côté le plus près de la maison et, une fois recouvert de chèvrefeuille et de clématites, cela aiderait sûrement à rendre la situation plus acceptable.

Au lieu d'une simple bande étroite qui rencontre l'allée pour la voiture à angle droit, cette surface comprend une aire de descente pour les passagers le long du stationnement et est d'une largeur commode là où il le faut. Le petit parterre fleuri, comportant un système d'irrigation souterraine, aide à adoucir la surface inerte.

de jardinage, le lavage des pneus, le stationnement des invités et les sports d'équipe. Ainsi les dimensions de l'aire de stationnement demeurent une question à régler, car tout le monde se bat pour quelques mètres carrés supplémentaires de macadam.

La question de la largeur est facile à décider sur les terrains plus petits où l'espace vaut de l'or et où les règlements municipaux limitent les incursions des aires de stationnement sur la pelouse. Encore plus restrictive est l'aire de stationnement partagée des terrains en ville, une épreuve particulière pour les relations humaines. Mais le dialogue peut être plus vif dans les banlieues, où plus d'espace est disponible et où les sentiments de droit personnel s'échauffent.

Les matériaux utilisés pour les surfaces de stationnement sont similaires à ceux des allées. La pierre naturelle constitue un choix coûteux, mais les pavés de béton sont fréquemment utilisés et l'on peut facilement les marier avec le système d'allées. Après plusieurs années d'utilisation, les pierres naturelles et les pavés peuvent devenir tachés de résidus d'huile venant des pneus de voiture et peuvent aussi s'enfoncer légèrement dans les zones de plus grand poids. On peut retarder ces taches en modifiant légèrement la position de stationnement de 90 cm à 1,80 m chaque jour, mais la meilleure assurance contre l'enfoncement, par contre, est de bonnes fondations. Les aires de stationnement exigent une base de 25 à 30 cm de gravier concassé et compacté pour pouvoir supporter adéquatement de longues années de pression des véhicules.

Le béton coulé constitue un piètre choix pour les places de sta-

tionnement sous les climats froids aux températures hivernales sous le point de congélation. Même en incluant des grillages d'armature et des rainures de pression, la glace finira par pénétrer les minces fissures qui se forment et commencera le processus de rongement et d'effondrement. Le gravier d'agrégats concassés et compactés constitue une bonne surface pour les roues de toutes sortes, mais ne convient pas nécessairement aux autres utilisations de la famille. L'asphalte est cependant de loin la meilleure surface pour les véhicules et est répandu dans les sites industriels, commerciaux et résidentiels. Si vous voulez améliorer l'apparence de l'aire de stationnement, vous pourriez faire border l'asphalte de pierres naturelles ou de blocs de béton précoulé (les pavés les plus gros). Ce design transforme l'aire de stationnement asphaltée à frais modiques et donne une surface fonctionnelle de bon style.

Si vous soupçonnez que vous avez trop de surface inerte, vous pourriez résoudre le dilemme entre la largeur de stationnement et la disparition d'espace vert en maintenant une largeur raisonnable de 3,6 m tout en créant une aire de descente pour les passagers, soit un léger élargissement là où vous arrêtez la voiture et ouvrez la portière. Cela donnera une largeur additionnelle de 90 cm à 1,80 m de largeur et de 3 m de longueur précisément là où vous en avez besoin. Dans les situations qui demandent un espace de double largeur, vous pouvez aider à réduire la surface inerte en plantant une rangée d'arbres le long d'un côté, à environ 2,4 m d'intervalle. Les arbres choisis à cette fin devraient avoir une hauteur maximale de 6 m et être de forme pyramidale afin d'éviter la chute de débris

sur les voitures garées. En regardant la hauteur des arbres potentiels, rappelez-vous que plus votre climat est froid, moins il y a de chances qu'un arbre atteigne sa hauteur maximale.

QUELLE LARGEUR DEVRAIT AVOIR UNE ALLÉE ?

L'UNE des considérations importantes dans l'aménagement d'une allée ou d'un sentier est la détermination de la largeur appropriée, car cela influera sur toute sa durée d'utilisation. Un « sentier de célibataire » permet le passage d'une seule personne à la fois et sa largeur peut aller jusqu'à 90 cm. Bien qu'une telle allée ait ses défenseurs, vivre avec une allée si étroite menant à votre porte principale est désagréable. Elle peut vous obliger à envahir inopportunément l'espace privé de votre compagnon de marche ou à séparer deux amoureux. Pour que deux personnes puissent se promener confortablement côte à côte, il faut un sentier de 1,2 m, alors qu'une largeur de 1,5 m crée une avenue de luxe pour 3 personnes. Si votre allée est trop étroite pour son utilisation prévue, les gens la quitteront sans gêne, en se promenant partout où bon leur semble et en brisant la pelouse en bordure. Offrir une largeur raisonnable est donc logique à long terme.

Les terrasses au sol et surélevées

Le besoin en patios et en terrasses semble s'accroître avec notre appréciation pour la vie en plein air. Le hibachi de 30 cm qui, autrefois, suffisait comme barbecue d'arrière-cour a été remplacé par un gril au gaz en acier inoxydable de 1,5 m de diamètre. Les fauteuils de plage en toile et les chaises longues à sangles aux montants en aluminium ont été

QUELLE TAILLE DE PATIO ?

PEU IMPORTE le type d'espace de vie en plein air que vous aménagez, il faut vous assurer qu'il est assez vaste pour être utile. Une surface carrée de 3 m par 3 m (9 m2) reçoit sans peine une petite table et quatre chaises ou deux chaises longues et deux fauteuils. La meilleure façon de calculer l'espace requis est de créer un patio fictif sur le gazon, en y plaçant les meubles selon leur utilisation future, pour ensuite juger de l'espace nécessaire. Vous découvrirez rapidement ce que vous pouvez faire avec l'espace que vous avez alloué.

remplacées par des meubles contemporains de plus grandes taille … et qui ne se plient pas. Quand vous prenez en considération le coût d'un fauteuil en aluminium coulé imitant la vannerie ou d'une table en teck véritable, il devient évident que l'écart entre les meubles de jardin et les meubles de salon s'amenuise. Et un investissement substantiel dans les meubles de jardin demande un endroit convenable pour leur utilisation, soit généralement une terrasse ou un patio.

L'erreur la plus fréquente dans l'aménagement d'une surface en plein air à plancher dur est de sous-estimer l'espace requis. Nous devenons conservateurs quand il s'agit d'estimer le nombre de mètres carrés nécessaires pour six chaises et une table et faisons souvent un patio ou une terrasse trop petite. On ne peut pas se détendre quand le pied de sa chaise est dangereusement près du rebord d'une terrasse surélevée ni quand elle est coincée contre une rampe. Il est donc utile de placer les meubles si vous les avez déjà achetés (ou d'utiliser des substituts comme des poubelles et des boîtes de carton comme doublures) afin d'avoir une idée réaliste de l'espace requis.

Selon le nombre de personnes dans la famille, il peut être avantageux d'avoir deux patios dans le jardin, un près de la maison pour la famille et les réceptions et un plus petit et plus éloigné pour une utilisation plus privée. Le patio secondaire peut être situé vers le fond du terrain et être fait d'un matériau plus décontracté… et moins coûteux.

Une petite surface de 2,5 sur 3,5 m de dalles irrégulières, posées très serrées et aux joints remplis de sable grossier ou de gravier fin, vous procurera quelques moments d'intimité sans abandonner tout à fait le reste de la famille. Parmi d'autres matériaux possibles, il y a aussi les pavés de béton, les dalles d'agrégats ou les dalles de béton à motif. Même si l'espace est restreint, si vous voulez que la surface soit solide et de niveau, il faut l'excaver et lui donner une base de gravier compacté et de sable.

Si vous planifiez l'aménagement d'une terrasse au sol ou surélevée, votre choix de matériaux sera influencé par le style de construction et, jusqu'à un certain point, par la hauteur de vos fondations. Si vous prévoyez l'aménagement d'une terrasse surélevée, vous aurez avantage à choisir un patio en bois qui demande des fondations moins raffinée et plus légères.

Une terrasse au sol est plus classique et on la construit habituellement avec de la pierre, soit véritable ou fabriquée, ou, à l'occasion, avec des briques rouges durcies ou des tuiles d'extérieur. On trouve souvent derrière les maisons construites avant 1950 des terrasses en brique dans les motifs traditionnels comme l'appareil à chevrons ou l'appareil flamand. Les briques forment un plancher extérieur attrayant et abordable. Elles exigent des fondations de gravier concassé et compacté et vous devez choisir entre une pose sans mortier sur le sable ou une pose avec mortier. Sous les climats nordiques, le mortier est abîmé par le gel et demande régulièrement des réparations et des reprises. Le béton aussi représente un mauvais choix dans le nord, car il est sujet au fendillement et aux bris causés par le soulèvement dû au gel.

La véranda entourée de moustiquaire est une autre pièce traditionnelle de plein air, autrefois très populaire, qui procure beaucoup de plaisir. On la construit sur des fondations de béton coulé sur du gravier concassé et compacté et, de plus, sous une extension du toit de la maison. Les panneaux de moustiquaire sont fixés entre les poteaux pour former les murs alors que des tuiles de céramique conviennent pour le plancher. Les tuiles conçues pour l'extérieur doivent être posées avec du mortier, mais ne devraient être utilisées que là où la neige et la glace ne se déposeront pas sur la surface.

On peut construire une terrasse en bois surélevée (« deck ») à n'importe quel niveau à partir de quelques millimètres du sol et l'on peut y incorporer plusieurs éléments de design stylisés. Des remises encastrées, des sièges, des bacs de plantation, des écrans d'intimité et des pergolas surplombantes sont toutes des variations possibles du concept d'une terrasse surélevée.

Le coût élevé du bois de construction convenable est une considération importante lors de la construction d'une terrasse surélevée. Le matériau le moins coûteux est le bois traité sous pression, mais, tel qu'expliqué à la page 67, il sera bientôt retiré du marché. De plus, les produits chimiques présentement utilisés pour augmenter sa résistance à l'humidité sont très toxiques pour les êtres humains et les animaux et l'on

peut les absorber par la peau. Ils peuvent aussi contaminer les plantes comestibles poussant à la base de la structure. On peut toutefois utiliser en toute sécurité le bois traité pour les socles et les solives où personne ne pourrait les toucher, mais il faut préférer le bois non traité pour les parties exposées : le plancher, les marches, les rampes, etc.

L'une des façons de justifier le coût d'une terrasse surélevée en bois est de prolonger sa durée par tous les moyens possibles. Le bois non traité est sujet à la dégradation causée par l'humidité en toute saison et vous devriez prévoir l'application d'une teinture imperméable aux deux ans.

La plupart des terrasses au plancher en bois sont construites avec un espace de 0,25 à 0,5 cm entre les planches, mais cet espacement est insuffisant pour permettre une bonne circulation d'air et fera sécher rapidement les planches. Ainsi les côtés des planches restent humides pendant d'assez longues périodes, ce qui permet à l'humidité d'entrer encore plus profondément dans le bois. Ce problème d'espacement insuffisant est aggravé par l'accumulation de petits morceaux de matières organiques (feuilles, aiguilles, écailles, graines, etc.) qui tombent des arbres pour se prendre dans les interstices où ils absorbent de l'humidité et commencent à se décomposer, ce qui fait pourrir le bois avoisinant. Planifier un espacement de 1 cm entre les planches augmentera énormément la circulation d'air, permettra aux débris organiques de passer à travers et laissera la pluie et la neige fondante se drainer rapidement. De plus, vous économiserez sur le coût des matériaux, car le plancher aura des espaces

PATIO SURÉLEVÉS

LA plupart des terrasses sont aménagées au niveau du sol ou presque, mais si votre plan demande une terrasse surélevée de plus de 45 cm, les supports de fondations et les capacités technologiques nécessaires en feront augmenter sensiblement le coût.

Un jardinier amateur bricoleur devrait pouvoir réussir une terrasse simple installée sur une surface plane, et les marchands de matériaux de construction offrent des livres et des vidéos qui montrent comment faire. Par contre, la construction d'une terrasse surélevée en bois nécessite l'expertise d'un menuisier professionnel.

BIEN ALIGNER LE GRAIN DU BOIS

LE bois d'œuvre a un grain naturel qui suit la courbure du tronc d'arbre. En examinant l'extrémité de chaque planche, vous devriez pouvoir apercevoir le grain qui y forme des anneaux de croissance légèrement courbés ou en demi-lune. Assurez-vous que toutes les planches du plancher de la terrasse soient placées de façon à ce que les anneaux de croissance pointent vers le bas afin d'empêcher le bois de courber vers le haut et d'absorber l'humidité.

de circulation d'air plus larges et vous aurez besoin de moins de bois de construction. L'espacement plus large n'est pas perceptible aux pieds, et ne touche que les promeneuses aux talons aiguilles.

Les bois naturellement résistants à la pourriture sont offerts partout où l'on vend des matériaux de construction. Il est vrai qu'ils coûtent cher, mais en retour, ils prolongeront de plusieurs années la durée de votre terrasse surélevée. Pensez au cèdre, au séquoia et au chêne blanc, tous des bois nord-américains résistants à l'humidité. Le bois de robinier aussi est résistant à la pourriture et est habituellement offert en pièces de 1,8 m. Malgré la résistance à la pourriture de ces bois, ils dureront encore plus longtemps si on applique régulièrement une teinture imperméabilisante. Cette teinture à l'épreuve de l'eau s'applique rapidement avec un rouleau ou un pinceau et est offerte dans les quincailleries et chez les marchands de matériaux de construction.

Une terrasse surélevée faite de bois résistant à la pourriture et traité aux deux ans avec un revêtement protecteur devrait rester en bon état pendant vingt ans avant que le rem-

Les petits détails du design font souvent une bonne différence dans la façon dont vous jouissez de votre terrasse surélevée. Des marches de bonne dimension – un giron d'au moins 30 cm de largeur et une contremarche de 15 cm de hauteur – sont absolument nécessaires pour prévenir les accidents. Vous pourriez même penser à faire des marches encore plus larges pour donner une place pour s'asseoir **(à gauche)** ou pour donner assez de place pour grouper des pots de fleurs saisonnières **(à droite)**. Si vous construisez des bacs à fleurs en bordure de la terrasse, cela vaut la peine d'installer des revêtements de métal ou de vinyle de façon à empêcher le sol humide d'entrer en contact avec le bois. Les bacs en bois aussi bien que leur revêtement doivent être percés de trous de drainage : percez-les à travers les deux pour qu'ils soient bien alignés. De petites plates-formes incorporées aux marches **(centre)** créeront des espaces supplémentaires pour les plantes.

Une rampe **(à gauche, au centre et à droite)** est un accessoire de sécurité utile qui prévient les chutes ; parfois les règlements municipaux les rendent obligatoires au-delà d'une certaine hauteur. Des sièges en forme de banc le long de la marche se révèlent aussi utiles, et leur degré de confort s'en trouvera augmenté si vous incorporez un appui pour le dos de 15 cm dans la rampe. L'espace vide sous la terrasse constitue un refuge fait sur mesure pour la faune locale, comme les ratons laveurs, les mouffettes et les marmottes. Un simple déflecteur en treillis faisant le tour de la terrasse surélevée et cloué solidement en place réduira l'intérêt pour cet espace tout en maintenant une bonne circulation d'air sous le plancher de bois.

placement de certaines planches soit nécessaire. Si vous voulez une terrasse qui durera toute une vie, des bois d'œuvre composés d'un mélange de bois et de plastique sont parfois offerts à prix fort, mais ils sont résistants et demeurent attrayants pendant de longues années sans le moindre entretien.

La transformation peut parfois accomplir des miracles. Ici, un ancien auvent pour voitures est devenu une vaste terrasse avec l'addition d'un plancher en brique et d'une plate-bande surélevée. Des rénovations similaires aux cours latérales inutilisées et aux aires de jeux auparavant occupées peuvent donner plus d'espace de jardinage qui est de surcroît mieux employé.

Les remises de jardin

Les jardiniers d'un certain âge accumulent beaucoup de trouvailles et d'équipement. Un espace dans le garage peut convenir pour contenir toute la collection pendant quelque temps, mais éventuellement, vous opterez pour une remise uniquement pour le jardin. Les remises de jardin sont distinctes des espaces d'entreposage pour le vélo, les meubles de patio et les poubelles, ou du moins, elles devraient l'être. Seuls les jardiniers reconnaissent la valeur d'anciens pots de terre cuite et des tamis à compost tordus et il vaut donc mieux conserver ces articles dans un endroit approprié, loin des gens moins avertis.

Si vous avez la chance d'avoir assez d'espace pour une remise de jardin, il faut étudier avec soin où la placer. Comme toute remise coûtera de l'argent soit à construire à partir de zéro,

soit à acheter sous forme de nécessaire, prévoyez tout de suite ce qui peut y être entreposé et quel est l'espace requis. Si la remise doit contenir une tondeuse et une écumoire de piscine, il vous faudra un assez grand espace et il est probable que l'équipement de jardin n'ait pas toute la place nécessaire. Mais si la remise peut être consacrée uniquement au jardinage, un modèle de 1,2 sur 2,4 m peut convenir sans dominer le paysage. Une telle remise laissera de l'espace pour une petite table d'empotage munie de tablettes, et de crochets avec peut-être des bacs sous la table qui contiendront le sable et les amendements de sol. On peut aussi fixer des crochets résistants sur le mur extérieur pour supporter la brouette, recouverte de plastique, pendant l'hiver.

Les remises peuvent être faites

de bois ou, achetées sous forme de nécessaires à assembler vous-même, de métal, de vinyle ou de matériaux de caoutchouc durcis. Peu importe votre choix, il y a avantage à placer la remise sur une base surélevée solide. On pourrait faire une base en béton coulé (il suffit d'un simple cadre en bois), mais il en coûte bien moins cher d'acheter des dalles de patio bon marché, en béton, d'environ 60 par 60 cm et de les assembler en plancher. Cette base gardera votre équipement au sec et prolongera la vie de la remise. Assurez-vous que la remise a un toit en pente pour permettre à la pluie et à la neige de s'écouler rapidement. Et votre remise de rêve aura sa propre source d'électricité grâce à une rallonge électrique de bas voltage venant de la maison, ce qui vous permettra d'installer une lumière à l'intérieur.

À gauche : Pour recouvrir la remise, pourquoi ne pas fixer des treillis sur ses murs extérieurs ? Même des modèles très simples peuvent suffire (nul besoin d'avoir des modèles aussi élaborés que sur la photo). Maintenant, faites monter des plantes grimpantes sur les treillis pour camoufler la structure. Les grimpantes contribueront beaucoup à rendre la remise plus élégante et mieux adaptée au jardin.

Ci-contre : L'esthétique des remises est toujours la question : en fait, faut-il les camoufler ou les mettre en valeur ? Si votre remise ressemble à une maisonnette, aussi bien installer des boîtes à fleurs en avant et mettre des rideaux aux fenêtres. Une surface dure au sol à l'avant permet des mouvements plus aisés avec la brouette et la tondeuse et crée un espace d'entreposage pratique pour les plantes nouvellement achetées.

LES DIX MEILLEURES PLANTES GRIMPANTES POUR RECOUVRIR UNE REMISE

Le camouflage d'une remise ou d'un petit garage est un excellent rôle pour des plantes grimpantes énergiques qui offrent aussi quelques attraits ornementaux au jardin. Leur style exubérant est surtout approprié dans des endroits un peu rustres où vous avez quelque chose à dissimuler ou sur une vaste surface de mur nu ou une clôture ajourée. Leur capacité à dérober vigoureusement et rapidement des vues indésirables est alors très appréciée, mais il faut aussi être prêt à tailler les tiges égarées avant qu'elles n'envahissent tout le secteur.

La plupart de ces plantes pousseront aussi à l'horizontale sur un toit ou, sans support, peuvent s'étaler sur le sol pour former un épais tapis de feuillage sur des souches, des tas de roches et des pentes cahoteuses. Pour une utilisation sur ou près de la maison, l'hydrangée grimpante, l'akebia et la trompette de Virginie sont faciles à entretenir et produisent les fleurs les plus spectaculaires. Le bourreau des arbres a assez de force pour étouffer les petits arbres et les arbustes et exige alors un support solide, comme une pergola ou une clôture très résistante. Il vaut mieux le placer là où il ne peut envahir d'autres plantes, comme sur une pergola ou une tonnelle.

AKEBIA *Akebia quinata* H 9 m Zone 5b Délicat et charmant lorsqu'il est cultivé à l'ombre, l'akebia peut vraiment prendre sa place dans un endroit ensoleillé. Cette plante grimpe en entortillant ses tiges autour d'un support et exige alors un treillis pour monter sur un mur. Une fois sur place, par contre, il s'étale vigoureusement, en dérobant les vues indésirables. Au sol, il forme un tapis égal qui peut recouvrir de vieilles souches. C'est une grimpante particulièrement ornementale aux fleurs pourpre foncé très attrayantes et parfumées.

ARISTOLOCHE *Aristolochia durior* (syn *Aristolochia macrophylla*) H 7,5-9 m Zone 4 Les grosses feuilles cordiformes de couleur vert foncé ajoutent une touche tropicale au décor. L'aristoloche croît vigoureusement au soleil ou à l'ombre. C'est la plante grimpante que l'on voit ombrager tant de vérandas de maisons ancestrales campagnardes et elle ne demande qu'un simple treillis pour monter et tout camoufler avec ses grandes feuilles chevauchantes. Les fleurs brunes en forme de pipe sont cachées, mais très appréciées des enfants.

HYDRANGÉE GRIMPANTE *Hydrangea anomala petiolaris* (syn *Hydrangea petiolaris*) H 15 m Zone 4b Lente à partir, l'hydrangée grimpante demande un arrosage régulier pendant quelques années pour favoriser le développement de racines aériennes. Une fois partie, cependant, elle grimpe rapidement sur les surfaces solides, comme les murs, les clôtures de bois et les poteaux, mais plus lentement sur les surfaces ajourées comme les treillis et les clôtures de grillage. L'écorce exfoliante brun-roux ajoute un intérêt hivernal, tout comme les fleurs fanées. Les fleurs fraîches sentent le gardénia.

CHÈVREFEUILLE GRIMPANT *Lonicera x brownii* 'Dropmore Scarlet' H 3 m Zone 2b Une bonne grimpante pour l'ombre ou le soleil. Des feuilles bleu-vert recouvrent abondamment les tiges entrecroisées qui exigent un treillis ou une clôture ajourée pour grimper. Les fleurs rouge orangé en trompette sont produites en abondance au début de l'été et sporadiquement jusqu'aux gels. Elles attirent les colibris.

TROMPETTE DE VIRGINIE *Campsis radicans* H 9 m
Zone 5b Une grimpante autocollante pour les endroits ensoleillés, la trompette de Virginie forme une couverture dense sur les murs, les souches, les tas de roches et les pieux de clôture. Le feuillage composé et lustré est joli en soi et tant mieux, car il peut falloir de 7 à 10 ans avant que cette plante commence à fleurir ! Les fleurs rouge orangé en trompette apparaissent en août. Il existe d'autres cultivars, mais la plupart ne sont pas suffisamment rustiques pour notre climat.

BOURREAU DES ARBRES *Celastrus scanden*s H 9 m
Zone 3b Méfiez-vous des capacités de cette grimpante, car elle est extrêmement exubérante et forme des tiges volubiles résistantes qui deviennent vite ligneuses. Croissant rapidement, il monte sur les treillis, les clôtures et les branches, mais pas sur les murs nus, en débordant souvent du mur de la remise pour traverser le toit et retomber de l'autre côté. Placez-le loin des arbres, car il s'entortille autour et finit par les étouffer. Au soleil, les fleurs insignifiantes donnent de magnifiques fruits rouges et orange. Il faut des plants des deux sexes pour produire des fruits.

CLÉMATITE TANGUTICA *Clematis tangutica* H 6 m
Zone 3 Cette clématite est plus vigoureuse et exubérante que les hybrides à grandes fleurs mieux connues… et moins capricieuse aussi ! Il suffit de quelques tuteurs ou fils placés sur une remise pour la diriger au sommet d'où elle débordera gracieusement. Pour le soleil ou la mi-ombre. Elle produit une abondance de cloches jaunes de juillet à septembre, suivies d'attrayantes plumes blanches. Au sol, elle fait un excellent couvre-sol.

LIERRE DE BOSTON *Parthenocissus tricuspidata* H 20 m Zone 5 Les feuilles luisantes de cette grimpante recouvrent les murs et les toits de maintes maisons. Elle grimpe sur les murs de brique, de stuc et de bois à l'aide de ses vrilles munies de petits disques adhérents, donnant un aspect vieillot même aux constructions nouvelles. Les disques n'endommagent pas la maçonnerie, mais laissent des marques disgracieuses si on enlève la plante. Préfère un soleil vif et devient écarlate brûlant à l'automne.

RENOUÉE DE TURKESTAN *Fallopia baldshuanica* (syn. *Polygonum aubertii*) H 12 m Zone 5 Cette grimpante peu connue croît rapidement, engloutissant tout sur son chemin avec ses tiges volubiles et ses petites feuilles vert tendre, un seul plant couvrant parfois plus de 6 m de largeur. Il suffit d'un seul tuteur vertical pour la partir et d'un objet quelconque autour duquel elle peut s'entortiller. Elle est à son plus beau en fin d'été et au début de l'automne quand la plante au complet se couvre d'un nuage de bouquets fins de fleurs blanches.

VIGNE VIERGE *Parthenocissus quinquefolia* H 18 m Zone 2b La vigne vierge grimpe au moyen de vrilles munies de disques adhésifs et peut alors aussi bien s'entortiller autour d'un treillis que se fixer sur la brique, le bois ou le stuc. Les grandes feuilles à cinq folioles deviennent rouge vif à l'automne. Les fleurs insignifiantes produisent des fruits pourpres ou noirs qui attirent les oiseaux. C'est une plante très vigoureuse : évitez de la planter au pied des arbres, car elle peut les étouffer.

Les piscines et les bassins

Les éléments aquatiques de toutes sortes demandent une planification très sérieuse. Presque tout le monde apprécie la présence de l'eau dans un jardin, bien qu'il y ait une nette division entre ceux qui préfèrent un bassin avec poissons et ceux qui préfèrent l'eau plus profonde dans laquelle ils puis-

LES RÈGLES DE SÉCURITÉ

AVANT toute chose, une piscine doit être adéquatement clôturée pour protéger les bébés et les enfants laissés sans surveillance. Il ne se passe pas d'été sans que l'on n'entende parler d'une noyade et personne ne veut d'une piscine dont le plaisir a été à jamais gâché par une telle tragédie.

Votre municipalité a sans doute des règlements concernant les clôtures de piscine qui tiennent compte d'une hauteur minimale, de l'espace environnant minimal, de serrures adéquates et d'autres équipements. Bien qu'il soit évidemment important de se conformer aux règlements de sécurité obligatoires, vous pourriez vouloir reconsidérer complètement l'idée d'avoir une piscine si vous découvriez qu'il lui faut une clôture de 1,8 m faite d'un matériau imperméable sur lequel il est impossible de grimper.

sent sauter. Avec le climat nord-américain qui se réchauffe et des périodes de plus en plus soutenues de chaleur intense en été, la piscine est de plus en plus en tête de la liste de nos rêves les plus chers. Quand vous regardez nos banlieues à partir d'un avion, il est toujours surprenant de voir combien de jardiniers ont réalisé leur rêve et installé une piscine dans un espace souvent très limité. Les installateurs de piscines creuseront leur immense trou presqu'à n'importe quel endroit où vous le leur demanderez, mais la jouissance d'une piscine peut être gâchée si elle est coincée dans un espace restreint ou dans un lieu qui ne convient pas.

Les objets de grande taille ont besoin de beaucoup d'espace… et une piscine doit être située en terrain découvert entourée d'un généreux espace tampon. Un minimum de 3 m d'espace tout autour de la piscine préviendra la claustrophobie et permettra l'utilisation de quelques meubles, de flotteurs, de matelas soufflés, etc. Les arbustes et les vivaces peuvent être endommagés par l'eau chlorée et devraient être situés au-delà des 3 m d'espace autour de la piscine. Il faut aussi placer la piscine loin des arbres qui produisent des débris saisonniers. Les systèmes de filtration sont conçus pour attraper des quantités raisonnables de détritus, mais ne peuvent pas venir a bout des fleurs, des graines et des feuilles d'un érable surplombant.

Plus votre espace est petit, plus il sera difficile de placer la piscine convenablement. Si elle est placée à seulement quelques mètres de la

limite de propriété, vous compromettrez l'intimité de la flânerie en bordure de l'eau. Même en installant une clôture, vous pouvez vous attendre à tout entendre des conversations de vos voisins et ils entendront les vôtres… et ils peuvent ne pas apprécier des éclaboussures bruyantes tôt le matin ou tard le soir. Si la piscine est située trop près de la maison, ses activités et ses équipements se disputeront l'espace avec le passage de la tondeuse, l'entrée de l'épicerie par la porte de derrière et des meutes d'enfants et de chiens.

Si vous êtes fermement décidé à installer une piscine dans votre petite cour, pensez à réduire votre projet de taille. Pensez-y : par un temps réellement torride, vous pouvez trouver soulagement avec une simple trempette dans l'eau fraîche ou une en flottant longuement sur le dos. Il n'est pas vraiment nécessaire de faire des longueurs olympiques… et garder la piscine petite réservera plus d'espace pour la culture des plantes. Mesurez la surface de votre terrain et permettez à la piscine et à ses environs d'occuper au plus un tiers de l'espace disponible. Un vaste aménagement autour de la piscine aide à la garder en perspective, mais si la piscine et ses environs occupent la moitié ou plus de votre cour, cela en dit long sur votre amour de l'eau. Si vous éliminez le plongeon, la piscine n'a plus besoin d'avoir une profondeur de 3 m. Vous pouvez économiser beaucoup d'argent avec une profondeur qui ne dépasse pas 1,5 à 1,8 m, soit suffisante pour toutes les activités de natation, tout en étant plus sécuritaire pour les utilisateurs de la piscine.

Le son de l'eau est le chant des sirènes du jardin et il semblerait que le bassin ornemental se trouve presqu'en tête de liste des rêves les plus chers de beaucoup de jardiniers. Le bassin est un élément aquatique assez élaboré et on peut le construire pour adapter à une vaste gamme d'idées et de préférences de design.

Les bassins ornementaux sont plus petits qu'une piscine et sont alors plus faciles à placer sur un terrain. Ils conviennent mieux à un endroit semi-ombragé pour empêcher la température de l'eau de monter au point de faire cuire les plantes et les animaux qui y vivent. Trop de soleil favorisera aussi la croissance d'algues vertes à la surface de l'eau. Il est difficile de maintenir l'eau d'un bassin limpide, surtout si des plantes et des animaux aquatiques l'habitent, quoique les conditions puissent éventuellement se stabiliser, vous donnant une

Il est préférable de placer votre étang là où il ne tombera pas trop de débris des arbres surplombants. S'il n'y a qu'une seule chute de feuilles pendant une période de 2 semaines, vous pouvez toujours couvrir le bassin avec un filet durant cette période. Mais certains arbres, comme les érables, perdent constamment des fleurs, des graines ou des feuilles, qu'il faut alors ramasser fréquemment. Le soleil intense peut faire monter la température à un niveau critique et alors un endroit semi-ombragé aidera à garder les poissons et les plantes en bon état. Et ne soyez pas surpris de trouver des animaux intrus à proximité de l'eau. Les ratons laveurs, les écureuils et les mouffettes aiment bien une soirée au bain tourbillon et vous ferez partie de leur circuit.

LES ÉLÉMENTS AQUATIQUES

Un endroit pour l'eau dans un jardin peut être un coin de paradis. Les éléments aquatiques créent une influence de la nature, attirant les oiseaux et les insectes utiles qui formeront une première ligne de défense contre plusieurs des ennemis les plus nuisibles du jardin. Si vous voulez encourager les prédateurs naturels des chenilles, des pucerons et des perce-oreilles, il vous faut offrir une simple source d'eau comme une vasque pour les oiseaux. On peut installer une vasque presque n'importe où, mais la placer là où elle sera visible de la fenêtre vous donnera beaucoup de satisfaction. Personne ne peut résister à l'attrait des oiseaux qui s'amusent à s'ébrouer dans l'eau, et ils amèneront aussi leurs oisillons duveteux avec eux. Mieux vaut placer une vasque pour les oiseaux sur des fondations solides et de niveau, comme un bloc plat de pierre ou de béton. Par temps chaud, il faudrait la nettoyer deux fois par semaine, en la remplissant d'eau fraîche. Cela empêchera le développement de bactéries.

Ici des pierres irrégulières se marient aux plantes pour camoufler la toile en bordure du bassin, mais il faudra peut-être un peu de remue-méninges pour les assortir correctement. En achetant des plantes aquatiques, assurez-vous qu'elles sont assez rustiques pour rester à l'extérieur pendant l'hiver. Certaines peuvent être gélives et alors demander un entreposage à l'intérieur.

eau raisonnablement claire. S'assurer que l'eau est toujours en mouvement au moyen d'une petite cascade aidera aussi à prévenir la croissance des algues. Les bassins plus petits sont plus difficiles à stabiliser et l'eau peut demeurer un peu opaque. Placez l'étang où vous pouvez le voir souvent du jardin et aussi des fenêtres de l'intérieur. Il est particulièrement intéressant d'inclure un bassin près d'un patio ou d'une terrasse surélevée où l'on s'assoit souvent. Bien qu'il y ait rarement des restrictions municipales au sujet des bassins d'ornement, mieux vaut les placer dans un endroit où vous pouvez les superviser. Si vous placez des étangs à l'avant ou près de

la route, il peut arriver des accidents ou des espiègleries que vous ne pourriez ni prévenir ni contrôler.

Il faut comprendre qu'être propriétaire d'un nouvel étang est comme devenir maître d'un jeune chiot. Il faut un engagement initial important dans le projet et au moins une saison d'ajustements afin que tout fonctionne comme il faut. Plus vous mettez de la vie dans l'eau sous forme de plantes, de poissons, de grenouilles, d'escargots, etc., plus il y a d'interactions biologiques potentielles. Personne ne veut se retrouver avec un marais nauséabond sous les pivoines, bien sûr, mais il faut être prêt à supporter différentes formes de croissance gluante

et quelques algues crasseuses jusqu'à ce que l'équilibre de la vie aquatique s'établisse. Si vous êtes dédaigneux et tenez toujours votre salle de bains impeccable, vous n'êtes peut-être pas prêt à être propriétaire d'un bassin.

La construction de base d'un bassin n'est pas difficile et implique soit une excavation de forme libre tapissée d'une toile de caoutchouc épais ou encore un étang prémoulé en fibre de verre (voir la page suivante). On peut aussi utiliser du béton coulé dans les régions où les températures minimales ne dépassent pas –23 °C. Le béton a tendance à se fissurer aux températures basses et cela peut provoquer un problème de fuite chronique.

Le plus grand problème que pose un bassin est de dissimuler la bordure de la toile : il faut donc investir beaucoup de soins dans le design et la structure des pierres et des plantes qui l'entourent. Il est, de loin, plus facile de choisir un bassin rectangulaire ou carré avec une bordure en pierres équarries ou en briques. Ce style simple s'assemble aisément et dissimule sans difficulté la toile. Ce tableau peut aussi comprendre une jungle de plantes qui entourent le bassin, ce qui compense pour les lignes droites de sa forme. Mais beaucoup de jardiniers veulent créer une bordure d'allure naturelle en utilisant des pierres de forme irrégulière et il faut alors assez de temps non seulement pour assembler convenablement les différentes pièces, mais aussi pour les égaliser et les stabiliser. Dissimuler une toile avec des formes irrégulières peut être tout un défi : si un seul bout de caoutchouc ou de fibre de verre « high-tech » dépasse, l'effet idyllique de la scène sera raté.

Des masses d'arbustes et de vivaces autour de ce bassin aident à adoucir ses lignes simples et contemporaines. La bordure droite en pierre de ce bassin est facile et rapide à construire.

INSTALLER UN BASSIN EN FIBRE DE VERRE

Installer un bassin au moyen d'une forme en fibre de verre achetée dans une jardinerie est facile pour le jardinier amateur. Recherchez une forme gracieuse qui s'adaptera facilement à l'espace de jardin tout en laissant beaucoup d'espace tout autour. Placez le bassin sur une surface plate, bien de niveau et, si possible, dans un lieu entièrement dégagé. Les arbres surplombants produiront des débris qu'il faudra enlever de l'eau aux dix jours. Durant les mois les plus chauds, il est naturel qu'une partie de l'eau s'évapore, et alors, il faudrait en rajouter à l'occasion. Au printemps, il faut faire un ménage en profondeur pour supprimer les débris végétaux, en écopant le plus de vieille eau possible et en rajoutant de l'eau fraîche avec un tuyau.

1. Placez le bassin sur le sol et, à l'aide d'une bêche tranchante, découpez son contour dans la terre. Creusez alors selon la forme pour faire une excavation d'environ 5 cm plus profonde et 5 cm plus large que le bassin, et ce, sur tous les côtés. (Déposez la terre prélevée ailleurs sur votre terrain.) Étalez une couche de 5 cm de sable grossier au fond du trou, en le nivelant bien pour obtenir une surface égale et régulière.

2. Placez le bassin en fibre de verre dans l'excavation, en le centrant bien de façon à ce qu'il y ait un espace de 5 cm tout autour. Le bord supérieur du bassin devrait être au ras du sol et pas haut. Enlevez vos chaussures et marchez doucement sur le fond du bassin afin de l'asseoir dans l'excavation. Finalement, remplissez l'espace de 5 cm qui entoure les côtés avec du sable grossier afin d'aider à protéger le bassin contre l'action du gel hivernal.

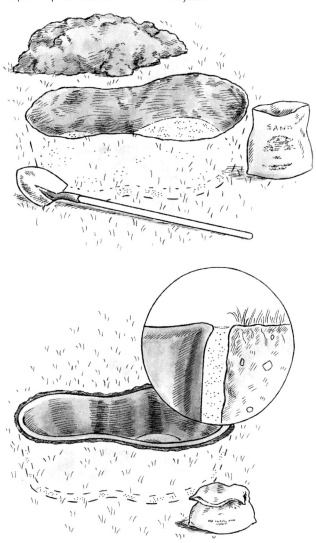

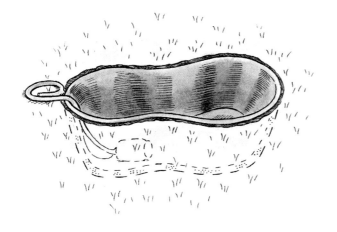

3. Placez la pompe au fond du bassin, dans le coin le plus proche de la source d'énergie, puis dissimulez-la derrière une ou deux roches. Faites passer le cordon électrique et le tuyau d'eau le long de la paroi et par-dessus le bord du bassin jusque sur le terrain environnant. Vous pourriez brancher le cordon dans une prise électrique extérieure une fois que le bassin sera rempli d'eau. (Ne faites jamais fonctionner une pompe sans eau !) La conduite électrique pourrait être un cordon électrique extra-résistant ingénieusement dissimulé dans des végétaux ou encore une prise de courant installée de façon permanente.

4. En laissant le tuyau couché sur le sol, et en travaillant dans un seul sens tout autour de l'étang, placez des pierres ou des dalles de forme irrégulière tout autour de la bordure du bassin pour en dissimuler le bord. Pour mieux le dissimuler, faites dépasser la bordure de pierre de l'étang de 2,5 à 5 cm. Là où les roches ne s'assortissent pas bien, creusez une base de plantation et remplacez le sol par un terreau de qualité conçu pour les vivaces feuillues. Lorsque vous aurez placé vos roches, jusque de l'autre côté du tuyau d'eau, aménagez un petit tas de roches, en faisant passer le tuyau au travers de façon à créer une petite cascade. Placez alors une roche plate sur le tuyau pour le dissimuler sans l'écraser. Vous pouvez laisser l'eau tomber directement dans le bassin pour créer un effet sonore maximal ou encore placer dans le bassin une large pierre plate sur laquelle l'eau peut tomber doucement.

L'irrigation

Peu importe le système d'irrigation que vous avez choisi, il est peu probable qu'il fonctionne parfaitement. Arroser de façon à pouvoir répondre adéquatement aux besoins en eau de tous les végétaux est probablement le plus grand défi sur n'importe quel terrain. En dépit des nombreux appareils et les nombreux systèmes d'arrosage, rien ne fonctionne aussi bien que la pluie. Si vous vous battez depuis des années avec des boyaux, des tuyaux et des arrosoirs, vous êtes peut-être sur le point de céder et de laisser votre pelouse redevenir un pré naturel. Mais avant de le faire, pensez à différentes des possibilités.

La règle la plus importante pour répondre aux besoins en eau là où c'est nécessaire est de projeter des gouttelettes de grande taille aussi près du sol que possible. Et il faut traiter l'arrosage de la pelouse et l'arrosage des arbres et des plates-bandes séparément. Les systèmes souterrains font un bon travail d'arrosage de la pelouse grâce aux arroseurs escamotables qui ne montent que de quelques centimètres et qui dirigent le jet en éventail

Un tuyau poreux (aussi appelé tuyau suintant) est la façon la plus efficace d'apporter systématiquement de l'eau aux racines des plantes, donc là où elles en ont besoin.

Bien que les arroseurs surélevés puissent résoudre certains problèmes, ils doivent être assez hauts pour projeter l'eau au-delà de la plante la plus haute ce qui veut dire que beaucoup d'eau est perdue lors de l'évaporation et emportée par le vent.

Les arroseurs escamotables projettent l'eau à un angle de 45° et leur efficacité est donc réduite par les plantes elles-mêmes, car l'eau frappe les côtés des plantes et tombe au sol, en formant une mare d'un côté et des zones sèches de l'autre.

Un arroseur oscillant distribue l'eau par-dessus et couvre un arc large pour atteindre une vaste surface, mais une bonne partie de l'évaporation est perdue en raison de l'humidité et du vent.

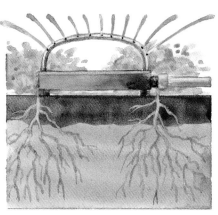

Ci-contre : Les plantes qui poussent densément étouffent les mauvaises herbes, mais sont difficiles à arroser efficacement. Vous pouvez installer un tuyau poreux, en le déplaçant selon les besoins afin qu'il dispense de l'humidité au niveau du sol qui atteindra rapidement la zone des racines. La meilleure méthode, cependant, consiste à faire serpenter un long tuyau poreux à travers les plantes et à le laisser sur place pendant toute la saison.

très bas sur chaque section de pelouse. La tuyauterie flexible s'installe sans équipement lourd et se branche sur la plomberie de la maison. Un panneau électronique d'arrosage automatique contrôlera le système. Vous pouvez même acheter un détecteur de pluie qui fermera le système par journée de pluie ainsi qu'un clapet de refoulement qui empêchera tout déversement d'eau extérieure dans la source d'eau potable de la maison.

Les jardiniers doivent savoir quand et pourquoi arroser, car les firmes d'irrigation ne le savent pas toujours. La plupart des panneaux électroniques programmés pour les systèmes souterrains voient l'arrosage de toutes les zones de votre terrain pendant une courte période à tous les jours. C'est le pire horaire imaginable pour l'irrigation et cela retardera la croissance et laisse les plantes en manque d'un bon arrosage en profondeur.

Des arrosages quotidiens de courte durée ne font que forcer les racines des graminées à rester près de la surface, où elles demeurent vulnérables à la sécheresse et aux températures de sol élevées. Ces courts jaillissements d'eau, qui ne durent normalement que dix à douze minutes, sont de plus insuffisants pour atteindre les racines inférieures des plantes ligneuses et des vivaces herbacées. Ces conditions maintiendront le jardin en vie, mais

Les rosiers sont des plantes hygrophiles qui absorbent jusqu'à 9 litres d'eau du sol par jour durant les mois de croissance et de chaleur. En pleine floraison, il leur faut encore plus d'eau afin de maintenir leurs pétales frais et bien hydratés. 'The Fairy' est un rosier arbustif rose clair qui fleurit jusqu'en novembre si la saison le permet et qui préfère un paillis organique profond qui aidera à conserver l'humidité.

Ci-contre : Planter au pied de grands arbres donne un aspect luxuriant et étagé au terrain. Par contre, les grands arbres se taillent la part du lion dans l'humidité du sol, en laissant peu aux autres végétaux. Ainsi, il vaut mieux arroser ces arbres individuellement au moyen d'un tuyau poreux placé à leur pied. Les rosiers ont besoin de beaucoup d'eau, mais évitez d'arroser le feuillage afin de prévenir les maladies.

LES ARBRES et les plantes vedettes demandent des soins attentifs et vous ne devrez jamais présumer que l'arrosage donné au gazon répondra aux besoins de ces plantes de grande taille.

Les graminées du gazon sont de grandes consommatrices d'eau et ne laisseront que peu d'eau atteindre le système des racines beaucoup plus profond des plantes ligneuses. Si vous trouvez que vos arbres et grands arbustes croissent lentement, il est probable qu'ils ne reçoivent pas assez d'eau, tout simplement. Avec une irrigation adéquate, ils devraient croître de 30 cm par année. N'oubliez pas qu'on peut relier les arroseurs des arbres au même système automatique que celui du terrain et ainsi répondre à leurs besoins en eau.

Les plates-bandes exigent des arroseurs plus hauts de façon à dépasser la plus haute des plantes et ainsi laisser les gouttes cascader sur les végétaux et autour d'eux. Il existe des arroseurs de diverses hauteurs qui peuvent rester en place tout au long de l'année.

tout juste, et ne favorisent ni la croissance ni de beaux résultats. Un panneau permettant des cycles quotidiens différents peut régler ces problèmes. Peu importe ce que vous arrosez, vous devrez le faire deux fois par semaine pendant une période prolongée pour permettre à l'eau de pénétrer en profondeur dans le sol.

Bien que les systèmes d'irrigation automatique soient abordables, tout le monde n'est pas intéressé à investir son argent dans des tuyaux souterrains. On peut bien sûr arroser un gazon au moyen d'un boyau et d'un arroseur quelconque. Il faut choisir un arroseur qui projette de grosses gouttes d'eau car plus les gouttelettes sont petites, plus l'eau est perdue par évaporation, aussi tout appareil qui produit un fin brouillard est pour ainsi dire inutile. Peu importe le type d'appareil que vous utilisez, évitez d'arroser le gazon au milieu de la journée, quand le soleil et le vent favorisent l'évaporation de presque tout ce que vous appliquez.

En haut à droite : Les tuyaux poreux constituent un investissement intelligent, car ils utilisent 70 % moins d'eau que les arroseurs et la distribuent lentement et au niveau du sol, là où les plantes en ont le plus besoin. Vous pouvez les mettre en place pour la saison, en les enterrant ou en les dissimulant sous le feuillage ou un paillis, et les fixer sur le tuyau d'arrosage ordinaire pour une bonne pénétration d'eau durant toute la nuit. Ensuite, enroulez-les et remisez-les pour l'automne. Cette méthode est idéale pour les plates-bandes, les arbres et les arbustes et coûte beaucoup moins cher qu'un système d'irrigation souterrain automatique. Si vous tenez vraiment à votre aménagement, cela ne vous ennuiera pas outre mesure d'avoir à penser à quel moment arroser et mettre en marche le système d'irrigation par tuyaux poreux.

L'éclairage

L'éclairage nocturne d'un aménagement devrait rendre plus que fous les papillons de nuit. Si vous voulez quelque chose de mieux que la simple ampoule au-dessus de la porte de derrière, il existe une vaste gamme d'ensembles d'éclairage prêts à monter soi-même ou vous pouvez employer un entrepreneur spécialisé en éclairage extérieur pour l'installation. Empruntant aux techniques de théâtre, l'éclairage extérieur nocturne peut créer un effet de clair de lune sur tout le terrain, illuminer un coin de repos sur le patio ou projeter un intense point lumineux sur une statue. Avec juste un peu de créativité dans la disposition de l'éclairage, le jardin développe une présence accrue le soir, en augmentant le temps que vous y passez et en vous permettant de profiter pleinement des sons et des parfums nocturnes. Et peu importe l'éclairage que vous installerez, il contribuera à l'intérêt hivernal, alors que la lumière naturelle disparaît si rapidement à la fin de la journée.

La première chose à faire est de déterminer si vous préférez des luminaires proéminents ou quelque chose de plus discret. Beaucoup d'ensembles d'éclairage offrent des luminaires d'allure nettement militaire, soit diverses formes de silos de lancement et de casques à fini noir et vert-de-gris, le tout disposé le long d'un fil électrique. Ces luminaires en imposent, si tel est votre but. Mais personne ne veut se sentir

Un luminaire en hublot dirigera sa lumière directement vers le haut sous des arbres ou au coin de la maison.

De petits luminaires ornementaux dirigent la lumière vers le bas pour éclairer une allée ou un ornement.

Les projecteurs apportent un élément de sécurité et servent aussi à illuminer une architecture éblouissante.

En ajoutant un déflecteur partiel à un hublot, on peut diriger la lumière sous un certain angle.

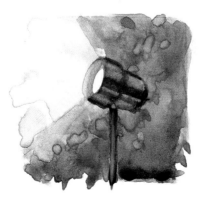

Un mini-projecteur intense dirige la lumière sur les marches dans une entrée.

Les luminaires de stationnement devraient être assez hauts pour dépasser les amas de neige.

intimidé par son système d'éclairage et idéalement, on devrait voir la lumière, et non pas le luminaire.

Comme l'éclairage implique une installation électrique et de l'électricité, vous préférerez peut-être employer un entrepreneur pour faire le travail. Il faudrait installer un transformateur sur un mur et faire courir des fils à travers des tuyaux enterrés à divers endroits. Les luminaires eux-mêmes peuvent être montés sur des clôtures ou des arbres, être dissimulés dans des escaliers ou derrières des pierres ou même être enfoncés dans le sol pour éclairer vers le haut. Des faisceaux intenses peuvent être dirigés sur des escaliers pour prévenir les faux pas, les portails et les allées peuvent être illuminés et la forme architecturale des arbres éclairée de façon impressionnante de leur base à leur sommet. Enfin, même si les luminaires d'extérieur sont conçus pour résister aux éléments, ils demandent néanmoins un certain entretien et devraient donc demeurer raisonnablement accessibles. Si votre clair de lune perpétuel est installé à 6 m de hauteur dans un arbre, par exemple, il faudrait au moins que quelqu'un aille en haut à l'occasion pour changer l'ampoule.

Un éclairage dirigé sur les escaliers, les portes et le garage aide à prévenir les accidents et procure un sentiment de sécurité et d'accueil aux visiteurs. Des plantes et des arbres vedettes peuvent être éclairés par des luminaires au sol pour produire un effet éclatant. N'installez cependant jamais des luminaires sur un tronc d'arbre : ils créeront un des foyers de maladies et d'infestations d'insectes. Fermez à minuit les lampes dirigées sur les végétaux et les arbres pour leur allouer une période d'obscurité.

Ci-contre : La quincaillerie d'éclairage peut être discrètement dissimulée ou encore être un élément proéminent de l'aménagement. Un luminaire ornemental dans la plantation des fondations à la base de la maison devrait être compatible avec l'âge et l'architecture de la maison.

Les dix meilleurs arbustes et petits arbres pleureurs

Les végétaux pleureurs ajoutent beaucoup de style à un terrain lorsqu'ils sont plantés près d'une entrée ou servent d'ancrage pour l'extrémité d'une plate-bande. Ils sont génétiquement portés à croître vers le bas dans diverses positions, certains retombant élégamment en cascade et d'autres ondulant vers le bas de façon moins verticale. Ils peuvent être des éléments particulièrement frappants lorsqu'ils sont mis en valeur par un éclairage venant du bas.

Il est possible de les conserver à l'échelle du terrain (moins de 2 m), une hauteur convenable pour des plantes à côté desquelles vous passerez fréquemment ou qui seront près d'une porte.

Certains ont une croissance très lente et il est alors intéressant d'acheter un plant déjà de bonne taille. D'autres croissent vigoureusement, devenant plus larges mais pas beaucoup plus hauts. Il faut alors les élaguer à l'occasion.

Mûrier pleureur *Morus alba* 'Pendula' H 2 m L 1,5 m Zone 5 Les branches de ce petit arbre n'ont aucun tonus et retombent nettement en cascade. Les feuilles vert foncé luisant, sans aucune coloration automnale notable, sont de forme très variable, parfois entières et en forme de cœur, parfois avec un, deux ou trois lobes. Les fleurs cachées et sans attrait particulier produisent des fruits d'abord blancs, puis progressivement rouges et pourpres, comestibles, mais peu visibles sur l'arbre. Par contre, ils sont très salissants une fois qu'ils sont tombés au sol. Demande un sol léger et bien drainé. Les sujets adultes résistent bien à la sécheresse. 'Chaparral' est une variante sans fruits.

Bouleau pleureur de Young *Betula pendula* 'Youngii' H 5 m L 5 m Zone 2b L'écorce blanche de ce bouleau gracieux est un attrait en toute saison, tout comme sa tête en forme de dôme et ses innombrables rameaux retombants. Habituellement, il arrête de croître à environ 2 m de hauteur, se concentrant sur la production d'attrayantes gerbes de feuilles luisantes, de chatons printaniers et de feuillage automnal doré. Un sol également humide est essentiel pour éviter les infestations d'insectes. Ne supporte aucunement la sécheresse. Longévité faible.

Genévrier prostré nain *Juniperus procumbens* Nana' H 60 à 90 cm L 2,5 m Zone 4b Les aiguilles luisantes bleu-vert nous paraissent familières, mais sa forme est unique : il forme étage sur étage de tiges rampantes, prenant de la hauteur au centre pour former éventuellement une bosse surélevée, mais étant parfaitement étalé aux extrémités. Il fait un excellent élément pleureur de faible hauteur le long d'un sentier ensoleillé et est attrayant en combinaison avec de petits rochers et des plants au port souple, comme l'hémérocalle naine 'Stella d'Oro', les cœurs saignants nains (*Dicentra eximia* et *D. formosa*) et les rosiers miniatures.

Épinette de Norvège pleureuse *Picea abies* 'Pendula' H 1,2-4 m L 4 m Zone 3b En fait de port rampant, on greffe cette épinette sur un tronc de hauteur variable d'où les branches couvertes d'aiguilles vert foncé retombent en cascade. Compte tenu de l'angle imprévisible des branches, il faut laisser de l'espace à cette plante afin de la mettre en valeur. De longues pommes de pin pourprées se forment au printemps et persistent tout l'hiver. Exige un endroit ensoleillé et de l'humidité lorsqu'elle est jeune, mais devient résistante à la sécheresse lorsqu'elle est adulte.

CARAGANIER PLEUREUR *Caragana arborescens* 'Pendula' H 2 m L 1 m Zone 2b Cet arbuste greffé sur tige porte des feuilles composées vert moyen. Des masses de fleurs jaunes apparaissent en juin suivies de cosses ornementales. Coloris jaune à l'automne. Très rustique. Exige un bon ensoleillement. Résiste bien à la sécheresse, surtout une fois bien établi. Pour un port encore plus léger, essayer 'Walker', au feuillage vert tendre très découpé.

ARBRE DE KATSURA PLEUREUR *Cercidiphyllum japonicum* 'Pendula' H 6 m L 3 m Zone 5b Arbre encore peu connu, mais très prometteur, d'une élégance discrète. Fait un superbe complément aux plantes comme le *Pinus cembra* et le *Picea pungens* 'Glauca Globosa'. Nouvelles feuilles pourprées devenant vert tendre, puis vert bleu. Coloration automnale variable : jaune foncé en sol alcalin et abricot en sol acide. Soleil ou ombre légère. Préfère un sol légèrement humide, mais résiste plus à la sécheresse une fois établi.

NOISETIER TORTUEUX *Corylus avellana* 'Contorta' H 2 m L 1,5 à 2 m Zone 5b Bien qu'il paraisse toujours assoiffé, car ses feuilles sont toujours un peu repliées, cet arbuste est assez résistant à la sécheresse. Il croît plutôt rapidement et est à son plus beau en hiver quand ses tiges curieusement spiralées sont visibles ainsi qu'au printemps quand ses chatons s'allongent et dansent au vent. Il réussit bien à la mi-ombre, mais le soleil direct provoque une croissance encore davantage tordue. Supprimez tout gourmand à croissance normale en été.

POMMETIER HYBRIDE TINA *Malus* 'Tina' H 2,5 m L 1,2 m Zone 5a Un mini-pommetier sur tige à croissance étalée, légèrement pleureur avec le temps. Au printemps, il se recouvre entièrement de boutons rouges suivis de fleurs blanches. Elles sont remplacées par de minuscules pommettes rouges qui persistent longtemps sur l'arbuste. Il s'adapte aux sols bien drainés et un peu humides, au soleil de préférence, mais aime un peu d'ombre. Contrairement à bien des pommetiers, 'Tina' est peu sujet aux maladies.

OSIER POURPRE PLEUREUR *Salix purpurea* 'Pendula' H 2 m L 1,5 m Zone 3b Les plantes aux feuilles bleu gris sont toujours appréciées dans le jardin et les feuilles de celle-ci offrent aussi un envers argenté produisant des éclairs lorsqu'elles bougent au vent. Très attrayant lorsqu'il est placé près des conifères rigides et vert foncé et aussi avec les rosiers, l'osier pourpre pleureur, aussi appelé saule arctique pleureur, adopte un port pleureur de grande vigueur, en prenant de la largeur avec le temps. Éclaircissez, au besoin, en été, et donnez-lui de l'espace pour bouger en toute liberté, surtout là où le vent dévoile ses nombreux charmes. Plein soleil.

PRUCHE DE L'EST PLEUREUSE *Tsuga canadensis* 'Pendula' H 4 m L 8 m Zone 4b Une plante classique et élégante pour l'entrée d'un jardin ou près de la porte d'entrée est un bon choix là où l'apparence importe tout au long de l'année. Les tiges de la pruche de l'Est pleureuse sont cassantes et il faut alors la placer loin des passants et à l'abri des vents forts afin de protéger ses petites « cocottes » délicates et ses rameaux légers. Ses aiguilles vert foncé sont rehaussées de nouvelles pousses vert tendre au début de l'été. Soleil ou ombre. Sol humide en permanence.

4

L'aménagement de zones de verdure

Les jardins sont composés de planchers, de murs et de plafonds, même si on perçoit rarement les espaces verts de cette façon. Certains planchers de jardin sont faits de matériaux inertes comme la brique et la pierre, mais les plus courants sont les pelouses de graminées et de couvre-sols. Les murs peuvent se présenter sous forme de clôtures, mais aussi sous forme de haies ou d'arbustes bien ramifiés. Quant aux plafonds, c'est le ciel bleu ou ce sont des arbres sous lesquels vous pouvez vous promener, que ce soit ceux que vous avez plantés ou ceux des propriétés voisines qui débordent sur votre terrain. Chaque jardinier est également un architecte qui doit choisir les plantes et déterminer leur emplacement.

Les décisions concernant l'aménagement de zones de verdure surviennent souvent après l'aménagement des installations. Quand les surfaces dures comme les terrasses et les allées ont été installées et que les constructions d'importance comme les remises et les bassins sont en place, il est temps de penser à l'« ossature de base » de l'aménagement. L'aménagement de zones de verdure fera intervenir des plantes permanentes dont la taille et la texture donneront au jardin style et caractère en toute saison. Les arbres et les arbustes ligneux sont tout naturellement les éléments les plus importants de l'ossature, mais si vous regroupez assez de vivaces herbacées pour créer une masse substantielle, elles aussi feront partie du portrait. Les graminées de gazon et les espèces couvre-sols constituent également des éléments permanents. Par contre, un regroupement d'annuelles estivales dans un espace réservé changera d'année en année, donnant au jardin des couleurs temporaires.

Quelles que soient les plantes envisagées, elles devront se développer avec le moins d'intervention humaine possible, ce qui veut dire une croissance

Les plantes qui dominent des objets inertes créent une impression de soumission harmonieuse à l'ordre naturel. Des vignes qui s'élèvent au-dessus d'une chaise ou d'un banc offrent une ombre bienvenue par temps chaud ou présentent un tableau champêtre dans un décor de neige.

Ci-contre : Ces couches étagées de plantes ligneuses créent un environnement végétal en toute saison. Les conifères aux aiguilles bleues et chartreuse donnent de la couleur toute l'année. Les arbres à feuilles caduques et les arbustes au feuillage pourpré, ainsi que les vivaces panachées et les graminées ajoutent richesse et chaleur. Les textures et formes combinées d'une plantation diversifiée confèrent à l'aménagement un intérêt durable.

vigoureuse et incontrôlée jusqu'à maturité. Pour que vos plantes poussent naturellement, il n'est pas besoin d'un grand savoir-faire, si ce n'est une préparation adéquate et minutieuse du sol. Quel que soit l'endroit où vous comptez planter, travaillez le sol plus généreusement que vous ne le pensiez au départ. Les constructeurs de maisons neuves n'étendent que cinq maigres centimètres de terre arable sous une nouvelle pelouse, ce qui la

VOTRE TERRE EST-ELLE DE BONNE QUALITÉ ?

COMPRIMEZ une poignée de terre en boule et donnez-lui une chiquenaude. Si sa texture est bonne, elle devrait se briser facilement. Une bonne terre exhale une douce et légère odeur de levure. Il faut en répandre généreusement partout où c'est nécessaire : une couche de 15 cm sous une nouvelle pelouse et de 45 cm dans les nouvelles plates-bandes. Notez qu'une terre nouvellement livrée est pleine d'air et se compactera d'environ un tiers au cours de la première saison de croissance des plantes.

condamne à une vie de subsistance. Si vous appliquez plutôt 10 à 15 cm de bonne terre à jardin (une combinaison de terreau, de tourbe et de compost ou de fumier), vous obtiendrez une pelouse qui demeurera vigoureuse pendant de nombreuses décennies.

Chaque zone de plantation pour les arbres, les arbustes et les vivaces a besoin d'être enrichie à l'aide d'engrais organiques tels le compost, le fumier bien décomposé, la mousse de tourbe, les feuilles déchiquetées ou les aiguilles de conifères. On ne saurait abuser de ces engrais.

De tous les matériaux de construction que peut vendre un entrepreneur, la terre a le caractère le plus mystérieux et le plus insaisissable. Très souvent, personne ne sait ce qu'elle est ni d'où elle vient, et il est difficile d'obtenir des précisions sur sa qualité. En théorie, une « terre à jardin » est en un mélange haut de gamme composé de terreau enrichi de tourbe et de compost ou de fumier composté, mais vous ne connaîtrez pas les proportions de ces éléments. Des termes comme « terre arable », « terre végétale », « terre noire » et « terreau » ne sont pas garants du contenu et n'expliquent rien.

Quand vous achetez de la terre, attendez-vous à obtenir une matière de couleur foncée à la texture fine et uniforme, sans roches, ni gros morceaux de végétaux, ni copeaux de bois ni d'ailleurs aucun autre matériau indéfinissable. Vous pouvez amender la terre achetée avec du sable grossier ou du fumier composté afin d'en améliorer le drainage et la fertilité. Certains fournisseurs de terre mélangeront la terre sur commande avec vos engrais préférés.

La préparation initiale de la terre en vue d'une plantation ressemble à la préparation d'un menu scolaire pour les vingt prochaines années. Il devra y avoir assez de substance et d'éléments nutritifs pour que l'élève se développe jusqu'à l'université.

Un sol riche, bien drainé et maintenu constamment humide favorisera une croissance luxuriante et saine. Les arbustes nains sont les meilleurs choix pour les plantations de fondation, car ils ne déborderont pas de l'espace disponible.

Les arbres

Si vous aimez les hémérocalles et êtes fou des pivoines, mettez ces préoccupations de côté pour le moment et concentrez-vous sur la première tâche : le cadre de base d'arbres et d'arbustes qui constitueront une structure permanente. Ils pourront perdre leurs feuilles, mais leur taille et leur forme ne changeront pas. Bien sûr, les conifères demeurent pareils en toute saison, bien que leur couleur puisse foncer légèrement en hiver.

Vous pouvez considérer les plantes permanentes comme un genre d'échafaudage sur lequel viendront se poser les jardins saisonniers du printemps à l'été et jusqu'à la fin de l'automne. À mesure que les bulbes du début du printemps s'épanouissent puis cèdent la place aux vivaces de l'été, les plantes composant l'ossature de l'aménagement continuent de jouer leur rôle de fond de scène immuable, laissant la vedette aux autres. En hiver, les plantes permanentes constituent le point focal de l'aménagement ; c'est pourquoi leur apparence pendant cette saison constitue un critère de sélection important.

Si vous ne savez pas au juste comment choisir les plantes qui vont composer cette ossature, la façon la plus facile est de commencer par les candidats les plus gros : les arbres. Peut-être aimez-vous bien les arbres de taille moyenne ou petite comme le lilas

Les arbres pyramidaux, idéaux dans les espaces restreints, ont une forme élancée et procurent peu d'ombre.

Les arbres pleureurs ont une stature décontractée.

Les grands arbustes à fleurs comme le lilas et la viorne peuvent prendre la forme de petits arbres.

Les amélanchiers et les bouleaux à troncs multiples procurent une ombre tachetée sous laquelle le gazon peut pousser.

Les plantes couvre-sol se développent mieux que la pelouse sous les arbres à feuillage dense comme l'érable, le chêne ou le frêne.

Des petits arbustes comme le fusain ailé et le lilas nain sont parfois greffés sur de courtes sections de tronc.

ÉVITEZ LES « MONSTRES »

IL est difficile d'intégrer de grands arbres qui montent jusqu'à 18 m de hauteur et demandent environ un demi-hectare d'espace, comme l'érable de Norvège ou le saule pleureur, sur un terrain ordinaire de ville ou de banlieue. Les gros érables et saules paraissent bien pendant les cinq premières années, puis ils deviennent des arbres gigantesques qui engouffrent tout à la périphérie de leurs branches et qui étendent leurs racines dans les drains. Si vous les abattez sous le coup de la colère, ils prendront leur revanche en laissant une énorme souche. Personne ne gagne la bataille avec de telles brutes : mieux vaut ne pas les planter.

ou l'amélanchier, qui ont des particularités intéressantes, mais tout jardin a besoin d'au moins un arbre majestueux et plus gros que les autres. Il

QUE FAIRE DES SOUCHES ?

UNE souche pose un problème, peu importe sa taille. La solution la plus indiquée est de faire venir un arboriculteur avec une essoucheuse pour qu'il la pulvérise et l'extraie du sol en la réduisant en miettes. Il vous restera alors des quantités de petits résidus de bois mou qui pourront servir de paillis... et un gros trou dans la terre que vous pourrez remplir de terre et couvrir de gazon. Par contre, une essoucheuse est une machine d'assez grande taille qui n'aura pas nécessairement accès au lieu où il faut se débarrasser de la souche. C'est aussi une opération qui peut coûter cher.

Vous pouvez aussi acheter un produit que vous déverserez dans des trous percés dans la souche afin d'accélérer sa décomposition. Ce genre de produits a une certaine efficacité, mais il est rare que la souche disparaisse rapidement ou complètement.

Si la souche est très large et sa surface bien plane, vous pouvez la conserver et vous en servir comme base pour une mangeoire d'oiseau, un objet d'art, un bac de plantation ou tout autre ornement. Une souche utilisée ingénieusement est toujours une surprise qui suscite l'approbation. Vous pouvez même y faire pousser une plante grimpante si elle se trouve à proximité d'une structure verticale comme une remise. Une souche abandonnée qui ne sert à rien est seulement la preuve flagrante d'une agression sur le jardin et personne ne voudra la voir.

devrait avoir du caractère et de la distinction, rester d'une taille raisonnable et présenter une silhouette bien nette, sans exercer une domination trop écrasante. Si vous vous tenez debout près d'un arbre de jardin à maturité, une hauteur de neuf mètres vous apparaîtra sans doute raisonnable. Une telle hauteur est l'idéal pour un arbre mature sur un terrain de dimensions modestes. Vous ne vous sentez pas écrasé quand vous vous tenez debout à sa base et pourtant, cette hauteur lui confère une présence suffisante dans l'aménagement ; l'arbre aura belle allure quand, de l'intérieur de la maison, vous le regarderez en hiver. Si vous vivez dans une région nordique, l'arbre profitera de moins de journées de croissance par année que sous des latitudes plus clémentes et il est possible que le climat froid l'empêche d'atteindre sa hauteur potentielle. Dans ce cas, vous pouvez choisir un arbre dont la taille à maturité est un peu supérieure, sachant qu'il ne l'atteindra jamais.

Les arbres à la croissance dense et inégale présentent peu d'intérêt, conférant une apparence désordonnée au jardin. Choisir un arbre avec une silhouette très nette, comme un tilleul, un bouleau ou une épinette de Serbie, conférera immédiatement un certain style à votre jardin. Si vous avez besoin

d'un arbre qui jette une ombre diffuse, essayez l'un des féviers de taille inférieure ou encore un amélanchier. Les arbres plus denses donnent une ombre excessive où personne ne veut s'arrêter et entravent la circulation de l'air sur le terrain, ce qui entraîne souvent des maladies. Il est important de retenir que l'arbre doit présenter une belle silhouette et ne pas devenir trop grand pour l'espace disponible.

Il est essentiel de bien placer un grand arbre, car il doit être situé là où il attirera tous les regards qu'il mérite, mais sans déranger la maisonnée ni les activités. On recommande habituellement de le placer dans le coin le plus éloigné de la propriété afin de donner de la perspective à l'ensemble. Vous pouvez aussi décider de le centrer sur un côté du terrain pour profiter du plaisir de vous asseoir à son ombre. Si l'arbre est trop près de la maison, vous ne le verrez pas complètement, de la tête au pied, et vous risquez de voir ses branches venir obstruer les fenêtres et bloquer les portes. Vous pouvez planter de petits arbres près de la maison... mais maintenez les géants à distance. Souvent, on peut agrémenter un coin extérieur de la maison au moyen d'un arbre bien droit qui n'obstruera pas les fenêtres ; il existe bon nombre de cultivars d'arbres qui conviennent à cet emplacement rapproché.

Ci-contre : parmi les arbres qui ne dépassent pas 7,5 m, toutes les variétés d'érable de l'Amour (*Acer tataricum ginnala*) offrent une longue saison de coloration à l'automne avec leurs feuilles rouge vif. Les feuilles tombées sont l'or du jardinier. Comme elles sont petites, elles n'ont pas besoin d'être déchiquetées : elles peuvent être utilisées immédiatement pour pailler les plates-bandes ou jetées dans le tas de compost pour être réduites en humus.

LES DIX MEILLEURS ARBRES POUR LES COINS DE LA MAISON ET DU GARAGE

Les coins de maison qui font saillie présentent souvent un aspect dénudé. Les coins d'une maison à revêtement de bois peuvent paraître vides et quelque peu négligés, alors que les coins d'une maison en pierre sont sévères et rigides. La plupart des demeures seront embellies par de grands végétaux gracieux à l'échelle de la structure qui se développeront en hauteur plutôt qu'en volume.

Les arbres de forme pyramidale ou colonnaire contribuent à adoucir et à habiller les coins de maison sans cacher les fenêtres ni la vue. De plus, bon nombre de ces arbres présentent un intérêt saisonnier – une écorce, des fleurs ou des fruits ornementaux ; comme ils sont à proximité, vous pourrez en profiter davantage. Lorsque vous plantez un arbre de coin, n'oubliez pas que la motte de racines doit être plantée de 1,8 à 2,4 m de la fondation et au-delà de tout avant-toit surplombant : en fait, là où l'eau de pluie naturelle peut l'atteindre. Tout arbre acheté présente un côté légèrement plat qui a été abrité du soleil durant sa croissance en pépinière. Placez ce côté vers le mur de la maison et le côté plein vers l'extérieur. N'oubliez pas de l'arroser régulièrement, surtout pendant les deux ou trois premières saisons suivant la plantation, ni d'ajouter un paillis organique sur les racines.

AMÉLANCHIER GLABRE *Amelanchier laevis* H 8 m L 5 m Zone 3b Les amélanchiers sont des plantes très utiles pour orner un espace sans le dominer. Toutes les espèces peuvent être plantées à proximité d'un coin de maison à étages, mais, au printemps, c'est l'amélanchier glabre qui présente les feuilles bronze pourpre les plus colorées avec ses panicules de fleurs blanches inclinées de 10 cm. La structure de ses branches est ouverte et délicate, il a une écorce grise et produit des baies noir pourpre. Ses fruits sont les plus sucrés de tous les amélanchiers. Sous le soleil d'automne, il prend une coloration rouge orangé à rouge brique.

BOULEAU NOIR *Betula nigra* H 13 m L 10 m Zone 2a Il s'agit d'un gracieux arbre à troncs multiples, à l'écorce abondamment exfoliante beige à rose saumon et aux feuilles vert foncé luisantes qui deviennent jaune doré à l'automne. Il résiste bien à l'agrile du bouleau et tolère la chaleur. Il préfère un sol neutre à légèrement acide dont le pH est inférieur à 7,5 et il requiert une humidité constante pour rester en bonne santé. *Betula platyphylla japonica* 'Whitespire' présente une écorce lisse blanc craie qui ne s'exfolie pas.

ÉPINETTE DE SERBIE *Picea omorika* H 15 m L 3 m Zone 3b Cette épinette pyramidale présente normalement un port très étroit, souvent presque colonnaire, mais comme on la multiplie habituellement par semences, il y a beaucoup de variété entre les individus. Achetez un jeune plant déjà très colonnaire pour vous assurer d'obtenir l'effet désiré. Les aiguilles vert foncé en dessus et striées d'argent en dessous sont persistantes, rendant l'arbre attrayant toute l'année. Les cônes pendants brun cannelle ciré ajoutent à son attrait. À cause de sa hauteur éventuelle, plantez l'épinette de Serbie près d'une maison de deux ou trois étages. Plein soleil ou mi-ombre dans un emplacement protégé du vent.

POMMETIER COLONNAIRE DE SIBÉRIE *Malus baccata* 'Columnaris' H 6 m L 3 m Zone 2b Parmi les quelque 700 variétés de pommetiers, ce pommetier est étonnamment droit de haut en bas, avec ses charmants boutons roses qui s'épanouissent en fleurs blanches au printemps. Les feuilles vert moyen sont attrayantes tout l'été. Des petites baies rouges et jaunes apparaissent à l'automne et persistent une partie de l'hiver sans causer de problème de déchets. Fournir un terreau lourd et mettre en plein soleil.

Faux-cyprès de Nootka pleureur *Chamaecyparis nootkatensis* 'Pendula' H 4 m L 2 m Zone 5b Soit vous l'aimez, soit vous le détestez, mais ce conifère inhabituel au tronc dressé et aux rameaux retombants couverts d'écailles bleu-vert ne laisse personne indifférent. C'est un arbre ornemental d'intérêt dans les emplacements mi-ombragés à ensoleillés et, comme ses branches ne jettent pas d'ombre, on peut le placer au coin d'une maison de façon qu'il ne bloque ni la vue ni la lumière. À cause de sa rusticité limitée, il faut le planter à l'abri des vents hivernaux. Les petites baies verdâtres sont attrayantes à la fin du printemps.

Tremble colonnaire *Populus tremula* 'Erecta' H 16 m L 4 m Zone 2b Cet arbre n'est pas très connu des jardiniers, mais il mérite de remplacer le peuplier de Lombardie, dont les racines envahissantes, la susceptibilité aux maladies et la vie courte ont fait jurer plus d'un jardinier. Le port très colonnaire de ce tremble et ses jolies feuilles vert luisant frémissant au vent sont ses attraits principaux. Il produit des chatons décoratifs au printemps, mais comme c'est un plant mâle, il ne produit pas de semences... heureusement ! *Populus x canescens* 'Tower' est un autre excellent peuplier colonnaire. Soleil, sol légèrement humide en tout temps.

Arbre aux quarante écus Princeton Sentry *Ginkgo biloba* 'Princeton Sentry' H 9 m L 4 m Zone 5b Il y a des *Ginkgo* sur la planète Terre depuis 150 millions d'années, dont on retrouve couramment des empreintes foliaires fossiles. Ce cultivar effilé est étroit au sommet et plus large à la base avec une silhouette nettement dressée. Sa beauté architecturale frappante offre l'apparence typiquement « transparente » des arbres aux quarante écus ainsi qu'une écorce striée et une coloration automnale dorée.

Pin sylvestre fastigié *Pinus sylvestris* 'Fastigiata' H 7,5 m L 2 m Zone 3a Probablement le plus étroit de tous les pins, ce cultivar porte des branches très serrées sur le tronc. Elles sont recouvertes d'aiguilles bleu-vert l'été, devenant plutôt vert jaunâtre l'hiver. Son écorce brune exfoliante révélant une sous-couche orangée constitue un autre attrait. Sa croissance est assez lente : même dans de bonnes conditions, il croît rarement de plus de 15 cm par année. Il préfère le plein soleil et tolère les sols secs, voire sablonneux et acides. Évitez de le planter où de fortes chutes de neige peuvent casser les branches.

Poirier de Calley Chanticleer *Pyrus calleryana* 'Chanticleer' H 12 m L 5 m Zone 5b Les poiriers ornementaux sont utiles en toute saison pour encadrer les portes et les escaliers aussi bien que pour ornementer un coin de maison. Au printemps, ils sont recouverts de fleurs blanches, suivies de feuilles arrondies luisantes qui deviennent écarlates à l'automne. Leur port dressé et pyramidal donne un accent classique précis en hiver, agrémenté de poires minuscules vert olive qui persistent sur l'arbre. Tous les cultivars tolèrent les sols secs et humides et sont résistants aux insectes et aux maladies. 'Chanticleer' compte parmi les poiriers les plus étroits et les plus rustiques.

Chêne pyramidal *Quercus robur* 'Fastigiata' H 12 m L 5 m Zone 4b La hauteur et le diamètre contrôlés de ce cultivar étroit le rendent utile pour les coins de maison ou les limites de propriété. Il croît tout droit vers le haut, porte des feuilles de chêne typiques et, à maturité, produit des glands. Grand et maigre dans sa jeunesse, il profite d'une taille annuelle légère jusqu'à ce qu'il commence à devenir plus fourni. Il faut une bonne circulation d'air pour prévenir le mildiou, qui l'afflige souvent en fin de saison, mais ce problème esthétique n'affecte pas sa croissance.

LES DIX MEILLEURS ARBRES DISTINCTIFS DE MOINS DE 10 M

Chaque terrain a besoin d'un arbre splendide qui a assez de caractère pour se distinguer et se démarquer des autres arbres. Les arbres de cette catégorie doivent être de taille importante sans être des géants. On les choisit habituellement pour des caractéristiques saisonnières comme une belle floraison, une écorce ornementale ou des fruits décoratifs, ou encore pour leur aspect sculptural permanent. Les professionnels de l'aménagement paysager les appellent « arbres vedettes ».

Bien que tout arbre puisse atteindre une certaine hauteur à maturité, le temps et divers facteurs environnementaux modèrent fortement leur croissance. Ainsi, les plantes ligneuses croissant dans le nord de leur zone de rusticité atteignent rarement leur hauteur maximale. Elles demeurent en bonne santé, mais la saison de croissance plus courte et le froid extrême de l'hiver les empêchent de grandir autant que les cultivars similaires sous un climat plus chaud.

MARRONNIER À FLEURS ROUGES *Aesculus* x *carnea* 'Briotii' H 9 m L 8 m Zone 5b Un classique pour le centre de la pelouse ! Il présente une silhouette pleine et ronde, et des feuilles de marronnier typiques en forme d'éventail. Au début de l'été, il produit une floraison réellement extraordinaire avec sa grande abondance de chandelles de 25 cm aux fleurs rouge rosé. En hiver, on apprécie le profil net et symétrique de ses branches. Il produit peu des gros fruits ronds qui créent beaucoup de déchets au sol sous les autres marronniers. Utile pour créer un petit coin d'ombre sans dominer toute la cour. Rusticité limitée.

BOULEAU NOIR *Betula nigra* H 13 m L 10 m Zone 2a Avec son écorce superbe de couleur beige à saumon qui s'exfolie abondamment et son excellente résistance à l'agrile du bouleau, cette essence est toujours en vedette. Comme tous les bouleaux, sa vie est courte (environ 50 ans). Des conditions optimales assurent toutefois un arbre splendide et en bonne santé. Très sensibles à la sécheresse, les bouleaux exigent une irrigation régulière ou un emplacement naturellement humide partiellement ou totalement ensoleillé.

POMMETIER RED JADE *Malus* 'Red Jade' H 4,5 m L 4 m Zone 4a Ce pommetier ornemental a un port semi-pleureur, d'abondants boutons roses donnant des fleurs blanches, des feuilles luisantes cannelées et des bouquets pendants de fruits rouges qui persistent tout l'hiver. De croissance rapide, il est vigoureux et assez résistant aux maladies. Les branches de 1,8 m poussant à l'horizontale et les rameaux pleureurs dessinent une silhouette hivernale attrayante. Laissez-le pousser naturellement ou éclaircissez-le à l'occasion pour une apparence plus « transparente ».

ÉPINETTE DU COLORADO FAT ALBERT *Picea pungens* 'Fat Albert' H 4,5 m L 2 m Zone 3a Cette épinette bleue est plus petite que la plupart, avec un port dense, élancé et pyramidal, et des aiguilles bleu argenté qui conservent un effet chatoyant toute l'année. Comme sa croissance est très lente, il peut être intéressant de débourser davantage pour se procurer un sujet de bonne taille. Essayez aussi 'Bakeri' aux aiguilles très bleutées et 'Iseli Foxtail' dont les nouvelles pousses apparaissent tordues et bleues. Plantez l'épinette du Colorado dans un emplacement ensoleillé et arrosez-la abondamment pendant les deux premières années. Par la suite, elle tolérera un emplacement plutôt sec.

AUBÉPINE DE MORDEN TOBA *Crataegus* x *mordensis* 'Toba' H 5 m L 3 m Zone 3b Ce petit arbre au port dressé et arrondi surprend par sa floraison printanière sublime : sa ramure est alors couverte de magnifiques fleurs doubles ressemblant à des rosettes, qui sont blanc pur à l'épanouissement pour devenir ensuite rose pâle et enfin rose foncé presque rouge. Durant l'été, son feuillage vert foncé luisant, comme de petites feuilles d'érable, domine et il devient rouge cuivré à l'automne. À la fin de l'été, les fruits verts deviennent rouge vif et persistent une bonne partie de l'hiver. Même son écorce rugueuse et sa croissance de plus en plus tortueuse avec le temps attirent l'attention : il finit par ressembler à un bonsaï millénaire. Attention aux insectes et aux maladies, qui ne dédaignent pas cet arbre !

POIRIER PLEUREUR *Pyrus salicifolius* 'Pendula' (syn. 'Silver Frost') H 3 m L 2 m Zone 5b Ce petit arbre crée beaucoup d'effet grâce à ses branches pleureuses. Durant l'été, son feuillage lancéolé et gris argenté est d'une splendeur : on dirait une cascade argentée ! Sa floraison – de nombreuses petites fleurs blanches – est saisissante aussi, mais de courte durée. Les fruits minuscules vert argenté sont cependant peu visibles à travers le feuillage dense. Pour le plein soleil dans tout sol bien drainé. Tolère la sécheresse une fois établie. Attention à sa faible résistance ! Il doit être planté à l'abri du vent.

MAGNOLIA LEONARD MESSEL *Magnolia* x *loebneri* 'Leonard Messel' H 4,5 m L 2 m Zone 5b Un excellent arbre à croissance rapide qui présente un intérêt à chaque saison dans les petits terrains. Sa silhouette dressée et régulière ne demande aucune taille. Ses fleurs étoilées sont d'un rose soutenu à l'extérieur et blanches à l'intérieur. L'écorce argentée et les boutons duveteux sont attrayants en hiver. Demande un sol constamment et légèrement humide au soleil ou à la mi-ombre. 'Merril' et 'Susan' font aussi de bons choix, alors que le populaire *Magnolia* x *soulangeiana* ne convient pas tout à fait à nos régions.

SORBIER DES OISEAUX CARDINAL ROYAL *Sorbus aucuparia* 'Cardinal Royal' H 10 m L 7 m Zone 3a Arbre populaire au centre des pelouses, le sorbier des oiseaux produit des ombelles de fleurs blanc crème au printemps et des fruits rouges automnaux que les merles d'Amérique adorent. De port ovale et symétrique dans sa jeunesse, cette plante forme une ramure ouverte et gracieuse à maturité, ce qui permet au gazon de pousser à son pied. Le feuillage en forme de fronde de fougère est vert foncé sur le dessus, argenté en dessous. Il préfère un ensoleillement vif, mais souffre sous la canicule : un arrosage adéquat et des brises fraîches seront donc utiles.

CERISIER À GRAPPES SCHUBERT *Prunus virginiana* 'Schubert' H 7 m L 6 m Zone 2b Une excellente valeur pour le prix, car il crée au printemps un spectacle magnifique avec ses fleurs blanches généreuses et ses feuilles vert vif. Le feuillage devient pourpre foncé en été, puis rouge écarlate à l'automne. Il produit quelques fruits, mais ne font pas de dégâts au sol, car ils sont vite mangés par les oiseaux. L'écorce gris anthracite est attrayante en hiver. Convient très bien aux climats froids. Parfois vendu sous le nom de 'Canada Red'.

PIN CEMBRO *Pinus cembra* H 9 m L 4 m Zone 3a Ce conifère présente un port étroit et densément pyramidal dans sa jeunesse, devenant plus ouvert et plus étalé en vieillissant. Les longues aiguilles vert foncé luisant, à l'accent blanc bleuté, apparaissent plus colorées dans les emplacements ensoleillés. De croissance lente, cet arbre demeurera un centre d'intérêt admirable et fiable pendant de longues années.

LES DIX MEILLEURS ARBRES POUR PRODUIRE UNE OMBRE FILTRÉE

Les arbres aux feuilles minces ou finement découpées jettent une ombre dite filtrée qui modère l'ensoleillement et la température de l'air à leur base plutôt qu'une ombre dense et sombre. On peut ainsi maintenir une pelouse en bonne santé sous ces arbres, surtout si l'on utilise de la semence de gazon conçue pour les emplacements ombragés, facile à trouver dans les jardineries. Peu de producteurs offrent cependant des plaques de gazon résistantes à l'ombre.

N'importe lequel de ces arbres procurera une ombre légère et tachetée de lumière sur une plantation de vivaces qui préfèrent l'ombre, comme les hostas et les hellébores à floraison printanière. Vous pourriez aussi regrouper ces arbres pour abriter une clairière ou une cour où l'on aime bien s'asseoir.

Enfin, les arbres aux feuilles plus petites font d'excellents sujets pour le gazon, car leurs feuilles fines n'endommagent pas les graminées quand elles tombent à l'automne et n'exigent pas des râtelages répétés.

ROBINIER DORÉ *Robinia pseudacacia* 'Frisia' H 10 m L 8 m Zone 4b Le joli feuillage printanier jaune tendre de cet arbre devient plus vert l'été, mais demeure néanmoins très original. Le port ouvert et aéré de l'arbre, avec son écorce presque noire et ses tiges épineuses, et les feuilles composées de petites folioles rondes sur un long pétiole se combinent joliment pour donner un effet exotique, presque africain. Les fleurs blanches printanières au parfum de miel, en bouquets retombants, constituent un autre attrait, mais seuls les arbres matures en produisent. Préfère un emplacement ensoleillé dans tout sol bien drainé.

AMÉLANCHIER DU CANADA *Amelanchier arborea* (syn. *A. canadensis*) H 6 m L 4 m Zone 2b Qu'on vous le vende comme arbre à tronc unique ou comme arbuste à troncs multiples, il s'agit de la même plante et l'arbuste atteindra la même hauteur que l'arbre. Ses fleurs printanières hâtives, blanches, deviendront des fruits bleus appréciés des oiseaux. Les petites feuilles procurent une ombre douce et tachetée de lumière en été, devenant orange ou rouge à l'automne. Plusieurs cultivars de cette plante indigène sont offerts, dont 'Ballerina', 'Princess Diana' et 'Robin Hill'.

AULNE À FEUILLES DÉCOUPÉES *Alnus glutinosus* 'Imperialis' H 6 m L 4 m Zone 4b Peu d'arbres ont un feuillage aussi fin que celui-ci. Chaque petite feuille vert moyen est découpée en lanières, donnant un effet de grande légèreté à l'arbre : même les plantes aimant le plein soleil peuvent pousser à sa base. C'est un petit arbre au tronc droit et au port plutôt pyramidal. Des chatons le décorent avant la feuillaison, mais il n'y a pas de coloration automnale notable. Il tolère tout naturellement les sols humides, même inondés au printemps, mais il s'adapte aussi aux sols secs, riches ou pauvres, acides ou alcalins. Il croît au soleil ou à l'ombre.

FÉVIER IMPERIAL *Gleditsia triacanthos inermis* 'Imperial' H 10 m L 9 m Zone 5a Populaire comme arbre de rue à cause de ses feuilles qui ne nécessitent pas de ramassage lorsqu'elles tombent à l'automne, le févier est un arbre compact au port étalé et gracieux dont les branches sont arrangées avec symétrie. Les bourgeons des feuilles s'ouvrent tard au printemps, révélant des feuilles vertes très délicates rappelant des frondes. Il existe plusieurs variétés à feuillage doré et de différentes hauteurs, comme 'Summergold', montrée sur la photo, et 'Sunburst'. Leurs feuilles sont jaune doux à l'épanouissement, devenant chartreuse l'été.

BOULEAU DE L'HIMALAYA *Betula utilis jacquemontii* (syn. *B. jacquemontii*) H 7,5 m L 5 m Zone 5b Le plus blanc de tous les bouleaux et l'un des plus attrayants, le bouleau de l'Himalaya est cependant très susceptible à l'agrile du bouleau, à moins de le cultiver dans un sol qui demeure également humide. L'écorce exfoliante blanc craie et les feuilles vert luisant en font un arbre qui scintille au soleil. La hauteur des bouleaux et leurs feuilles toujours en mouvement aident à créer une ombre douce très appréciée. Dans les régions plus froides, essayer le bouleau à papier *(Betula papyrifera)*, zone 2a.

CORNOUILLER À FEUILLES ALTERNES *Cornus alternifolia* H 5 m L 5 m Zone 3b Cornouiller indigène gracieux aux feuilles profondément nervurées, à port ouvert et aux branches horizontales étagées, le cornouiller à feuilles alternes produit des grappes de fleurs blanc crème suivies de baies bleunoir. Il croît mieux dans les sols humides et peut servir d'arbre de sous-étage à ombre partielle. Lorsqu'il est cultivé au soleil et arrosé suffisamment, son feuillage devient rouge pourpré à l'automne. La photo ci-dessus montre le superbe cultivar 'Argentea', aux feuilles marginées de blanc.

OLIVIER DE BOHÈME *Elaeagnus angustifolia* H 7 m L 7 m Zone 2b L'olivier de Bohème est l'un des rares arbres qui croît vigoureusement sur les sols secs ou sablonneux. Il préfère un emplacement ouvert et ensoleillé, et tolère le sel, ce qui en fait un excellent choix le long des routes ou près de la mer. Le feuillage étroit gris-vert, son attrait principal, aidera à filtrer le soleil intense d'un coin chaud au-dessus d'une plate-bande de vivaces.

CHICOT DU CANADA *Gymnocladus dioica* H 20 m L 14 m Zone 5a Surtout connu pour son écorce grisbrun qui s'exfolie avec l'âge et son port hivernal pittoresque, le chicot du Canada offre aussi des panicules de fleurs blanc-vert parfumées (sur les sujets matures seulement) et un feuillage rappelant des frondes de fougères, vert l'été et (brièvement) jaune à l'automne. Les curieuses cosses, comme de longs haricots épais, ajoutent à l'attrait hivernal des sujets matures. Il préfère un sol riche et humide, mais vient à tolérer la sécheresse et les conditions urbaines avec l'âge. Un excellent choix pour filtrer la lumière au-dessus d'un coin de repos sur une pelouse ou une terrasse autrement trop chaudes.

ÉRABLE DE TATARIE *Acer tataricum* H 5 m L 4 m Zone 3 Un petit érable à croissance lente, très proche du populaire érable de l'Amour *(Acer tataricum ginnala)*, au port érigé et ovale, et aux petites feuilles profondément coupées vert moyen. Les fleurs blanc verdâtre en panicules printanières deviennent des fruits ailés rouges à la fin de l'été. La coloration automnale est habituellement jaune marbré de rouge, sauf le cultivar 'Rubrum', aux feuilles rouge sang. S'adapte très bien aux climats froids et secs et mérite un peu de recherche.

LILAS JAPONAIS IVORY SILK *Syringa reticulata* 'Ivory Silk' H 8 m L 6 m Zone 2a Ce cultivar populaire du lilas japonais est le dernier des lilas à fleurir et porte d'énormes panicules de fleurs blanc crème au parfum rappelant le troène. Il a un port classique, avec un tronc unique droit et une couronne ovale. C'est un excellent choix pour diffuser le soleil sur des autos garées ou une terrasse chaude. Essayez aussi les cultivars 'Summer Snow', 'Regent' ou 'Chantilly Lace'.

Les arbustes

Les arbustes sont les éléments structurels les plus utiles pour créer l'ossature d'un aménagement. De tailles diverses, soit de moins de 30 cm à plus de 4 m, ils offrent un vaste choix pour presque toutes les situations. Les arbustes à fleurs à feuilles caduques peuvent se combiner avec les conifères arbustifs à aiguilles persistantes pour assurer une valeur ornementale. Mais, ce qui est encore plus important, les arbustes permettent de tracer des lignes, d'ériger des barrières et de créer une intimité de façon ornementale.

Les concepteurs d'aménagement paysager expérimentés vous diront que définir le périmètre met en valeur tout espace. Ce qui signifie tout simplement qu'il faut délimiter votre territoire pour lui donner un cadre et une apparence plus organisée. Dans le monde de l'immobilier, il y a une certaine logique à délimiter ce qui nous appartient, à distinguer entre ce qui est public et ce qui est privé, ce qui est à nous et ce qui est aux voisins. Les arpenteurs font ce travail pour gagner leur vie, marquant des limites de toutes sortes avec des pieux et des rubans orange vif. Les constructeurs marquent des limites avec des clôtures… et les jardiniers, avec des haies.

Une clôture sans ornement n'est qu'une structure de bois nu ou de grillage, mais une haie est quelque

Les arbustes bas, en forme de dôme aplati, comme l'épinette nid d'oiseau et le fusain de Fortune, peuvent susciter beaucoup d'intérêt.

Les arbustes à fleurs de forme libre, comme le cognassier du Japon ou le forsythia, demandent de l'espace pour atteindre leur taille à maturité.

Les arbustes à fleurs nains comme la spirée et le daphné conviennent aux plates-bandes mixtes et aux plantations de fondation.

Les nombreuses variétés de genévrier à port large et étalé font des couvre-sols efficaces qui demeurent verts à l'année.

Les arbustes nains comme l'if japonais et l'épinette naine de l'Alberta sont de la bonne taille pour une plantation de fondation.

Les conifères élancés comme les thuyas 'Smaragd' et 'Holmstrup' font d'excellentes plantes vedettes pour les coins de maison.

chose de vivant. Les murs vivants constitués de végétaux qui délimitent un terrain lui confèrent de la substance et en font un véritable environnement plutôt qu'un espace vide. Le terrain commence alors à avoir un contexte et se définit par lui-même. Une haie plantée devant une clôture l'améliore toujours, bien que le coût combiné de la clôture et de la haie rende ce « mur de jardin » plus coûteux. Si empêcher les intrus d'entrer et les animaux domestiques et les enfants de sortir n'est pas une nécessité, une haie seule peut suffire, ce qui vous fera économiser le coût de la clôture.

Une haie peut être de hauteurs variées et composée de plantes de toutes sortes. Cette polyvalence permet au jardinier de résoudre bien des problèmes. La haie basse en buis est la méthode traditionnelle pour circonscrire un îlot de jardin ; c'est un moyen

qui réussit toujours à améliorer l'apparence des plantes qu'il contient. Les allées qui autrement sembleraient vagabonder dans le paysage se trouveront bien définies et embellies grâce à une haie en bordure, donnant aux piétons un sentiment de sécurité, tout en les maintenant dans l'allée. Comme il est parfois difficile de créer de l'intimité dans un espace ouvert, vous pourrez y parvenir avec des haies qui font office d'écran autour des terrasses ou le long des voies publiques.

Les arbustes sont importants aussi dans les coins de terrain d'apparence plus sauvage, où leur volume et leur masse aideront à remplir de l'espace et à donner une impression de profondeur aux plantations. Ils sont essentiels dans les plantations de fondation, ancrant la maison au sol, et ils forment l'épine dorsale des plantations mixtes, se combinant aux

vivaces pour créer un étalage de fleurs et de fruits qui se relaient au fils des quatre saisons. Les portails et les plates-bandes d'entrée constituent d'excellents emplacements pour des arbustes vedettes distinctifs à la croissance maîtrisée, notamment les arbustes pleureurs qui deviennent de plus en plus jolis avec le temps sans croître en hauteur.

COMMENT TAILLER UNE HAIE

LES HAIES d'arbustes à feuilles caduques et de certains conifères, comme l'if et le thuya, sont faciles à tailler si vous comprenez comment le soleil pénètre les plantes. Même si la haie est taillée également au sommet et sur les côtés, il est important que toutes ses parties reçoivent un ensoleillement adéquat.

Si vous maintenez la base de la haie plus large que le sommet, le soleil pourra atteindre les côtés de haut en bas, assurant un feuillage uniformément dense et épais. Si on inverse cette forme, avec un sommet plus large que la base, la lumière n'atteindra pas la partie inférieure des côtés et le feuillage se fera clairsemé. Pour des haies moins classiques de gadelier alpin ou de buis, tondez tout simplement le sommet pour le rendre plat, puis laissez les côtés adopter une forme naturelle.

C'est l'association harmonieuse de couleurs, de textures et de formes qui fait le succès d'une plate-bande d'arbustes. Ici, des plantes au port vertical et de gros rochers offrent une belle diversité. Des fleurs seraient presque inutiles dans ce joli regroupement.

LES DIX MEILLEURS ARBUSTES POUR UNE HAIE

Presque toute plante ligneuse peut servir à dresser une haie, bien que les végétaux aux feuilles plus petites créent un effet plus net et plus organisé. On peut laisser certains végétaux à haie prendre leur forme naturelle, leurs branches s'entremêlant. On peut tondre uniquement le sommet de la haie une ou deux fois par année, ce qui donnera un effet plus classique.

On développe justement une haie classique en taillant à la fois le sommet et les deux côtés de la haie pour créer des plans bien droits (voir à la page précédente : Comment tailler une haie). Toute haie nouvellement plantée a besoin d'arrosages réguliers durant les deux premières années pour s'établir et commencer à bien pousser.

BUIS DE CORÉE *Buxus sinica insularis* (syn. *B. microphylla koreana*) H 75 cm L 100 cm Zone 5a Les petites feuilles persistantes du buis de Corée conviennent parfaitement à une haie basse d'aussi peu que 20 cm jusqu'à 75 cm doit demeure verte toute l'année. Pousse au soleil ou à l'ombre. Une tonte en surface la conservera attrayante avec peu d'entretien. Pour obtenir une haie en peu de temps, choisissez des buis dont la taille atteint la moitié de la hauteur désirée et plantez-les presque côte à côte.

CHARME DE CAROLINE *Carpinus carolina* H 12 m L 15 m Zone 3b Un arbre indigène vigoureux pour les haies de 1,5 m ou davantage, au soleil ou à l'ombre. Le feuillage est vert foncé avec des nervures attrayantes et devient orange et écarlate à l'automne lorsque la plante est cultivée au soleil. Pour la haie, espacez les plants de 60 à 90 cm. Taillez de tous les bords pour une apparence détendue mais bien maîtrisée, ou ne tondez que le sommet.

GADELIER ALPIN *Ribes alpinum* H 1 à 2 m L 1 à 2 m Zone 2a Pour les haies basses ou de hauteur moyenne. Cet arbuste est densément ramifié avec de petites feuilles lobées vert vif. Les fleurs sont insignifiantes et la lignée en culture au Canada est strictement mâle, donc il n'y a aucun fruit. Il compose une excellente haie taillée le long d'une allée. On peut tondre tout simplement son sommet et laisser ses côtés croître librement. S'adapte au plein soleil ou à une ombre légère. Tolère tout sol de qualité qui est raisonnablement humide. Espacez les plants de 60 à 90 cm.

OSIER POURPRE NAIN *Salix purpurea* 'Nana' H 1,5 m L 1,5 m Zone 2b Cette version naine de l'osier pourpre, beaucoup plus gros, est souvent vendue sous le nom de saule arctique nain. Il produit des feuilles étroites bleu-vert sur de minces rameaux qui deviennent pourprés en hiver. Il convient aux haies libres basses où une barrière solide n'est pas nécessaire. On peut le laisser prendre sa forme naturelle ou le tailler. Il peut tolérer les sols lourds et humides. Espacez les plants de 1,2 m.

FUSAIN AILÉ NAIN *Euonymus alatus* 'Compactus' H 1,2 à 1,8 m L 1 à 1,5 m Zone 4b Excellent choix pour une haie basse qu'on laisse pousser librement. Il croît mieux au soleil direct et devient alors d'un écarlate riche à l'automne. En hiver, on apprécie ses branches curieusement ailées. Pour une haie dense, plantez à 1,2 m d'espacement, mais assurez-vous qu'il s'agit de la variété naine. Le fusain ailé compose une excellente haie en face d'une clôture ou pour délimiter la pelouse en façade de la rue.

PHYSOCARPE À FEUILLES D'OBIER *Physocarpus opulifolius* H 1,5 à 3 m L 2 à 3 m Zone 2b Un arbuste indigène solide, fiable et attrayant en toute saison. Les feuilles vert moyen sont lobées et dentées, un peu comme celles d'un érable. À la fin du printemps, il produit en profusion des ombelles de fleurs blanc crème, suivies de bractées roses et finalement de petits fruits rouges, ou du moins, lorsqu'on le cultive en haie libre. Les haies taillées sévèrement fleurissent et fructifient peu. Intéressant au soleil ou à l'ombre, dans tout sol bien drainé. Tolère la sécheresse une fois établie.

MAHONIE À FEUILLES DE HOUX *Mahonia aquifolium* H 1 à 1,5 m L 1 à 1,5 m Zone 5a Un superbe arbuste au feuillage lustré persistant rappelant le houx. Les fleurs printanières jaune vif sont suivies de fruits bleus attrayants. Tolérant des sols secs, il peut toutefois brûler l'hiver s'il est exposé au soleil et au vent. Le soleil matinal du côté nord ou est de la maison est idéal ; évitez les expositions sud ou ouest. Il est à son plus beau en haie libre, mais vous pouvez tondre son sommet une fois l'an ou en faire une haie classique. Espacez les plants de 90 à 120 cm.

IF HYBRIDE DE HICKS *Taxus* x *media* 'Hicks' H 6 m L 90 cm Zone 5a Avec son port colonnaire étroit, l'if de Hicks compose une excellente haie verte à l'année. Ses tiges dressées atteignent éventuellement de bonnes hauteurs, mais la hauteur idéale est de 1 à 4 m. L'if tolère bien la taille et convient aussi à l'art topiaire. Espacez les plants de 60 cm. À cause de ses branches nettement verticales, il suffit de tondre le sommet, laissant les côtés au naturel, à moins de vouloir une haie très classique.

THUYA OCCIDENTAL OU « CÈDRE » *Thuja occidentalis* H 1,5 à 4,5 m L 1 à 4 m Zone 3 De jeunes plants de thuya sont communément vendus comme « cèdres à haie ». Le thuya fait une excellente haie d'intimité dans un emplacement ensoleillé dont l'humidité du sol est constante. Il ne demande qu'une légère tonte au sommet annuellement pour le maintenir à la hauteur désirée, bien que l'on puisse aussi le tailler à la manière classique. Espacez les plants de 90 cm pour obtenir une haie dense en trois ou quatre ans.

VIORNE OBIER NAINE *Viburnum opulus* 'Nanum' H 45 à 150 cm L 75 à 150 cm Zone 2b Cette viorne naine compose une haie libre basse utile le long d'une allée ou d'une entrée d'auto. Ce cultivar nain ne fleurit pas et ne fructifie pas, ou très rarement. On peut le tailler légèrement ou le laisser prendre sa forme naturelle en forme de dôme arrondi. Il croît bien à l'ombre légère ou au soleil et il préfère un sol bien drainé. Son feuillage devient rouge bronzé à l'automne. Espacez les plants de 60 cm.

Les concepteurs d'aménagements paysagers utilisent les arbustes pour compartimenter l'espace sur un terrain, créant ainsi des « pièces » pour différents intérêts et usages. Au lieu de concevoir votre terrain comme un seul tableau, délimitez des espaces intérieurs à l'aide de murs bas ; vous obtiendrez ainsi plusieurs tableaux. Chaque pièce peut être destinée à des usages différents, par exemple un coin pour s'asseoir à l'ombre et un autre pour manger, un jardin de fleurs coupées ou un jardin d'eau, etc.

Plantations temporaires

Les architectes paysagers professionnels distinguent les arbustes permanents et temporaires. Ces derniers sont des arbustes bon marché destinés à occuper des espaces en attendant que les spécimens ligneux plus vitaux atteignent un certain niveau de développement. Ils enlèvent les arbustes temporaires à mesure que l'espace se fait plus restreint, donnant alors davantage de place aux plantes permanentes.

Il est vrai que plusieurs des plantes qui seront un jour les plus volumineuses se développent lentement quand on les plante dans un nouvel emplacement. Les arbres et les arbustes qui deviendront gros prendront habituellement au moins deux ans avant de produire des racines suffisantes et de commencer à développer de longues branches verticales et latérales… C'est assez pour que le jardinier commence à s'impatienter. Si vous désirez voir l'espace se remplir plus rapidement, vous aurez avantage à meubler l'aire de plantation de végétaux temporaires à croissance rapide.

Une plante temporaire devrait être bon marché, à croissance rapide et avoir tout naturellement tendance à s'élargir pour remplir l'espace vide en peu de temps. On laissera les plantes temporaires en place pendant trois à six ans, les enlevant quand les plantes permanentes auront augmenté leur vitesse de croissance et leur capacité à remplir plus d'espace. Les plantes qui ont des systèmes racinaires limités, comme les spirées naines et les potentilles, les lilas nains et les weigelas, les rosiers arbustifs et les hydrangées, sont très intéressants à cette fin, car on peut les transplanter sans peine dans un nouvel emplacement… en prenant soin d'ajouter une dose d'engrais transplanteur dans le trou de plantation. Si elles sont sérieusement endommagées lors du transfert, vous pourrez toujours vous dire que leur prix relativement bas vous aura permis d'en avoir pour votre argent.

Si les plates-bandes sont trop chargées ou s'il y a des trous qui demandent un peu de végétation, des contenants placés stratégiquement peuvent attirer l'attention ou remplir les espaces vides. Quand les fleurs d'une potée commencent à faner, vous pouvez rapidement la remplacer par une autre. Attention, cependant ! Les plantes en contenant exigent des arrosages plus fréquents que celles qui poussent en pleine terre.

OMBRE PARTIELLE À OMBRE PROFONDE

CINQ DES MEILLEURES PLANTES TEMPORAIRES À CROISSANCE RAPIDE

Bien qu'utiles pour remplir des espaces vides parmi les végétaux à croissance plus lente, les plantes décrites ici ont besoin d'espace pour se développer. Si vous les plantez trop densément, elles n'auront pas assez d'espace pour leur propre épanouissement, ce qui va évidemment à l'encontre du but recherché. À mesure que les plantes permanentes à croissance plus lente commencent à grossir, vous pouvez commencer à déplacer les arbustes temporaires vers d'autres parties de l'aménagement.

HYDRANGÉE ANNABELLE *Hydrangea arborescens* Annabelle' H 1 à 1,5 m L 1 à 1,5 m Zone 3 D'énormes inflorescences globulaires blanc crème du milieu de l'été jusqu'à l'automne.

SORBARIA À FEUILLES DE SORBIER *Sorbaria sorbifolia* H 1,8 à 2,5 m L 2 m Zone 2 Feuilles en forme de fronde de fougère. Inflorescences plumeuses blanches au début de l'été, devenant beiges et persistant souvent l'automne.

OMBRE PARTIELLE À OMBRE COMPLÈTE

CINQ DES MEILLEURES PLANTES PERMANENTES À CROISSANCE LENTE

Ces végétaux atteindront éventuellement leur pleine grosseur, mais il faut être patient. Quand vous choisissez une plante permanente pour l'ombre, il vaut la peine d'acheter le plant le plus gros que vous puissiez payer. Cette taille plus importante vous donnera un pas d'avance pour remplir l'espace dans le jardin et vous fera économiser le temps autrement investi à attendre qu'un plant plus petit commence à être intéressant.

AMÉLANCHIER DU CANADA *Amelanchier canadensis* H 6 m L 4 m Zone 4 Petites feuilles ovales et fleurs blanches printanières suivies de fruits bleus. Coloration automnale vive.

CHARME DE CAROLINE *Carpinus carolina* H 12 m L 15 m Zone 3b Petites feuilles et écorce lisse. Coloration rouge orangé à l'automne.

CHÈVREFEUILLE DE CHINE *Lonicera maackii* H 4 à 5 m L 4 à 5 m Zone 2b Arbuste forestier très étalé à fleurs blanches devenant jaunes et aux baies rouges.

RONCE ODORANTE *Rubus odoratus* H 1,5 à 3 m L 2 à 3 m Zone 3a Feuilles en forme de feuille d'érable. Fleurs parfumées rose pourpré en juillet. Excellent pour le remplissage et comme écran.

SUREAU DU CANADA *Sambucus canadensis* H 2,5 à 4 m 2,5 à 4 m Zone 3 Feuillage finement découpé. Fleurs crème au début de l'été. Fruit noir pourpré comestible.

RHODODENDRON YAK 'KEN JANCEK' *Rhododendron yakushimanum* 'Ken Jancek' H 2 m L 3 m Zone 3b Parmi les plus rustiques des rhododendrons. Boutons rouges, fleurs rose pâle, presque blanc. Feuillage persistant vert foncé été et hiver, mais gris et duveteux à la fin du printemps.

CORNOUILLER À GRAPPES *Cornus racemosa* H 2 m L 2 à 3 m Zone 3a Arbuste formant un écran dense. Pour le soleil ou l'ombre. Écorce grise, fleurs et baies blanches.

OSTRYER DE VIRGINIE *Ostrya virginiana* H 12 m L 8 m Zone 3a Arbre à forme ovale à petites feuilles. Chatons au printemps. Coloration automnale dorée.

SOLEIL PARTIEL À PLEIN SOLEIL

CINQ DES MEILLEURES PLANTES TEMPORAIRES À CROISSANCE RAPIDE

Ces plantes servent à combler l'espace vide autour des spécimens à croissance plus lente et l'on peut compter sur elles pour croître rapidement. Par contre, elles vieillissent rapidement et apparaissent un peu fatiguées après quelques années. Elles profiteront d'une bonne taille aux deux ou trois ans, supprimant les vieilles branches pour stimuler un renouvellement de la croissance. Quand elles seront à maturité elles feront un excellent ornement ailleurs dans l'aménagement.

COGNASSIER DU JAPON *Chaenomeles* x *superba* H 50 à 100 cm L 1 à 1,5 m Zone 5b Les branches basses et arquées portent des fleurs printanières rouges, roses ou blanches et, à l'automne, parfois quelques fruits (coings).

FORSYTHIA NORTHERN GOLD *Forsythia* 'Northern Gold' H 1,8 à 2,7 m L 1,8 à 2 m Zone 4a Tiges plutôt dressées, puis arquées, couvertes de fleurs printanières jaunes. Feuillage allongé vert foncé.

SOLEIL PARTIEL À PLEIN SOLEIL

CINQ DES MEILLEURES PLANTES PERMANENTES À CROISSANCE LENTE

Si vous pouvez vous le permettre, achetez des plantes dont la taille, même si la plante n'est pas encore à maturité, sera suffisamment imposante dès la plantation. Avec leur motte de racines plus grosse et leur tronc plus épais que les plantes plus petites, ces plantes donneront immédiatement l'impression de leur envergure définitive.

MAACKIA DE L'AMOUR *Maackia amurensis* H 9 m L 6 m Zone 4b Écorce brun luisant qui s'exfolie. Fleurs blanches en racèmes l'été. Feuilles composées vert foncé.

MAGNOLIA ÉTOILÉ *Magnolia stellata* H 3 à 5 m L 3 à 5 m Zone 5a Fleurs blanches au parfum de citron et aux pétales linguiformes. Floraison très hâtive. Gros boutons floraux argentés en hiver.

GENÉVRIER SABINE ARCADIA *Juniperus sabina* 'Arcadia' H 50 cm L 1,2 m Zone 3 Conifère à aiguilles écailleuses persistantes vert foncé. Branches étalées, rameaux plutôt dressés.

POTENTILLE GOLDFINGER *Potentilla fruticosa* 'Goldfinger' H 1 m L 1 m Zone 2a Grosses fleurs jaune vif tout l'été. Port arrondi et léger.

SYMPHORINE DE CHENAULT *Symphoricarpos* x *chenaultii* 'Hancock' H 50 cm L 1,2 m Zone 5b Feuillage fin bleu-vert suivi de fleurs roses au printemps et de fruits rouges.

ÉPINETTE NID D'OISEAU *Picea abies* 'Nidiformis' H 1 m L 1,5 m Zone 2b Conifère arbustif en forme de dôme aplati. Excellent pour les plantations de fondation et pour la plate-bande.

ÉPINETTE DE SERBIE *Picea omorika* H 15 m L 3 m Zone 3b Conifère haut et très étroit de forme classique. Excellente plante vedette. Aussi, arbre idéal pour décorer la pelouse des petits terrains.

PIN BLANC DE L'OUEST VANDERWOLF'S PYRAMID *Pinus flexilis* 'Vanderwolf's Pyramid' H 12 m L 6 m Zone 5 Port pyramidal ouvert aux aiguilles bleu-vert. Arbre vedette.

Les plantations de fondation

Imaginez un tableau de Monopoly avec ses petits hôtels et maisons de plastique alignés tristement dans les avenues et vous comprendrez à quel point une maison peu paraître dénudée sans plantes vivantes pour l'ancrer au sol. Les arbustes nains et les petits arbres ornementaux facilitent la transition entre l'aménagement et les structures rigides ; ils créent un effet léger, presque douillet, le long d'un mur de fondation en béton froid. Bien que cacher une fondation peu attrayante soit déjà utile en soi, les végétaux peuvent aussi empêcher l'eau de pluie de former des flaques près de la fondation et font office d'isolant contre la chaleur de l'été et le froid de l'hiver.

Les plantations de fondation ont pour but de mettre la structure en valeur, non pas de la cacher. C'est pourquoi elles doivent être proportionnelles aux murs contre lesquels elles poussent. Personne ne tient à se frayer un chemin à travers une jungle juste pour atteindre la porte principale ni à trouver une fenêtre en baie entièrement obstruée par un arbre massif qui s'étale partout. Dans les aménagements d'antan, alors qu'on ne pouvait disposer que de quelques végétaux de taille géante, très souvent des monolithes verts trouvaient le chemin vers les plates-bandes de fondation où ils prenaient vite des proportions de cuirassé. Plus récemment, l'intérêt des consommateurs et leurs talents accrus

pour le jardinage ont incité les hybrideurs à mettre au point de nouvelles variétés naines de conifères et d'arbustes à feuilles caduques. Ainsi les jardiniers amateurs ont maintenant un vaste choix de plantes de taille appropriée, autant pour les petits espaces que pour les grands. Les plantes naines ont une vitesse de croissance limitée et resteront d'une taille raisonnable – de préférence, moins de 2 m – pendant de nombreuses années. De plus, la plupart des plantes de grande taille se retrouvent maintenant sous forme de cultivars beaucoup plus petits qui ne requièrent qu'une taille peu fréquente.

Les conifères à aiguilles persistantes forment l'épine dorsale de toute plantation de fondation, assurant une présence de verdure durant les quatre saisons. La possibilité de bien contrôler les formes et la variété de celles-ci autorisent plusieurs choix quand on veut installer un jardin autour d'une résidence. Les petits arbustes en forme de dôme comme l'épinette du Colorado naine, l'épinette nid d'oiseau et le thuya en boule conviennent aux emplacements sous les fenêtres. Le thuya 'Smaragd', majestueux et de taille modeste, peut être posté de chaque côté d'une porte d'entrée ou d'un escalier. On peut insérer le pin de montagne nain et le genévrier 'Mint Julep' entre des arbustes à fleurs. Les conifères à grand déploiement comme le faux-cyprès de Nootka et le gené-

vrier 'Fairview' conviennent aux coins de maison où l'on peut leur permettre de dépasser le rez-de-chaussée.

Bien que les conifères forment la structure de base des plantations de fondation, il faut aussi quelques arbustes à fleurs d'effet plus léger. Ces derniers seront surtout appréciés au printemps quand tout le monde a hâte de voir quelques pétales et de respirer des parfums suaves. Des variétés naines de lilas, de seringat, de viorne, de cognassier du Japon et de deutzia se combinent heureusement à une plantation de fondation à base de conifères. Ajoutez-y quelques bulbes à floraison printanière ainsi que des vivaces à floraison estivale, et l'aménagement entourant votre porte principale commencera à mériter le déplacement.

Cette plantation de fondation présente une très bonne densité, mais elle profiterait énormément d'un peu de couleur. Des feuilles pourpres et dorées, ainsi que plus d'aiguilles bleues, et voilà un tableau bien plus joli !

Ci-contre : l'intérêt des consommateurs a suscité la création d'hybrides plus petits de conifères et d'arbustes. Ainsi le jardinier d'aujourd'hui profite d'un choix plus vaste de plantes de taille appropriée à toutes les situations.

LES DIX MEILLEURS VÉGÉTAUX NAINS À FEUILLAGE PERSISTANT POUR LES PLANTATIONS DE FONDATION

Les plantes permanentes à feuillage persistant sont un élément essentiel, car elles aident à relier la maison au paysage et à empêcher que la structure ne semble avoir été posée au hasard par une soucoupe volante. On doit respecter l'échelle entre les plantations et l'espace disponible. Beaucoup trop souvent on voit de gros arbustes qui finissent par obstruer les fenêtres et se presser sur les entrées. Choisir des plantes naines ayant des limites précises de croissance potentielle est la clé d'une plantation de fondation qui fera corps avec la maison et avec laquelle on pourra se sentir à l'aise.

Les divers ports, textures et couleurs des végétaux à feuillage persistant permettent de planter plusieurs variétés différentes à proximité les unes des autres. De plus, ces plantes offrent plusieurs années de service en retour de très peu d'entretien. On peut utiliser le thuya 'Smaragd' et l'épinette naine de l'Alberta pour encadrer une porte ou orner un coin, tandis que le genévrier 'Mint Julep' et le buis 'Green Mountain' composent d'attrayantes haies basses. Le pin à cônes épineux et la pruche de l'Est Gentsch White polarisent le regard dans les endroits bien en vue.

BUIS HYBRIDE DE SHERIDAN GREEN MOUNTAIN *Buxus* 'Green Mountain' H 1,3 m L 1m Zone 4b Ce buis solitaire est une variété dressée pourvue d'une flèche caractéristique qui lui donne une forme naturellement conique. Il est idéal pour combler des espaces près des marches ou autour d'autres végétaux, ou encore comme haie devant un mur ou à l'intérieur d'une clôture en fer forgé. Pour un port pyramidal classique, taillez-le avec soin. Pour des haies de moins de 60 cm, essayez 'Green Velvet' ou 'Green Gem'.

PRUCHE DE L'EST GENTSCH WHITE *Tsuga canadensis* 'Gentsch White' H 1,2 m L 1,5 m Zone 4a Une variété naine de notre pruche indigène au port globulaire et compact. Les aiguilles sont vert foncé, mais celles de l'extrémité sont blanc pur, donnant l'impression que l'arbuste est constamment saupoudré d'une mince couche de neige. Préfère un sol humide et un emplacement partiellement ombragé, protégé des vents. Arrosez bien les deux premières années.

ÉPINETTE DU COLORADO NAINE *Picea pungens glauca* 'Globosa' H 1 m L 1,5 m Zone 2b Croyez-le ou non, cette petite boule symétrique bleu poudre est une variante de l'énorme épinette du Colorado de 18 m de hauteur ! Le port de ce conifère nain est parfaitement arrondi : pour chaque centimètre qu'il gagne en hauteur, il en produit également un en diamètre. Son apparence classique et très régulière aidera à conférer une allure à la plate-bande. Plantez deux de ces petites boules sous une grande fenêtre ou encore une de chaque côté d'une marche.

PIN À CÔNES ÉPINEUX *Pinus aristata* H 2,5 m L 2 m Zone 3a Un spécimen caractéristique ajoute de l'intérêt aux plantations de fondation, comme ce petit pin des Rocheuses, dont le port délicat évoque un bonsaï. Les aiguilles foncées produisent un ton impressionnant au soleil, en combinaison avec la spirée 'Gold Mound' ou l'osier pourpre nain. Sa croissance extrêmement lente se reflète dans son prix. Pour un effet similaire plus abordable, essayez *Picea omorika* 'Nana' ou *Pinus sylvestris* 'Glauca Nana'.

ÉPINETTE NAINE D'ALBERTA *Picea glauca albertiana* 'Conica' H 2 m L 80 cm Zone 4a Les plantes au port vertical aident à définir les entrées et à leur donner une allure majestueuse. Cette épinette est excellente pour sa croissance lente et contrôlée en plein soleil ou sous une ombre diffuse. Les petites aiguilles fines vertes recouvrent densément sa silhouette conique qui maintient sa forme sans la moindre taille. Plantez toujours des spécimens deux par deux ; l'une des plantes sera légèrement plus avancée que l'autre et vous laisserez de la place pour leur croissance.

GENÉVRIER DE VIRGINIE GREY OWL *Juniperus virginiana* 'Grey Owl' H 4 m L 1 m Zone 3a Un arbuste bas aux fins rameaux recouverts d'écailles gris argenté et de petites baies bleues qui persistent tout au long de l'hiver. Les petits genévriers conviennent bien aux plantations de fondation, ajoutant beaucoup de couleur. Parmi les autres genévriers colorés à essayer, il y a *J. squamata* 'Blue Star', bleu acier, *J. chinensis* 'Paul's Gold', jaune doré foncé, et *J. horizontalis* 'Turquoise Spreader', vert turquoise.

IF DU JAPON NAIN *Taxus cuspidata* 'Nana' H 1,5 m L 2 m Zone 3 Les ifs sont d'excellents choix pour remplir un espace à l'ombre où d'autres conifères refusent de croître. Cette variété naine au port arrondi produit des aiguilles vert foncé. 'Aurescens' est plus petit et ses aiguilles aux pointes jaunes ajoutent de la couleur vive aux emplacements sombres. Plus gros, *Taxus x media* 'Fairview' (1,8 m x 3,5 m) fait un bel effet contre un mur en briques haut et large.

THUYA OCCIDENTAL SMARAGD *Thuya occidentalis* 'Smaragd' (syn. *T. o.* 'Emerald') H 4 m L 60 cm Zone 4a Les végétaux verts en forme de colonne contribuent à structurer le milieu et fournissent un décor aux végétaux plus petits. Ce thuya (cèdre) offre une coloration hivernale vive et ne requiert aucune intervention pour lui donner sa forme. C'est un excellent choix pour encadrer une porte ou pour garnir un mur entre deux fenêtres (le planter à 60 cm au-delà de l'avancée du toit). Une taille annuelle de la flèche aidera à le conserver moins haut.

ÉPINETTE NID D'OISEAU *Picea abies* 'Nidiformis' H 1 m L 1,5 m Zone 2b L'épinette nid d'oiseau est une plante très fiable, maintenant son port de dôme bas et large et sa coloration vert foncé toute l'année. Elle préfère au moins une demi-journée de soleil et peut servir à encadrer un escalier ou une entrée d'auto. Elle se marie bien avec les crocus printaniers et les couvre-sols bas comme la petite pervenche. *Taxus cuspidata* 'Nana' ou un autre if peut la remplacer à l'ombre.

PIN BLANC NAIN *Pinus strobus* 'Nana' H 1 m L 2 m Zone 2b Voici encore une variété naine d'un géant de nos forêts. Ses superbes aiguilles souples bleu-vert en font une plante vedette qui peut aussi remplir un espace autour d'une fenêtre ensoleillée. Parmi les autres « géants réduits », plus larges que hauts et d'effet similaire, on peut nommer *Abies balsamea* 'Nana', *Picea abies* 'Little Gem' et *P. abies* 'Nidiformis'.

Couvre-sols et pelouses

C'est un fait bien connu que la nature finit par faire ses propres plantations si le jardinier ne les fait pas. Toute terre exposée doit être recouverte d'une façon quelconque pour prévenir l'érosion. On peut y cultiver des plantes ou laisser les mauvaises herbes prendre toute la place. Dans les deux cas, le sol qui constitue le plancher du jardin ne restera pas désert longtemps. La pelouse de graminées est une méthode universelle pour recouvrir un sol. Le gazon convient bien aux terrains de sport et aux parcours de marche, mais les pelouses sont très gourmandes en eau et demandent un entretien fréquent. De plus, leur apparence est si uniforme qu'elles finissent par être ennuyeuses. Enfin, il y a des zones de faible ensoleillement où le gazon ne pousse pas et des aires accidentées où il est difficile à entretenir. C'est pourquoi il peut être nécessaire de considérer d'autres types de plantes couvre-sols pour exploiter de façon créative le plancher de votre aménagement.

La catégorie des plantes couvre-sols comprend en fait tous les végétaux de 90 cm de hauteur ou moins, bien que les jardiniers choisissent pour la plupart des plantes de moins de 30 cm en guise de couvre-sol. Les plantes tapissantes et celles dont les tiges vagabondent sans fin peuvent toutes servir de couvre-sols et certaines font même de bons gazons. Les pelouses de lierre anglais ou de petite pervenche créent de magnifiques surfaces attrayantes en toute saison et ne demandent presque aucun entretien. D'autres couvre-sols comme l'aspérule odorante, le céraiste tomenteux et le thym produiront un tapis dense sous les arbres et les haies tout en offrant un grandiose spectacle fleuri. Les espaces entre les arbustes laissent beaucoup de terre exposée; c'est là que l'on peut profiter au mieux des couvre-sol aux tiges rampantes comme le lamier, le pachysandre, la petite pervenche et le cyprès de Sibérie. Presque toute plante aux feuilles nombreuses peut recouvrir de la terre nue. Les plantes à floraison prolongée, comme les hémérocalles, les géraniums vivaces et les fraisiers alpins, peuvent toutes cacher le sol tout en produisant de jolis effets.

La façon même dont la plante pousse est souvent la meilleure indication de son usage. Les graminées de gazon croissent constamment vers l'extérieur au moyen de stolons, soit des tiges rampantes garnies de nœuds rapprochés d'où sortent de nouveaux plants. Ces graminées continueront de s'étendre jusqu'à ce que le tapis qu'elles forment rencontre du béton ou de l'air, les seules choses qui les arrêtent. Comme les graminées de gazon sont, en raison de leur propre nature, des plantes qui courent, elles ne paraîtront pas naturelles dans un espace limité ou étroit. Il faut donc les utiliser sur de vastes surfaces à couvrir ainsi que là où il y a assez d'espace pour leur expansion.

RECOUVRIR UN TERRAIN EN PEU DE TEMPS

TOUT le monde souffre de la même frustration à propos des plantes couvre-sols : comment empêcher la croissance des mauvaises herbes pendant les deux premières années tout en incitant les plantes à recouvrir toute la surface rapidement ? Les entrepreneurs professionnels en aménagement ont une solution pragmatique à ce problème : ils plantent les végétaux très densément, en unités très serrées, puis ils appliquent un épais paillis entre les plants. C'est une solution coûteuse, mais au moins elle est efficace et vaut l'investissement si on veut obtenir de bons résultats rapidement. Si vous êtes prêt à planifier une saison d'avance, vous pouvez n'acheter que quelques plants et en tirer de nombreuses boutures. L'année suivante, vous aurez sans doute triplé le nombre de plants achetés à l'origine et vous serez alors prêt pour une plantation massive.

Peut-être désirez-vous un peu de gazon près de votre terrasse, mais il ne doit pas remplacer la surface dure. Des meubles posés sur le gazon donnent des résultats désastreux : le gazon se détériorera à cause de l'ombre sous les chaises et les tables. Si une pelouse de graminées fait partie de votre plan d'aménagement du « plancher » de votre terrain, assurez-vous qu'elle ne recouvrira pas plus d'un tiers de la surface. Si vous dépassez cette limite, vous vous priverez de plantes plus intéressantes et importantes qui pourraient embellir votre terrain.

LES DIX MEILLEURS COUVRE-SOLS

L'homogénéité et la capacité de s'étendre de façon modérée sont les caractéristiques à retenir pour choisir une plante couvre-sols qui convient. Les espaces vides autour des arbustes et des arbres, et près des fondations de la maison, des marches et des allées peuvent parfois être secs et ombragés ; une plantation homogène de plantes couvre-sol améliorera considérablement l'apparence de ces zones.

Un bon couvre-sol se recouvrira de feuillage tôt au printemps, sera résistant aux insectes et aux maladies durant toute la saison de croissance et demeurera en bon état jusqu'à la fin de l'automne. Des fleurs attrayantes sont un autre atout, de même que d'autres caractéristiques qui peuvent contribuer à l'agrément d'un jardin d'hiver. Les plantes couvre-sols demandent normalement de trois à quatre années pour s'étendre également et fournir une couverture complète. Il faut donc être prêt à les arroser et désherber patiemment durant ce temps. Une fois établies, par contre, elles recouvriront le sol pendant de nombreuses années et ne requerront presque pas de soins.

Les plantes qui forment des tapis, comme la bugle rampante, sont particulièrement utiles parce qu'elles s'étendent vers l'extérieur avec une densité égale, formant des cercles qui s'élargissent harmonieusement, plutôt que de courir dans une seule direction. Et si de plus elles tolèrent un sol sec au soleil ou à l'ombre, elles frisent la perfection !

BUGLE RAMPANT *Ajuga reptans* H 15 cm L 60-90 cm Zone 3 Tous les bugles ont des feuilles attrayantes et produisent des épis de fleurs voyants à la mi-printemps. Certains cultivars présentent un coloris de feuillage superbe, mais moins de vigueur. Si vous voulez une plante qui s'étend rapidement, pensez à l'espèce *A. reptans*, à feuillage vert foncé et aux fleurs bleu-violet. Mais attention ! Elle peut prendre votre pelouse d'assaut ! 'Bronze Beauty' et 'Braunherz' sont à croissance plus lente. L'espèce la plus résistante au froid est *A. genevensis*, qui préfère en outre les sols secs, toujours un avantage pour un couvre-sol.

RAISIN D'OURS *Arctostaphylos uva-ursi* H 30 cm L illimitée Zone 2 Un joli arbuste à feuillage persistant et aux tiges rampantes ligneuses. Les petites feuilles luisantes deviennent bronzées en hiver, puis se recouvrent de petites clochettes cireuses de couleur rose au printemps, suivies de baies rouges très durables. Utilisez-le pour remplir une plate-bande en bordure de rue ou autour des arbustes, ou laissez-le retomber en cascade d'un mur. Le raisin d'ours tolère les sols acides et pauvres, et réussit merveilleusement dans les sols sablonneux ou pierreux enrichis de tourbe.

GÉRANIUM VIVACE *Geranium* spp. H 10 à 60 cm L 15 à 80 cm Zone 3 ou 4 Il ne s'agit pas des géraniums gélifs cultivés en pot (*Pelargonium*), mais de vivaces rustiques et libres de maladies et d'insectes qui ont un feuillage attrayant et une longue période de floraison. 'Claridge Druce' est la meilleure variété pour les emplacements ombragés, alors que 'Wargrave Pink' réussit bien à la mi-ombre. Sous une ombre profonde et sèche, rien ne convient aussi bien que *G. macrorrhizum* 'Ingwersen's Variety'. Si les feuilles apparaissent fatiguées à la fin de la saison, taillez-les au sol.

GENÉVRIER HORIZONTAL *Juniperus horizontalis* et cultivars H 10 à 60 cm L 2 m Zone 2a Le genre Juniperus contient une foule de variétés à croissance horizontale faisant de bon couvre-sol à feuillage persistant, attrayants en toute saison. Il en existe de toutes les hauteurs ; parmi les plus bas, on retrouve le *J. horizontalis* à aiguilles bleues comme le 'Blue Rug' (15 cm), qui forme un tapis dense supprimant les mauvaises herbes, et le 'Ice Blue' (10 cm). Le 'Prince of Wales' est vert vif teinté de pourpre en hiver.

GINGEMBRE SAUVAGE *Asarum canadense* H 15 cm L 30 cm Zone 3 Une fois établi, ce couvre-sol indigène forme un tapis bas de larges feuilles cordiformes sous les arbustes et autour des roches. Excellent pour les sous-bois ombragés. *A. europaeum* (page 80) produit des feuilles rondes lustrées.

FUSAIN DE FORTUNE CANADALE *Euonymus fortunei* 'Canadale' H 60 cm L 1,2 m Zone 6a Cet arbuste couvre-sol compact au feuillage persistant convient surtout aux emplacements protégés. Ses feuilles vert foncé luisant sont marginées de jaune doré. Les formes dressées font de bonnes plantes pour décorer la fondation des maisons et composer des haies basses. Il existe de nombreux fusains similaires aux feuilles marquées de blanc ou de jaune ou même entièrement jaunes ; tous sont des plantes brillantes et joyeuses avec un attrait hivernal incontestable. Essayez aussi *E. fortunei* 'Coloratus', au feuillage pourpré l'hiver, nettement plus rustique que la moyenne (zone 5a).

ASPÉRULE ODORANTE *Galium odoratum* H 15-20 cm L illimitée Zone 3 Ce couvre-sol tapissant se déroule rapidement à l'ombre ou à la mi-ombre, comme une vague déferlant sur la plage. Son feuillage étoilé vert et ses fleurs blanc étincelant créent un effet printanier classique en combinaison avec le mertensia de Virginie (*Mertensia pulmonarioides*, syn. *Mertensia virginica*) à fleurs bleues et la primevère officinale (*Primula veris*) à fleurs jaunes. À racines peu profondes, elle s'arrache facilement lorsqu'on veut limiter son expansion et c'est l'un des rares végétaux qui peut pousser densément à la base de conifères épais, comme l'épinette de Norvège.

ORTIE JAUNE *Lamium galeobdolon* H 30 cm L 3 m Zone 3 Une autre plante qui réussit à l'ombre sèche des arbres majeurs, comme son cousin, le lamier maculé (page 80). L'ortie jaune forme rapidement des tapis épais, car ses tiges rampantes courent rapidement partout, s'enracinant à mesure qu'elles s'étendent. Les fleurs jaunes printanières et les feuilles vertes fortement marbrées d'argent forment un couvre-sol dense. 'Variegatum' (photo) porte des feuilles argent aux marges vertes et est très envahissant. 'Herman's Pride' a un port différent, en touffe, et ses feuilles sont vertes, seulement tachetées d'argent. Soleil ou ombre, sol légèrement humide.

CYPRÈS DE SIBÉRIE *Microbiota decussata* H 30 à 90 cm L 1,5 m Zone 4a Ce conifère couvre-sol à la texture moelleuse n'a été découvert qu'en 1928, dans les montagnes près de Vladivostok, en Russie. Ses branches arquées rappelant le thuya forment rapidement des touffes larges et rampantes dans la plate-bande ou à la base des arbres. Il lui faut un sol bien drainé et humide. Tolérant l'ombre, il est toutefois plus dense au soleil ou à la mi-ombre. Vert vif l'été, ses écailles deviennent brun pourpré l'hiver.

ORPINS COUVRE-SOL *Sedum* spp. H 5 à 60 cm L 8 à 120 cm Zone 2 à 5 Leurs feuilles charnues parfois persistantes forment un tapis épais qui s'étend en s'enracinant dans le moindre interstice de roches. Les nombreuses variétés, certaines poussant en touffes, d'autres rampantes, résistent toutes très bien au soleil intense, à la chaleur insupportable et à la sécheresse. Parmi les variétés rampantes, il y a *S. acre* 'Aurea' en chartreuse, *S. reflexum* (photo) en bleu-vert et *S. album* 'Murale', qui devient rouge vif en hiver.

Une plus belle pelouse en dix étapes

1. **Choisissez la bonne** variété de gazon selon les conditions. Les pelouses issues de mottes ou de semences peuvent contenir différentes variétés de graminées… et certaines peuvent donner de meilleurs résultats sur votre terrain que d'autres. Trouver la bonne variété de semence peut faire toute la différence entre une pelouse qui sera chroniquement faible et clairsemée et une autre qui sera épaisse et luxuriante. La plupart des mélanges à gazon tout usage contiennent une proportion des trois principales graminées à pelouse : le pâturin des prés, l'ivraie vivace et la fétuque. Le pâturin des prés, à lame fine, forme un gazon épais et luxuriant de couleur vert bleuté, mais il demande beaucoup d'arrosage et un emplacement ensoleillé. L'ivraie vivace produit des lames vert de texture moyenne et résiste bien à la sécheresse. Les diverses fétuques réussissent à bien s'implanter sur les surfaces ombragées.

   Vous pouvez personnaliser votre pelouse en surensemençant avec le gazon le mieux adapté aux conditions de votre terrain. Comme les graines de graminées germent mieux par temps frais et humide, les meilleures saisons pour surensemencer sont tôt au printemps ou à la mi-automne. Commencez par tondre le gazon puis, au moyen d'un râteau, ratissez le sol dans les zones dénudées. Étendez ensuite généreusement la semence à gazon appropriée là où le gazon apparaît faible. Couvrez la semence de 2,5 cm de tourbe ou de fumier décomposé et gardez-la humide jusqu'à ce que les graines germent et commencent à pousser vigoureusement. Tondez la nouvelle pelouse quand elle aura atteint une hauteur de 7,5 cm.

2. **Maintenez la lame** de votre tondeuse aiguisée. Les lames émoussées arrachent et déchiquettent le gazon, lui donnant une apparence effilochée et lui attirant des ennuis de santé. Les feuilles déchirées guérissent lentement et offrent une porte d'entrée facile aux nombreuses maladies fongiques qui peuvent infester une pelouse. Une lame de tondeuse bien aiguisée est donc un investissement dans la santé de votre gazon. Faites-la aiguiser chaque printemps.

3. **Tondez le gazon** haut. Les racines du gazon sont proportionnelles à la longueur de ses feuilles. Tondre un gazon trop court ralentira la croissance de ses racines et rendra le gazon vulnérable à la sécheresse. Pour favoriser des racines plus longues, réglez la tondeuse plus haut que la normale, soit pour une tonte de 5 à 7,5 cm de hauteur. Vous vous habituerez à cette apparence plus haute et le gazon restera plus vert lorsqu'une sécheresse surviendra. De plus, un gazon plus haut ombragera mieux le sol, retardant la germination des graines de mauvaises herbes et de la digitaire.

4. **Laissez les brins** coupés sur place. Les brins d'herbe tondus contiennent assez d'éléments nutritifs pour remplacer la moitié de l'engrais dont votre pelouse a besoin durant sa période de croissance. Si on les laisse sur place, ils retourneront au sol environ 1 kg d'azote par 100 m2 de gazon, et de l'engrais de première qualité de surcroît ! Les brins aideront aussi à pailler le système racinaire afin de modérer la température du sol et à entretenir la vie microbienne dans le sol à mesure qu'ils se décomposeront en éléments nutritifs.

5. **Évitez de trop fertiliser** le gazon. Appliquer trop d'engrais incite le gazon à croître à une vitesse dénaturée. Les compagnies d'entretien de pelouse recommandent cinq applications d'engrais par année, soit assez pour que le gazon meure d'indigestion ! Trop d'azote force les graminées du gazon à travailler incessamment pour produire des feuilles vertes qui auront alors besoin d'être tondues de plus en plus fréquemment. Si vous laissez les brins sur le gazon, vous n'aurez qu'à fertiliser une ou deux fois par année. La meilleure période est la mi-automne, au moment où les graminées absorbent un maximum d'éléments nutritifs pour emmagasiner les réserves nécessaires pour un départ rapide au printemps. Si vous voulez fertiliser une deuxième fois, attendez au mois de juin, car la

croissance est alors bien amorcée et le gazon a eu le temps de former un système de racines vigoureux.

Si l'idée d'un engrais bon marché vous intéresse, épandez des semences de trèfle blanc (*Trifolium repens*) sur le gazon tôt au printemps. Ce trèfle à croissance basse possède la capacité d'absorber l'azote de l'air environnant et de le fixer sous une forme solide sur ses racines, ce qui permet aux graminées d'en profiter. En effet, non seulement le trèfle se fertilise-t-il lui-même, mais il fertilise aussi toutes les plantes environnantes. Vous apprécierez vite sa présence dans le gazon.

6. **Arrosez moins souvent**, mais plus longtemps. Des arrosages fréquents et brefs incite les racines des graminées à s'accumuler près de la surface du sol. Quand le temps se réchauffe et que la température du sol augmente, les racines perdent contact avec le sol plus frais en profondeur et commencent à se détériorer. Hors sol, le gazon commence à paraître faible et jauni. Des arrosages moins fréquents mais plus longs permettront à l'eau de pénétrer plus profondément dans le sol. Les racines suivront l'eau, descendant vers un niveau de sol plus frais, et le gazon sera plus épais et plus résistant aux effets de la canicule.

Essayez d'arroser le gazon deux fois par semaine pendant deux heures à chaque occasion. Par période de canicule intense, vous pouvez augmenter la fréquence à trois périodes de deux heures. Différents types de sols absorbent l'eau à des rythmes différents. Les sols glaiseux sont plus lents à s'humidifier ; l'eau met du temps à pénétrer dans le sol et à descendre en profondeur. Les sols sablonneux, au contraire, absorbent l'eau très rapidement, la laissant descendre à travers tout le système racinaire. Idéalement, les 15 premiers centimètres devraient être bien humidifiés à chaque arrosage. Pour vous assurer que vous arrosez correctement, creusez un petit trou dans un coin du gazon après un arrosage typique et vérifiez que le sol à 15 cm de profondeur est au moins aussi humide qu'une éponge.

7. **Enlevez le chaume** et prévenez son accumulation. Les gazons trop fertilisés à l'azote produisent des quantités excessives de stolons et de feuilles qui finissent

Le lierre anglais rustique donne un couvre-sol presque sans entretien dans un emplacement mi-ombragé. Il prend trois ans pour s'épaissir et recouvrir le sol lorsque les plants ont été espacés de 20 cm. Un sol riche et une humidité constante aideront à le conserver lustré été comme hiver. Il faut désherber avec soin jusqu'à ce que la pelouse de lierre soit bien établie. Par la suite, vous n'aurez qu'à tailler les bordures une fois par année.

Un gazon de thym rampant dégage un parfum divin, mais il requiert un climat sec, un ensoleillement important et un sol sablonneux. Le thym est parfaitement rustique et demeurera vert toute l'année sous un climat modéré. Par contre, il perd ses feuilles sous les climats froids et devient inégal sous une couverture de neige. Le thym en fleurs forme un incroyable tapis rose pourpré durant quatre semaines.

sous forme de brins coupés. Après seulement quelques saisons, il se forme alors une couche de chaume (feutre) rappelant un tapis ; cette couche est trop épaisse pour bien se décomposer, ce qui réduit la circulation d'oxygène et la pénétration de l'eau dans le sol. Cette couche spongieuse offre aussi un lieu de reproduction idéal pour les insectes et les champignons qui pourraient causer des années de problèmes à votre pelouse. Celle-ci a un problème de chaume excessif quand elle paraît moelleuse et spongieuse sous le pied et que vous ne pouvez pas toucher à la terre quand vous y enfoncez le doigt.

Vous pouvez enlever le chaume avec un râteau à jardin ou un râteau à déchaumer. S'il est très épais et résiste au ratissage, vous pouvez louer une tondeuse à coupe verticale qui tranchera dans le gazon, puis passer le râteau. Il est plus facile d'enlever le chaume tôt au printemps, avant que le gazon soit en pleine croissance. À la suite d'un problème de chaume excessif, limitez les applications d'azote à une ou deux par année.

8. **Laissez le gazon respirer.** Le sol sous une pelouse tend à devenir compacté et déficient en oxygène alors que les graminées de gazon demandent de l'oxygène pour bien pousser. Vous pouvez les aider à mieux respirer en aérant le gazon tous les ans. Un aérateur mécanique (ou carotteuse) est similaire à une tondeuse ; vous pouvez en louer un ou faire exécuter le travail par un service d'entretien de pelouse. Cet appareil découpe et enlève des centaines de minuscules carottes de terre, ce qui permet à l'oxygène de pénétrer dans le sol. Les carottes rejetées demeurent sur le sol et se décomposeront peu à peu, retournant dans la pelouse après une dizaine de jours. Vous pouvez utiliser un râteau à feuilles pour les défaire un peu si vous préférez. Les aérateurs à pointes sont moins efficaces. Les pointes pénètrent dans le sol, creusant de minces trous aux parois comprimées, ce qui empire le compactage du sol sans pour autant laisser pénétrer assez d'oxygène.

9. **Combattez les mauvaises herbes** sans danger pour l'environnement. Une pelouse saine présente toujours quelques mauvaises herbes. L'important est de fixer une limite. Vous pouvez ignorer les petites pour vous concentrer sur les très grosses et les très visibles. Les applications d'herbicides, qui pourraient être bientôt illégales sur tous les terrains privés, peuvent causer des problèmes de santé et de pollution. Prenez l'argent que vous auriez versé à un service d'entretien qui vaporise les pelouses pour le remettre plutôt à quelqu'un qui va déterrer manuellement les mauvaises herbes les plus grosses de votre gazon. Mettez-y du vôtre aussi et vous constaterez que la présence des mauvaises herbes est un problème qui peut être résolu.

Pour déterrer les mauvaises herbes efficacement, de façon à ce qu'elles ne repoussent pas, il faut enlever la plus grande partie possible de la racine. Pour empêcher les pissenlits de repousser, par exemple, il faut enlever de 10 à 12,5 cm de racine pivotante. Si vous essayez de désherber par temps sec, la partie hors sol cassera à la base, laissant la racine intacte. Par contre, si vous désherbez un sol humide, vous trouverez que la racine cède facilement, surtout si vous creusez en parallèle avec une truelle mince ou si vous utilisez un arrache-pissenlit. Désherber après une pluie donne toujours de bons résultats, sinon arrosez bien avant de désherber par temps sec.

10. **Terreautez régulièrement** le gazon deux fois par année avec des matières organiques est la meilleure façon d'améliorer la condition du sol sous la pelouse et l'apparence générale de cette dernière. À l'automne, et encore tôt au printemps, mélangez des parties égales de fumier bien décomposé et de tourbe et répandez le mélange partout sur la surface du gazon à l'aide d'un râteau à feuilles. Essayez de répandre une couche de 5 cm. Si vous avez sous la main des feuilles finement déchiquetées ou de courtes aiguilles de conifères, ajoutez-les au mélange. Vous pouvez soit arroser le mélange pour le faire pénétrer dans le gazon, soit laisser la pluie faire ce travail : il disparaîtra de toute façon dans quelques jours, absorbé par le gazon.

Ci-contre : cette image idyllique montre une pelouse saine, entretenue par des moyens naturels. Les produits chimiques qui tuent les mauvaises herbes ont aussi un effet nuisible sur les humains. Les plantes sauvages ne nuisent pas à la pelouse si elle est tondue régulièrement. Attendez l'automne avant de fertiliser : c'est le meilleur moment pour engraisser un gazon.

Plates-bandes et parterres

Les jardiniers amateurs sont des collectionneurs-nés : ils ne peuvent passer dans une pépinière sans glisser dans leur panier quelques trouvailles imprévues. La modération n'est pas la principale vertu des jardiniers : ils agissent plutôt en consommateurs compulsifs. Dame Nature ne cesse d'attiser leur convoitise en offrant des variétés innombrables de fougères et de campanules, mais si vous avez l'intention de profiter de vos achats, il faut trouver une place pour les planter. Il sera donc question ici de plates-bandes et de parterres.

Le but des plates-bandes et des parterres, que l'on appelle aussi planches en langage horticole, est d'offrir une vitrine aux plantes ornementales qui complètent un aménagement paysager. Les planches de culture seront autant de repères pour guider le promeneur à travers le jardin ; ce sont des tableaux de signalisation qui indiquent où aller ou quand s'arrêter pour une pause.

Les plates-bandes et les parterres peuvent servir à assurer un certain équilibre, notamment par rapport à des structures comme une piscine ou un pavillon de jardin. Ils constituent un décor qui relie la structure à l'aménagement. Disposés en alternance de part et d'autre d'un long terrain étroit, parterres ou plates-bandes forcent l'œil à passer d'un côté à l'autre, ce qui évite l'effet « allée de quilles » qui invite à regarder droit devant jusqu'au fond de la cour.

Sur un terrain très vaste, des îlots de plantes vont attirer l'attention vers l'intérieur et empêcheront le visiteur de se sentir perdu dans trop d'espace. Dans un espace très petit, l'îlot apportera une note variée s'il n'y a pas assez de place pour quoi que ce soit d'autre. Certains terrains de maisons en rangée sont si petits qu'on ne peut y aménager qu'une seule grosse plate-bande avec une place pour deux chaises.

Sous un climat froid, il est très important d'aménager des îlots composés d'éléments attrayants en hiver. En y jetant un coup d'œil de votre fenêtre, vous anticiperez le printemps tout en admirant un étalage d'écorce ornementale, de baies colorées et de graminées séchées mélangées avec de grands orpins.

Une plate-bande d'importance peut se situer près de la porte principale, où les tout premiers daphnés, violettes et primevères parfumeront l'air encore glacial du printemps. À cet égard, les plates-bandes sont le refuge idéal des végétaux qui attisent les sens ; aménagez-les à proximité des endroits où vous passez tous les jours.

Peu importe où les planches de culture sont situées, vous voudrez être certain qu'elles offrent le meilleur milieu de croissance pour les plantes, ce qui signifie que vous devrez porter

Donnez du relief à ce parterre statique en plaçant dans un coin un petit arbre pleureur et un amas de roches.

Les plates-bandes de coin sont dynamiques, offrant plusieurs possibilités de plantation à l'intérieur d'un plan équilibré.

Une bordure ondulée adoucit la forme de la plate-bande et donne même l'impression qu'elle est plus large.

une attention toute spéciale à la préparation du sol. Les questions de drainage, de texture du sol et de fertilité sont à la base de toute vie végétale saine. Vous ne feriez que jeter votre argent par la fenêtre en cultivant de nouvelles plantes sans améliorer le sol.

Les plates-bandes déjà établies ont besoin d'être réaménagées tous les cinq ans : déterrez les plantes et rangez-les, divisez-en quelques-unes, transférez-en d'autres vers de nouveaux emplacements et surtout, améliorez le sol partout. Prévoyez une application de 7,5 cm de sable grossier et une autre de 7,5 cm de fumier bien décomposé ou de feuilles compostées, que vous mélangerez avec le sol. C'est beaucoup de travail, mais c'est une opération qui ne survient que deux fois par décennie. C'est aussi une bonne occasion pour modifier les dimensions de la plate-bande et lui donner une nouvelle forme.

Il n'est pas toujours nécessaire de réaménager complètement une plate-bande, mais il est souhaitable de procurer à chaque plante un trou de plantation rempli d'une portion généreuse de sol de qualité. Certains jardiniers préparent des quantités industrielles de terreau fait de proportions égales de fumier décomposé, de tourbe et de sable grossier, les remisant dans des poubelles en plastique jusqu'au moment où ils en ont besoin pour les trous de plantation.

Si vous avez l'intention d'aménager un nouvelle planche de culture, tracez-en le contour à l'aide d'un tuyau de caoutchouc (de préférence au vinyle, plus rigide) afin de trouver le meilleur plan. Ne vous gênez pas pour ajuster et rajuster le tuyau jusqu'à ce que vous soyez satisfait. À l'aide d'une bêche tranchante, découpez le contour de la forme retenue, puis réfléchissez à la façon dont vous voulez aménager la planche.

Vous pouvez vous compliquer la tâche en bêchant pour enlever le gazon et amender le sol de matières organiques. Vous pouvez aussi surélever le terrain à aménager en posant 10 feuilles de papier journal non coloré sur le gazon, en empilant de la terre

QUELLE QUANTITÉ DE TERRE ?

MESUREZ la surface, en estimant la longueur et la largeur si elle est de forme irrégulière. Multipliez la longueur en mètres par la largeur en mètres, puis multipliez le résultat par le nombre de centimètres de hauteur du mélange à acheter (terre, sable et amendements organiques), puis divisez le résultat par 100. Vous obtiendrez le nombre de mètres cubes du mélange à commander.

LONGUEUR EN MÈTRES X LARGEUR EN MÈTRES X HAUTEUR DU MÉLANGE EN CENTIMÈTRES.

DIVISEZ PAR 100.

LE RÉSULTAT EST EN MÈTRES CUBES.

sur cette surface et en nettoyant les bords. Prévoyez une terre composée de deux parties de terre de jardin mélangée avec une partie de fumier bien décomposé et une partie de sable grossier. Vous devrez en avoir assez pour recouvrir la surface sur une hauteur de 45 cm, car la terre s'affaissera de presque la moitié avant la fin de la première saison.

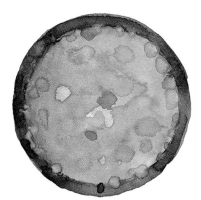

L'apparence rigide d'un rond s'adoucit quand il est un peu bombé.

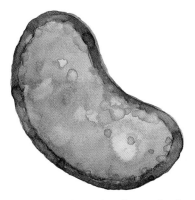

Un parterre en forme de rein se prête à un aménagement victorien d'annuelles avec de grandes fougères à chaque extrémité.

Les croissants sont utiles pour diviser de vastes surfaces et pour circonscrire une pelouse.

DÉLIMITER UNE PLANCHE DE CULTURE

Une bordure nette le long d'une planche de culture empêche le gazon de l'envahir tout en mettant sa forme en valeur.

Utilisez une bêche ou une pelle carrée bien aiguisée pour creuser la bordure. Enfoncez-la avec votre pied jusqu'à 5 à 8 cm de profondeur, à un angle de 45°. Pressez le manche vers l'arrière afin d'enlever une motte de terre en forme de V. Continuez ainsi le long de la bordure jusqu'à ce qu'apparaisse une tranchée continue entre la pelouse et la planche.

Vous pouvez vous attendre à devoir nettoyer la bordure de cette façon trois fois par année. Si vous ne prévoyez pas changer la forme de la planche dans un proche avenir, aménagez un chemin de tonte (voir à la page 65).

Les angles droits aux coins des surfaces dures jurent un peu dans un aménagement paysager, mais vous pouvez les adoucir à l'aide de plantes ou d'une planche de culture dont la forme est sinueuse. Un tailleur de pierre spécialisé peut toujours couper la pierre à l'extrémité de la surface pour donner au rebord une forme arrondie.

RÉAMÉNAGER
UNE PLATE-BANDE EXISTANTE

Les meilleurs moments pour réaménager une plate-bande existante sont le début de l'automne ou le printemps, quand l'air est frais et le sol humide. Les végétaux sont semi-dormants quand le sol est froid et ils souffriront beaucoup moins des dommages causés inévitablement à leurs racines lors du processus. Comme le réaménagement requiert un travail de bêchage, vous préférerez y procéder quand le sol est meuble et humide, et non pas quand il est dur et sec comme au cœur de la saison chaude.

Choisissez une journée grise, ou prévoyez le travail pour le début de la journée ou la fin de l'après-midi, quand le soleil est bas. Si la plate-bande est vaste, requérant plus qu'une séance de travail, divisez-la en sections ; vous ferez une section chaque automne et une autre chaque printemps.

Réaménager une plate-bande commence par une appréciation générale de son contenu. C'est le moment de se montrer impitoyable et de faire preuve d'astuce dans l'évaluation du potentiel de chaque plante. Jetez au compost tout ce qui est à moitié mort ou très faible ainsi que les plantes qui souffrent d'infestations chroniques d'insectes ou de maladies.

Rappelez-vous que chaque emplacement que vous gagnez en jetant une plante décevante pourra accueillir une nouvelle splendeur.

1. Vous pouvez faire disparaître les plantes que vous ne voulez plus en les plaçant dans des contenants, munis d'une étiquette qui indique leurs noms communs et botaniques. Portez ces contenants sur le bord du trottoir ou de la rue et offrez-les aux passants à l'aide d'une pancarte « Gratuit pour les pouces verts ». Les gens apprécient toujours les plantes correctement identifiées et se chargeront de les faire disparaître avant le lendemain.

2. C'est le bon moment pour changer la forme de votre plate-bande si vous le désirez. Vous pouvez vous servir d'un tuyau de caoutchouc ramolli au soleil pour dessiner le nouveau contour. À l'aide d'une pelle ronde, creusez les nouvelles lignes, enlevez le gazon et retournez la terre en dessous.

3. Déterrez avec soin les plantes que vous voulez conserver et remisez-les dans des pots ou des sacs en plastique dans un endroit frais et ombragé. Percez quelques trous dans le fond des sacs, puis arrosez les plantes. Vous pouvez laisser les arbustes en place, mais ameublissez le sol autour de leurs racines avec une fourche de jardin.

4. Pour obtenir les meilleurs résultats, étalez un minimum de 7,5 cm de sable grossier et 7,5 cm d'amendements organiques sur la plate-bande entière, même plus si possible. Parmi les amendements possibles, mention-nons le compost, le fumier

décomposé, la tourbe, les feuilles, les aiguilles de conifères et les brins d'herbe du gazon. Le sable grossier aidera à alléger la glaise lourde et à oxygéner la zone de racines, alors que les matières organiques augmente-ront la fertilité du sol et aideront à retenir l'humidité. Si le sol est sablonneux et se draine rapidement, oubliez le sable et ajoutez plutôt autant de matières organiques que vous aurez la force d'en déplacer et d'étendre. Mélangez ces produits avec le sol, en les faisant pénétrer parmi les racines des arbustes.

5. Replacez les plantes, divisant les massifs devenus trop volumineux et changez les emplacements au besoin selon votre plan de réaménagement. Vous pouvez ajouter de nouvelles plantes si vous avez eu le temps de faire quelques emplettes dans les pépinières du coin. Arrosez bien les plantes nouvellement transplantées avec un engrais transplanteur. Enfin, si vous comptez utiliser un paillis organique comme des feuilles ou de l'écorce déchiquetée, épandez-le maintenant sur le sol et tout autour des végétaux.

Collines et pentes abruptes

Les jardiniers déprimés après de longues années de bataille pour entretenir des plantations en pente n'apprécient sûrement pas des vacances à la montagne ! On ignore généralement les difficultés complexes que pose un terrain en pente prononcée… jusqu'à ce qu'on doive en faire l'expérience. Les plantes ne restent pas verticales et l'eau s'écoule sur la pente avant de pénétrer dans le sol. La terre de surface et le paillis glissent vers le bas, laissant des plaques de sol nu qui se fissurent et s'érodent. Le résultat ressemble à un accident de terrain après le passage d'un glacier.

Si votre terrain est en pente abrupte, la première chose à faire est de stabiliser le sol et de prévenir l'érosion. Comme les systèmes racinaires des végétaux ne suffisent pas pour prévenir l'inévitable perte de sol, il faudra avoir recours à certaines techniques de construction. Vous pouvez discuter avec un entrepreneur professionnel de l'installation éventuelle d'affleurements rocheux, d'un terrassement plus classique en pierre ou peut-être d'un dallage de drainage à la base de la pente. Ce travail implique un effort majeur pour déplacer des roches et de la terre. Il est utile aussi d'avoir quelques connaissances de base en génie.

Ce ne sont pas toutes les pentes qui demandent une restructuration, mais même une pente douce peut causer des irritations au jardinier. Les végétaux qui poussent sur une pente doivent avoir des caractéristiques qui leur permettent d'épouser le terrain. La gravité fera en sorte que les arbustes à croissance verticale, comme le thuya occidental, tendront à s'incliner

Votre terrain en pente peut se transformer en jardin méditerranéen si vous utilisez de grosses roches naturelles pour les zones en terrasse, mais de gros blocs de béton peuvent faire l'affaire. Plantez beaucoup de plantes rampantes et retombantes – épiaire laineux, lavande, rosiers couvre-sol, saule rampant (*Salix repens*), potentille vivace (*Potentilla* spp.), cotonéastre apiculé (*Cotoneaster apiculatus*) – et arrosez la pente fréquemment

peu à peu vers le bas de la pente, éventuellement à un angle de 45 °. Un arbuste à port pleureur, comme la symphorine de Chenault (*Symphoricarpos* x *chenaultii* 'Hancock'), s'adaptera sans effort au terrain tout en y paraissant très attrayant. Les racines d'ancrage des végétaux comme les spirées naines, le sumac aromatique Gro Low et les genévriers à port bas et évasé de moins de 90 cm de hauteur s'adapteront facilement à une pente. Si votre sens du design exige le maintien d'un axe bien vertical avec plus de hauteur, vous devrez aménager au moins une petite terrasse pour fournir une fondation de niveau pour la motte de racines.

Que vous vouliez cultiver des plantes vedettes ou soyez désespérément à la recherche de plantes bien adaptées aux sols en pente, vous devrez vous rabattre d'abord sur quelques plantes couvre-sol qui recouvriront le sol et le protégeront de l'érosion. Les plantes les plus utiles sont celles qui rampent en prenant racine çà et là, grâce à leurs rameaux qui s'enracinent aux nœuds, comme le stéphanandra crispé (*Stephanandra incisa* 'Crispa'), le lierre anglais, le fusain de Fortune, la petite pervenche et l'aspérule odorante. Plantez-les dans les emplacements les plus ombragés et elles voyageront vers les endroits plus ensoleillés. Des plantes grimpantes robustes et vigoureuses aux feuilles larges, comme l'hydrangée grimpante et la clématite tangutica, conviennent bien pour une croissance horizontale sur une pente.

Certaines vivaces à fleurs marient aussi un port de couvre-sol avec une capacité de s'adapter aux pentes, comme les violettes, le fraisier alpin, les géraniums vivaces, l'alchémille (*Alchemilla mollis*), les hostas et les hémérocalles.

Les plantes verticales poussant sur une pente ont besoin d'un support solide pour les empêcher de pencher vers le bas. Un affleurement rocheux ou une terrasse tiendra les racines en place. Il vaut mieux garnir les pentes sèches de couvre-sol vigoureux et résistants à la sécheresse. Essayez la bugle rampante (*Ajuga*), le céraiste tomenteux (*Cerastium tomentosum*), la véronique rampante (*Veronica repens*) ou même le cyprès de Sibérie (*Microbiota decussata*), un conifère.

Les talus

Le temps n'est pas si lointain où seuls les amateurs de golf et de ski de fond savaient ce qu'est un talus. Ces petites collines artificielles à pente douce offrent des défis sur un terrain de golf et permettent aux skieurs de fond de se laisser aller un peu sur les pistes. Les jardiniers aussi ont compris l'intérêt d'un talus bien placé sur un terrain plat et unidimensionnel. Les talus peuvent également servir à créer une certaine intimité dans des endroits où une clôture serait peu appropriée ou indésirable. Planté de petits arbustes et de vivaces, un talus peut devenir un centre d'intérêt saisissant dans l'aménagement.

Un talus permet de donner du relief à un terrain. Il peut susciter autant d'intérêt qu'une plate-bande surélevée, mais dans un style plus subtil et plus naturel. Les questions importantes consistent à déterminer les bonnes dimensions et formes afin qu'il paraisse naturel. Ces monticules très élevés où l'on pourrait descendre en toboggan ne sont pas le travail de taupes bioniques mais l'œuvre de constructeurs de talus trop enthousiastes. Les visiteurs se demanderont si vous essayez de cacher quelque chose sous chacun d'eux ! Vous devez rechercher plutôt un effet de délicatesse avec des pentes douces et un sommet aplati.

Il faut donner un contour d'apparence naturelle aux talus, ce qui demande de l'espace et qui n'est pas facile à réaliser sur un petit terrain. (Dans ce cas, d'autres aménagements, comme un parterre surélevé ou un muret, peuvent convenir davantage.) On peut donner toutes sortes de formes à un talus, même si la plupart sont ronds. Un talus peut être réniforme, épouser l'angle d'un coin en courbe ou même être rectangulaire

Un talus de 60 cm de hauteur deviendra une vitrine d'un mètre une fois garni de plantes. Choisissez des plantes évasées qui poussent en touffes, comme les géraniums vivaces, les œillets et les hémérocalles naines, ou encore les rosiers couvre-sol de faible hauteur, la pulmonaire à feuilles étroites (*Pulmonaria angustifolia*) et de petits astilbes (*Astilbe chinensis*). Évitez les plantes hautes qui peuvent pencher ou tomber.

s'il est situé le long d'un côté du terrain. Pour une apparence harmonieuse et naturelle, il faut qu'un talus rond, par exemple, atteigne au moins 2,4 m de diamètre ; la largeur sera alors de 1,2 m au sommet et les pentes auront une hauteur de 60 cm de tous les côtés.

Il faut aussi que la forme et la hauteur conviennent à l'usage qu'on en fera. Si vous prévoyez y cultiver du gazon, aménagez une montée très douce et un sommet légèrement arrondi. N'oubliez pas que vous devrez pouvoir monter et descendre le talus avec une tondeuse, aisément et sans changer de cadence. Les pentes trop abruptes ou une trop grande élévation risquent de causer des problèmes d'entretien. Si le talus doit accueillir des végétaux ornementaux, le sommet devra être relativement plat pour procurer aux racines des plantes une fondation sécuritaire et solide. Pour un talus d'intimité, vous pouvez songer à de petits arbustes, qui s'élèveront de 90 cm à 1,20 m au-dessus ; n'importe quel cultivar de spirée japonaise (*Spiraea japonica*) conviendra bien à cet usage, ainsi que le fusain ailé nain ou tout if à port évasé.

La question de la hauteur est embêtante, car les petits talus semblent fondre tout simplement après quelques années. Tout tas de terre se réduira éventuellement de presque un tiers de sa hauteur originale, surtout s'il est placé directement sur le sol. La meilleure façon de stabiliser un talus consiste à le dresser sur une base de 20 cm de petit gravier recouverte d'une toile géotextile ou d'une toile filtrante ; vous empilerez 60 à 90 cm de terre sur le tissu au point le plus haut. Si vous avez l'intention de planter de petits arbustes, il faudra encore plus de terre. Terminez le travail en creusant une bordure nette tout autour avec une pelle ronde aiguisée afin d'empêcher l'envahissement du talus par le gazon.

Un talus discret peut remplacer une pelouse de façade et offrir un emplacement intéressant pour un groupe de conifères rares. Des rochers et des couvre-sols donnent de la cohésion à l'ensemble et aident à réduire l'entretien.

À CHAQUE CHOSE SA PLACE

L'EMPLACEMENT du talus est déterminant. Un monticule en plein centre d'un terrain n'a rien de naturel ; vous n'aimeriez sans doute pas acheter un terrain avec un talus en plein centre, alors pourquoi en ériger un à cet endroit ? Le dresser sur un côté du terrain est plus judicieux, ou peut-être près d'un coin, mais pas tout près d'une clôture. Un talus ne doit ni susciter un sentiment de claustrophobie ni se trouver coincé entre divers aménagements du jardin.

Si vous construisez le talus pour vous donner un peu d'intimité, assurez-vous qu'il sera placé vers un côté qui vous met à la vue. Le placer en direction d'un coin vous donnera la possibilité de planter un arbre de 3 m derrière. Si c'est votre intention, choisissez un arbre comme le ginkgo, le févier ou le bouleau, car tous créent une ombre légère.

Les dix meilleures graminées ornementales

Les graminées ornementales sont magnifiques en bordure d'une allée en pierre ou en brique. Les graminées de taille moyenne ou de grande taille peuvent servir de plantes de remplissage pour les plates-bandes; elles ajoutent des formes et des textures intéressantes, en plus de constituer un attrait hivernal. La combinaison de graminées ornementales avec des plantations de vivaces donnera de meilleurs résultats si vous en utilisez plus d'une espèce. Par exemple, vous pouvez choisir deux ou trois variétés avec des traits différents et complémentaires, les distribuant partout dans le jardin. Comme vous obtiendrez le meilleur effet avec de grosses touffes, essayez de vous procurer les plantes dans des pots de quatre litres. Si la graminée que vous convoitez n'est offerte que dans des petits pots, achetez-en trois et regroupez-les.

BARBON À BALAIS *Andropogon scoparius* (syn. *Schizachrisum scoparius*) H 90 cm L 20 cm Zone 4 Cette graminée classique des Prairies est le nec plus ultra de la verticalité, avec ses feuilles bleu-vert à bleu argenté rigidement dressées. Après un nuage de fleurs délicates et fines à la fin de l'été, le feuillage devient rouge à l'automne. Pour obtenir un superbe écran d'intimité estivale autour d'une terrasse, essayez la variété plus grande, le barbon de Gérard (*A. gerardii*, 1,5 m).

AMOURETTE *Briza media* H 60 cm L 30 cm Zone 4 Souvent confondue avec une vivace herbacée à fleurs, cette graminée légère forme des graines en forme de petits cœurs qui se balancent et cliquètent au vent. Elle est toujours bienvenue à l'avant-plan de la plate-bande, dans une rocaille ou le long d'une allée où l'on peut remarquer sa musique subtile. On peut faire sécher les longues tiges avec les semences pour faire des arrangements floraux. Sol également humide, plein soleil à mi-ombre.

HERBE BLEUE *Helictotrichon sempervirens* (syn. *Avena sempervirens*) H 60 cm L 45 à 60 cm Zone 4 Les touffes évasées des feuilles minces bleu-vert créent un bel effet à la base d'un escalier ou le long d'un boulevard. Les épis légers sur des tiges arquées brun-bleu se forment au-dessus de la touffe au début de l'été. Plein soleil, sol organique avec de la tourbe et du sable.

HERBE DE SANG *Imperata cylindrica* 'Red Baron' H 45 cm L 30 à 45 cm Zone 5b Cette graminée présente un authentique et spectaculaire rouge foncé à contre-jour, sans la teinte pourprée de la plupart des végétaux « rouges ». Plantez-la en touffes pour obtenir un effet plus spectaculaire. Elle va au soleil ou à la mi-ombre dans un sol humide bien drainé. Peu rustique, mais intéressante à essayer. Une pseudo-graminée de couleur aussi intense est l'ophiopogon noir (*Ophiopogon planiscapus* 'Nigrescens', zone 6b), 15 cm, qui fait un bon couvre-sol dans les endroits protégés.

CALAMAGROSTIDE À FLEURS ÉTROITES *Calamagrostis* x *acutiflora* H 1,5 m L 60 à 120 cm Zone 4 Idéale comme plante vedette ou comme fond de scène, cette graminée confère une forte verticalité à l'aménagement. Ses tiges rigides feront office de structure dans une plate-bande de vivaces cuisant sous la canicule d'été ou se marieront bien avec les arbustes. Les épis jaunes apparaissent en juin et persistent jusqu'à l'hiver. *C. a.* 'Overdam' porte des fleurs dorées et un feuillage strié blanc et vert. Soleil à mi-ombre.

LAÎCHE JAPONAISE PANACHÉE *Carex morrowii* 'Variegata' H 30 cm L 35 cm Zone 5b Cette petite graminée forme un dôme de feuilles arquées rigides, plates et à texture épaisse d'un vert fortement strié de blanc. Il existe une laîche plus courte, la laîche à fleurs noires (*Carex nigra*), aux touffes vert-bleu foncé et aux épis presque noirs au printemps. Les deux préfèrent la mi-ombre. *C. morrowii* tolère la sécheresse, mais *C. nigra* demande un sol humide.

CHASMANTHIUM *Chasmanthium latifolium* (syn. *Uniola latifolia*) H 120 m L 40 cm Zone 5 Les feuilles vertes sont attrayantes, mais encore plus impressionnantes sont les inflorescences, de petits épis aplatis verts devenant bruns qui retombent en minces filets. Intéressant isolé ou en massif, au soleil comme à l'ombre, dans un sol humide.

JONC SPIRALE *Juncus effusus* 'Spiralis' H 60 cm L 40 cm Zone 5 Ce parent des graminées produit des tiges vertes spiralées, un peu comme les rameaux finement tordus du noisetier tortueux. Cette plante à tiges droites sert au tressage des tapis japonais tatami. Plantez-la dans un sol humide près de l'eau, d'un bassin ou d'un ruisseau, au soleil ou à la mi-ombre.

EULALIE ZÉBRÉE *Miscanthus sinensis* 'Zebrinus' H 1,5 m L 1 m Zone 5 Elle produit de longues feuilles verticales, vertes avec des marques horizontales dorées, arquées aux extrémités. Fleurit rarement sous notre climat. Placez une grosse touffe à l'extrémité de la plate-bande ou au centre d'un îlot de plantation. Attrayants aussi sont *M. s.* 'Variegatus', aux feuilles striées vert et blanc, et *M. s. purpurascens*, au feuillage plus bas (60 cm), qui produit des plumes argentées et dont le feuillage devient rouge pourpré à l'automne. Soleil ou mi-ombre. Évitez les engrais.

PANIC RAIDE *Panicum virgatum* H 120 cm L 60 à 90 cm Zone 4 Feuilles aplaties qui sont vertes en été, jaunes et rouges à l'automne et beiges en hiver. 'Heavy Metal' est un cultivar à croissance rigide et dressée de couleur bleu métallique. 'Strictum' est bleu plus doux. Soleil et sol humide.

5

L'installation des plantes dans l'aménagement

Regarder des plantes dans une pépinière est un peu comme visiter des chats et des chiens à la fourrière : vous ne les voyez pas à leur avantage ou à leur meilleur. Il faut espérer que vous savez ce que vous voulez et que vous pouvez reconnaître un bon spécimen quand vous l'apercevez. La plupart des plantes préparées en pépinière pour la vente aux jardiniers amateurs sont cultivées en pot de façon à pouvoir être arrosées efficacement et déplacées en réduisant au minimum les dommages aux racines et à la structure ligneuse.

Au moment où vous achetez une plante à la pépinière au printemps, il y a de bonnes chances que son système racinaire ait rempli presque tout le pot. Quand la plante sera placée dans son propre trou de plantation, la première saison de croissance sera surtout consacrée à produire de nouvelles racines ; on notera peu de développement des branches et des feuilles. C'est que les végétaux produisent d'abord des racines souterraines et ensuite seulement des parties aériennes ; ainsi, ils sont davantage en mesure d'apporter de l'humidité et des

De nouveaux plants face à une plate-bande déjà bien remplie : de toute évidence, quelque chose devra disparaître. Commencez par diviser les touffes les plus grosses en les coupant en deux, puis retirez les plantes qui n'ont pas donné de bons résultats. Discrètement, enlevez 20 cm de gazon sur la bordure de la plate-bande et donnez un chez-soi à vos nouveaux petits chéris.

Ci-contre : Le jardin printanier peut offrir un spectacle fabuleux de massifs de tulipes, de fleurs de pommetiers pleureurs et de tapis de jacinthes à grappe. En planifiant avec soin et en apprenant à connaître les conditions de culture de votre secteur, puis en choisissant des végétaux qui réussissent bien dans votre région, vous pourrez avoir des plantes en fleurs du tout début du printemps jusqu'à tard à l'automne.

UNE plante peut avoir été cultivée dans un pot pendant plusieurs années avant d'arriver en jardinerie ; c'est une pratique qui favorise un système racinaire dense et compact. Les grosses plantes aux racines emmottées et emballées de jute sont offertes aussi avec des systèmes racinaires denses, résultat d'une taille périodique de racines en champ pour rendre la motte compacte. Pour ces deux raisons, la partie hors sol du végétal tend à être serrée, avec des branches peu étendues et une croissance minimale des rameaux, ce qui reflète les limites imposées à son système racinaire. Par contre, si sa charpente ligneuse est bien proportionnée et équilibrée, si ses rameaux sont légèrement flexibles et si son feuillage paraît robuste et sain, cette plante constituera un bon achat pour votre aménagement.

éléments nutritifs à la nouvelle croissance aérienne qui se forme. C'est au cours de la deuxième saison de croissance que vous commencerez à remarquer un développement significatif des parties aériennes, notamment un allongement des branches. Ainsi, la structure ligneuse, serrée à l'origine, commencera à s'ouvrir. Si vous achetez le plant à l'automne quand le sol a commencé à se rafraîchir, il peut ne pas y avoir de croissance racinaire avant le printemps suivant. Il arrive que certains plants soient de vilains petits canards pendant les deux ou trois premières saisons, mais avec le temps, ils produisent de nouvelles branches et deviennent des cygnes. Il vous faut donc faire preuve de patience et comprendre le mode de croissance des végétaux pour garder espoir.

Il faut environ cinq ans avant qu'une plante soit réellement bien établie dans un aménagement, ce qui veut dire que le système racinaire se sera bien développé et que la croissance aérienne aura commencé à prendre sa forme adulte. Mais la croissance est loin d'être terminée et vous pouvez vous attendre à ce que la plante prenne encore plus d'ampleur, surtout s'il s'agit d'un arbre. Si vous avez toujours suivi les consignes d'arrosage et d'application d'une bonne source d'éléments nutritifs organiques, la plante devrait paraître pleine de vigueur et produire beaucoup de bourgeons au printemps. Par contre, ce ne sont pas toutes les plantes qui s'établissent aussi bien et qui croissent

avec autant de vigueur. Si jamais vous êtes tenté de déterrer des arbustes sauvages et de les transplanter dans votre aménagement (avec l'autorisation nécessaire, bien sûr), attendez-vous à ce que leur développement soit plus lent. C'est qu'ils ont été cultivés sans contraintes, avec des branches et des systèmes racinaires plus étendus. Ainsi ils sont plus susceptibles de subir un choc lorsqu'ils sont déterrés. Il faut souvent une saison de croissance supplémentaire et beaucoup de bons soins pour les aider à récupérer du choc de leur récolte.

Certains jardiniers préfèrent acheter des plants très jeunes, sachant que les plus petits supportent mieux le choc d'une transplantation lorsqu'ils sont établis au jardin. Il est vrai qu'ils sont plus faciles à transplanter. Jamais, par exemple, vous n'aurez besoin d'une remorque, d'un chariot, de barres de fer, de paniers en fil de fer, de tuteurs et d'un injecteur d'engrais. Les pépinières peuvent fournir de très gros spécimens d'arbustes et d'arbres qui se présenteront en bonne condition, tout prêts à commencer une nouvelle vie dans leur trou de plantation. Mais tout est plus compliqué à cause de leur taille et de leur poids, et vous aurez besoin de beaucoup de bras musclés quand le camion de livraison arrivera. Si vous tenez à obtenir tout de suite l'effet de végétaux de grande taille, soyez prêt à composer avec les difficultés de leur installation ; vous aurez sûrement besoin d'un gros coup de main pour bien planter ces gros spécimens.

Les emplettes horticoles

Même le consommateur le plus déterminé peut sortir traumatisé d'une visite dans une jardinerie par un bel après-midi de printemps… s'il a réussi à trouver une place de stationnement ! Vous qui êtes venu acheter un forsythia, voilà qu'il y en a six variétés en pépinière et vous ne savez pas laquelle choisir. Ou vous étiez bien déterminé à acheter une joubarbe, mais tout est classé par nom latin, une langue que vous n'avez jamais étudiée à l'école. De toute évidence, quelque chose ne va pas.

En fait, acheter des végétaux demande de la planification. Certaines familles de plantes sont très vastes et il vous faudra connaître à la fois le nom commun et le nom botanique en latin pour être certain d'acheter exactement ce que vous recherchez. Un peu de recherche dans de bons livres, chez vous ou à la bibliothèque, vous donnera toutes les indications nécessaires. Si la plante que vous lorgnez n'est pas disponible dans la première jardinerie, il se peut qu'elle ne soit pas offerte dans votre région. Parfois, seule une recherche sur Internet, avec les bons noms d'espèces et de cultivars, pourra vous aider à localiser une pépinière qui offre des plantes par la poste.

Si vos recherches vous conduisent dans une région rurale, vous pourrez y trouver des pépinières de production qui vendent surtout en gros, mais qui vous permettront de vous promener et de faire des choix. Si les végétaux poussent en pleine terre, que la saison commence à peine et que les bourgeons n'ont pas encore commencé à enfler, ou encore si c'est tard à l'automne, les employés les déterreront devant vous et emballeront leur motte de jute. C'est que les plantes ligneuses et les arbres ne peuvent être déterrés en champ qu'en état de dormance, soit au tout début du printemps ou tard à l'automne. Les plantes dormantes n'ont pas encore commencé leur croissance active et sont moins sujettes au choc de la transplantation. Leurs chances de réussir la transition se trouvent alors augmentées et bientôt elles se recouvriront de feuilles et de fleurs dans votre jardin.

Les jardineries près des grandes villes n'offrent que des espèces courantes qui se vendent rapidement. Si vous recherchez des plantes inhabituelles, vous les trouverez plus facilement dans les catalogues de pépinières éloignées spécialisées dans la vente par la poste de végétaux rares. Mais il vous faut savoir ce qui vous attend. D'abord, la plupart des commandes postales sont livrées très tôt au printemps, quand les plantes sont encore en dormance ; seules les plantes qui voyagent particulièrement bien, comme les violettes ou les géraniums à senteur, sont en pleine croissance lors de la livraison. Les vivaces commandées par la poste doivent être plantées immédiatement dans le jardin ou, si le sol est encore gelé, elles doivent être repiquées dans des pots que vous garderez au frais à l'intérieur de la maison. Les plantes ligneuses et les rosiers sont expédiés à racines nues et ne paient pas de mine au moment de la livraison. On les avait conservés dans un entrepôt frigorifique à environ 1 à 2 °C jusqu'à leur expédition avec l'idée que vous les planterez promptement à la livraison. Vous pouvez toutefois les conserver pendant deux ou trois jours dans un garage froid à environ 2 à 4 °C, mais plus tard, il faudra réellement les mettre en terre. Vous pouvez les empoter temporairement dans des pots remplis de terreau. En attendant de pouvoir les planter, exposez-les au soleil le jour, mais rentrez-les dans le garage pendant la nuit où elles tiendront compagnie aux vivaces empotées qui attendent, elles aussi, un logement dans la plate-bande.

COMMENCEZ TÔT

N'ATTENDEZ pas une belle journée chaude pour visiter la jardinerie, car tous les autres jardiniers de la ville auront eu exactement la même idée. Les jardineries commencent déjà à étaler leur marchandise à la fin de l'hiver et apprécient les clients hâtifs. Circuler seul et sans pression dans l'allée d'une pépinière est un plaisir rare. Vous pouvez même apporter l'un de vos livres de jardinage préféré pour trouver des renseignements sur place.

Choisir des végétaux

Quand vous allez dans une pépinière, munissez-vous toujours de minces gants en coton… et portez-les. C'est que vous y trouverez tant de végétaux tassés les uns sur les autres qu'il y a danger que cette promiscuité permette à beaucoup de parasites de proliférer ; ainsi beaucoup de pépinières les vaporisent de produits chimiques pour empêcher qu'ils n'en souffrent. Certains grossistes fournissant les jardineries vaporisent même toutes leurs plantes avant de les expédier. Vous ne saurez cependant pas si les plantes ont été traitées ou non, d'où le besoin de gants si vous devez les manipuler. Si vous n'avez pas de gants, évitez de porter les mains à votre visage et lavez-les bien en arrivant à la maison.

L'hygiène est une préoccupation importante pour les pépinières, c'est le signe qu'on donne des soins aux plantes pour prévenir les problèmes et qu'on a recours à de bonne pratiques de culture. L'extérieur des pots de vivaces devrait être relativement propre, les pots ne devraient pas être placés dans un plateau boueux et l'intérieur devrait être libre de mauvaises herbes. S'il y a assez de personnel pour arroser les plantes régulièrement, vous ne devriez pas voir non plus des pots où le terreau est complètement sec. Si une plante s'assèche et se fane régulièrement, sa croissance ralentira et elle pourra devenir la cible d'insectes et de maladies. Le feuillage de la plante devrait être également vert, sans taches ni marbrures jaunes, et les feuilles devraient être bien turgescentes, car des feuilles bien fermes indiquent que le système racinaire achemine efficacement l'eau jusqu'aux tiges. Vous pouvez vérifier la turgescence d'une plante en pressant doucement une feuille : elle devrait reprendre sa forme immédiatement ; si sa surface demeure enfoncée, il y a quelque chose qui ne va pas dans le pot.

DES HISTOIRES À RACONTER

Si vous êtes bien observateur, les plantes ligneuses peuvent vous raconter leur histoire. Leur écorce relate toutes les étapes de la taille : vous pouvez noter des marques indiquant où des branches ont été supprimées. S'il reste quelques vieilles capsules de graines sur les rameaux ou sur le sol, vous saurez que la plante est assez mature puisqu'elle a déjà fleuri. C'est peut-être un indice important dans le choix d'une glycine, par exemple, car cette plante ne fleurit pas lorsqu'elle est jeune.

La charpente ligneuse vous indiquera le devant et l'arrière de la plante. L'arrière, c'est le côté qui était à l'ombre dans la pépinière et qui se présente aplati ; les branches de devant auront reçu plus de lumière et apparaissent plus denses. Cette observation vous indique comment vous devrez la planter dans son trou de plantation, soit le devant vers l'extérieur.

Les cicatrices de taille qui ont bien guéri ne posent pas de problèmes, mais recherchez des blessures irrégulières sur le bois du plant, surtout dans le cas des arbres. Ces sections lacérées, résultant de dommages accidentels, sont lentes à guérir et risquent de paver la voie à des parasites qui infesteront le bois à l'intérieur du tronc. Certaines pépinières emballent les troncs avec du papier cartonné pour prévenir justement ces dommages.

Quand vous achetez un arbre ou un arbuste, recherchez une disposition équilibrée des branches principales. Il n'est pas rare de trouver un tout petit nombre de rameaux endommagés : vous n'aurez qu'à les supprimer par la taille. Si la plante est encore en dormance, assurez-vous que les bourgeons sont quelque peu luisants et qu'ils commencent à enfler, ce qui indique que les branches sont en vie. Ne grattez pas l'écorce pour voir s'il y a du bois vert en dessous, car la plante ne vous appartient pas encore. Jetez un coup d'œil sur le tronc principal, notamment à l'endroit où il touche le sol, afin de vous assurer qu'il n'y a pas de fissures ou de fentes ouvertes où la pourriture pourrait se développer. Évitez aussi les plantes dont les racines encerclent le tronc au niveau du sol, car c'est une condition qui réduira la durée de vie de la plante.

Si vous apercevez des insectes sur les végétaux, au moins vous saurez que les plantes n'ont pas été vaporisées récemment et que vous pouvez les toucher en toute sécurité. En général vous ne verrez que des insectes suceurs comme les cercopes et les pucerons, qui seront faciles à supprimer au moyen d'un jet d'eau une fois de retour à la maison. (Une autre méthode efficace pour contrôler quelques insectes consiste à les enlever à la main. Il existe même des gants conçus pour saisir les insectes si l'opération vous répugne.) Si l'envers des feuilles affiche une collection de petites mouches blanches, il faut éviter d'acheter la plante. Les mouches blanches (aleurodes) sont difficiles à contrôler et se multiplient très rapidement. Inutile de dire que les plantes aux feuilles pourries ou tachetées sont malades et ne devraient même pas être en vente.

Les vivaces augmentent de taille à la mi-printemps en prenant de l'expansion au niveau de la couronne et en produisant plus de tiges, mais il faut qu'elles aient été dépotées et placées en pleine terre pour parvenir à cette étape. Si vous pouvez les planter tôt, elles auront une bonne croissance durant leur première année en plate-bande. Il est peu probable que les petites vivaces vendues en pots de 10 cm produisent plus qu'une ou deux fleurs la première année, mais au moins leur couronne augmentera de diamètre, ce qui leur permettra de bien fleurir l'année suivante. Si vous tenez à des vivaces qui fleurissent abondamment la première année, vous pouvez les acheter en pots de 4 litres. Le nombre de pointes de croissance apparaissant à partir de la couronne est une bonne indication du nombre de fleurs que les plantes pourront produire la première année. Les plantes aux pointes de croissance multiples sont une bonne aubaine et peuvent déjà être divisées à la fin de leur première saison si vous désirez convertir le gros plant en plusieurs plants plus petits.

Comme la taille et le prix des plantes sont sensiblement les mêmes d'une pépinière à l'autre, il serait inutile de courir les aubaines. Des prix réduits au printemps ou en été indiquent généralement que quelque chose ne va pas bien dans la pépinière. Par contre, vous pourrez trouver des rabais intéressants à l'automne, notamment en octobre, quand les jardineries tentent d'écouler autant de stock que possible afin de réduire le coût de l'entreposage hivernal. Si vous cherchez des végétaux à l'automne, sachez que le choix est plus limité et que les plantes ont passé un été long et chaud en pot. Vous pouvez néanmoins faire de bons achats. Vous devriez pouvoir évaluer, à l'état du feuillage, si le système racinaire est en bon état. Les arbres et les arbustes sont toujours plus chers que les vivaces en toute saison ; si leur motte de racines est si grosse qu'on ne les vend pas en pot, mais dans un panier de fil métallique, attendez-vous à payer plus cher. Une grosse motte de racines et un tronc épais sont des indications d'une bonne maturité et du nombre d'années que l'arbre a été en culture avant sa mise en vente. Le prix des arbres, d'ailleurs, est fixé en fonction du calibre du tronc et non pas de la hauteur. Un arbre produit une nouvelle couche d'écorce tous les ans ; ainsi le calibre est une mesure efficace de son âge et de sa maturité. La croissance verticale, par contre, peut être irrégulière : elle ralentira ou accélèrera à différentes étapes du développement tout en étant affectée par les pratiques culturales. Si un arbre est cultivé dans un sol qui manque d'oxygène, d'humidité et de fertilité, sa croissance verticale ralentira. Si vous voulez que vos arbres poussent rapidement, soyez toujours gentils avec eux dans tous les sens possibles.

LISEZ TOUS LES DÉTAILS

LES jardiniers amateurs présument souvent que toutes les plantes qu'ils achètent en pépinière sont sous garantie. Ils ont raison, mais il est important de savoir exactement ce que cette garantie comprend et combien de temps elle dure.

En général, les pépinières vendent surtout des végétaux qui sont assez rustiques pour survivre à l'hiver dans leur région. Ils sont alors prêts à garantir que la plante ne mourra pas de froid durant le premier hiver. Par contre, les plantes qui ne sont pas rustiques, ou rustiques seulement avec une protection hivernale, comme les annuelles et les rosiers hybrides de taille, ne sont pas garanties au-delà du premier été. La garantie ne couvre pas les dommages causés par les insectes et les maladies, les effets de la sécheresse ou des mauvaises techniques de plantation, la brûlure due à un excès d'engrais ou tout autre mauvais traitement.

Les jardineries importantes dépendent de votre clientèle et sont souvent prêtes à accepter, sans poser de questions, la carcasse de toute plante morte que vous rapporterez au printemps. Mais les pépinières plus petites peuvent vous poser bien des questions sur les soins que vous avez prodigués aux plantes. Évitez de vous créer une mauvaise réputation et de voir votre photo affichée dans toutes les pépinières comme jardinier abusif en vous assurant que vous donnez les meilleurs soins possible à vos plantes.

L'achat de plantes par la poste

On peut trouver beaucoup de plantes merveilleuses dans les jardineries locales. Mais une fois que vous avez eu la piqûre du jardinage, vous voudrez probablement chercher de plus en plus loin de nouvelles plantes que vous avez vues dans une revue ou un livre, ou encore, en voyage. Cette quête ouvre directement la porte aux pépinières qui distribuent des catalogues de commande postale. Il existe des centaines de catalogues pour les jardiniers et plusieurs se spécialisent dans un seul domaine. Certains proviennent de pépinières spécialisées dans des plantes comme les hostas, les magnolias ou les rosiers antiques, tandis que d'autres se limitent aux plantes pour une région ou une condition particulière, comme les plantes pour prairie sèche ou pour ombre humide. Quels que soient vos goûts et vos conditions de culture, vous trouverez sans doute un pépiniériste prêt à satisfaire vos besoins. Commencez en recherchant les catalogues annoncés dans les annonces classées de votre revue de jardinage préférée. Vous trouverez aussi beaucoup de catalogues de grand intérêt sur Internet, notamment via Cyndi's Catalog of Garden Catalogs (www.qnet.com/~johnsonj/), qui répertorie 2000 pépinières offrant des plantes par la poste ; la liste est mise à jour fréquemment. Le site est organisé selon les types de plantes (vivaces, arbustes, arbres, plantes aquatiques,

etc.) et offre aussi des liens vers les sociétés d'horticulture spécialisées.

Choisissez de préférence une pépinière située dans votre zone climatique. Les plantes cultivées dans des conditions de culture similaires à celles qui prévalent dans votre région en été et en hiver seront les plus fiables. Si vous avez des questions à propos de la capacité d'une plante à s'adapter à votre climat local, n'hésitez pas à contacter la pépinière. Pensez-y : les marchands veulent que les plantes réussissent chez vous, car ils comptent sur des clients satisfaits qui non seulement reviendront encore et encore, mais recommanderont leur catalogue à leurs amis qui jardinent.

Passez votre commande bien avant les dates de livraison prévues, qui sont toujours mentionnées dans le catalogue. Les pépinières doivent préparer leur saison d'expédition des mois à l'avance et certaines plantes peuvent être déjà en rupture de stock avant même que l'expédition commence. Les pépinières se spécialisant dans la vente par la poste livrent généralement des plantes saines en bonne condition. C'est pourquoi, elles ne font des livraisons qu'à des moments déterminés (habituellement la fin de l'automne et le tout début du printemps), quand les plantes sont dormantes et moins vulnérables au transport. Plusieurs pépinières font correspondre leurs livraisons à la saison de plantation printanière dans chaque région.

La plupart des plantes vous seront livrées en état de dormance, à racines nues et dans un emballage spécifique qui maintient une bonne humidité. Si vous notez des boutons qui gonflent sur les tiges des plantes ligneuses, c'est qu'elles sont semi-dormantes et qu'elles seront bientôt dans un état de croissance active. Ouvrez la boîte pour prévenir l'accumulation excessive d'humidité et le développement de champignons, et placez-la dans un lieu frais mais sans risque de gel.

Il est important de planter vos nouvelles plantes dans leur emplacement permanent en pleine terre dès que possible. Elles peuvent attendre dans leur emballage une journée ou deux, mais après, il faut les planter. Si des gels tardifs retardent la plantation en pleine terre, vous pouvez planter les vivaces herbacées dans des pots avec un terreau d'empotage et les placer dans une fenêtre ensoleillée. Si les températures diurnes demeurent au-dessus du point de congélation, sortez-les au soleil le jour et rentrez-les dans un garage froid la nuit jusqu'au moment opportun pour les planter dans le jardin. Si les bourgeons des plantes ligneuses commencent à se développer ou à s'ouvrir, vous pouvez les conserver encore 48 heures dans un seau d'eau, mais après, il faut absolument les planter en pleine terre. Dans tous les cas, il faut essayer d'abréger le plus possible ces conditions temporaires.

Choisissez des plantes correspondant à votre zone de rusticité

Le système des zones de rusticité est basé sur le principe que toute plante ne peut survivre en dessous d'une certaine température minimale. Pour vous assurer qu'une plante survivra à l'hiver dans votre région, il est donc essentiel de connaître la température minimale dans votre région au cours de l'hiver le plus froid ou, du moins, la zone correspondante. Ainsi vous pourrez choisir des plantes correspondant à une zone de rusticité au moins identique à la vôtre ou, de préférence, encore plus rustique. Par exemple, si la température de votre jardin descend parfois à –29 °C, vous

êtes dans la zone 5. Si vous essayez de cultiver dans votre jardin des plantes qui sont rustiques uniquement en zone 6 (- 23 °C), tôt ou tard elles subiront des dommages causés par le gel. Par contre, les plantes des zones 1, 2, 3 et 4, qui tolèrent un froid encore plus grand que la température la plus basse dans votre région, feront d'excellents choix pour vos conditions, pouvant même résister à ces hivers exceptionnellement froids qui ne surviennent qu'aux 100 ans.

Il existe plus d'une carte de zones de rusticité pour l'Amérique du Nord, mais la plus utilisée au Canada est celle

qui a été conçue par Agriculture Canada en 1967 et qui est reproduite ici. Il suffit de repérer votre zone sur la carte, puis de vérifier, à l'aide du numéro de la zone si les plantes que vous convoitez peuvent y survivre. Vous n'achèterez ainsi que des végétaux de votre zone ou d'une zone d'un nombre inférieur. Au Canada, les plantes d'aménagement paysager portent presque toujours une étiquette qui indique la zone la plus froide qu'elles peuvent tolérer. Évitez d'acheter des plantes dont la zone de rusticité est inconnue.

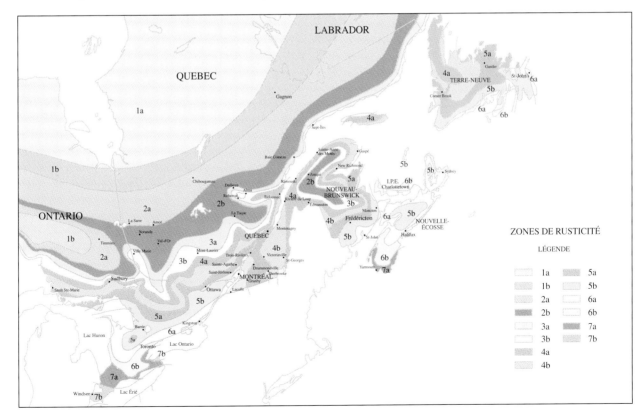

Transporter les plantes

Une session d'emplettes plus qu'enthousiaste dans une pépinière peut se conclure par quelques moments de panique dans l'aire de stationnement. Comment insérer trois paniers de végétaux dans une auto compacte ? Ce n'est pas un casse-tête facile à résoudre, mais au moins vous pouvez essayer. D'ailleurs, il vaut toujours mieux faire ses courses horticoles en solitaire, car les humains prennent beaucoup d'espace dans l'auto. Si vous achetez des plantes hautes, il est utile d'avoir un siège arrière qui se replie. La plupart des pépinières offrent des feuilles de plastique pour protéger le revêtement intérieur de l'auto, mais vous devriez quand même avoir dans votre coffre une petite toile de plastique, de gros sacs poubelle ou de vieilles couvertures, ainsi que de la corde et des ciseaux.

La plupart des jardineries se feront un plaisir de vous livrer vos achats, mais elles demandent habituellement des frais supplémentaires importants. S'il est disponible, le personnel peut vous aider à insérer quelques plantes lourdes dans votre coffre, mais vous devrez avoir de l'aide pour les en sortir à la maison. Le personnel ne vous sera pas très utile si vous devez emballer la petite forêt que vous venez d'acheter et qui requiert certaines précautions. Si vous prévoyez faire le transport vous-même, commencez par les plantes les plus grosses et les plus lourdes. Ficelez les branches des arbustes pour les comprimer légèrement, ce qui en réduira les dimensions, mais prenez garde de briser les rameaux. Tout espace dans l'auto peut être utile pour le transport des plantes sauf le siège du conducteur ; ouvrez donc le coffre et toutes les portes. Insérez les arbustes et les arbres tête première, avec l'extrémité en pot, soit la plus lourde, vers l'ouverture du coffre ou vers la portière afin qu'ils soient plus faciles à sortir.

Essayez d'aligner les contenants en les serrant les uns contre les autres pour qu'ils se soutiennent et ne bougent pas. Ou encore placez des sacs de fumier ou de paillis entre ou sur les contenants les plus pesants pour les consolider. Il peut être nécessaire de placer les plantes très hautes en diagonale ou même couchées pleine longueur sur le siège arrière. Vous pouvez laisser les branches de différents arbustes s'entremêler en autant que leurs pots sont bien stationnaires. Et si les rameaux du sommet de la plante sont raisonnablement pliables, il n'y a pas de danger à les courber pour la durée du transport. Utilisez des pots de vivaces de 4 litres pour remplir les espaces entre les pots plus gros afin d'empêcher ces derniers de rouler.

Si jamais une partie de la plante doit légèrement dépasser les vitres latérales ou le coffre, il est crucial d'emballer ou de recouvrir les parties exposées. Le vent à haute vitesse asséchera rapidement les bourgeons et flétrira les feuilles et les aiguilles. Apportez de vieilles taies d'oreiller et enfilez-les sur les parties exposées. L'espace au plancher entre le dos des sièges avant et le siège arrière est parfait pour les vivaces hautes aux tiges cassantes, car elles se trouveront coincées et incapables de bouger. S'il y a un passager sur le siège avant, il peut placer un arbuste entre ses jambes et tenir un plateau d'annuelles ou de petites vivaces sur ses genoux. Resserrez les couvercles des bouteilles d'engrais liquide et glissez-les, avec les livres et les outils à main, sous les sièges avant. Vous voilà maintenant prêt à prendre la route. Apprenez à oublier les regards désapprobateurs… et tournez toujours les coins doucement !

L'entreposage temporaire

Pour obtenir la meilleure sélection de végétaux, il faut nécessairement faire ses courses tôt dans la saison. Il est donc possible que vous achetiez des plantes bien avant que le lieu de plantation soit prêt à les recevoir. Heureusement, les végétaux peuvent rester plusieurs semaines dans leur pot d'origine si vous les entretenez avec soin. Rappelez-vous que le personnel de la jardinerie leur prodiguait des soins quotidiens… Il vous faudra continuer dans la même veine. Il importe de placer les végétaux dans un emplacement ombragé protégé du vent. Même par temps frais, le soleil direct peut provoquer un stress important chez les plantes et faire cesser leur croissance. Les pots en plastique noir se réchauffent rapidement, faisant cuire les racines des végétaux et empêchant l'adduction de l'eau aux tiges et aux feuilles. S'il y a le moindre risque de gel nocturne, il faut entreposer les plantes dans un garage non chauffé ou, si c'est impossible, les recouvrir avec soin d'une vieille couverture que vous enlèverez le lendemain matin. Il faut cependant mettre temporairement en jauge les grosses plantes emmottées (aux racines emballées de jute), tel qu'expliqué dans l'encadré.

En tant que jardinier, votre rôle est d'assurer que le sol dans les pots de-meure humide en tout temps. Soupesez-les en cas de doute : un pot au terreau humide est pesant. Les vivaces cultivées dans un terreau léger à base de tourbe s'assèchent rapidement et il peut être difficile de les réhumidifier, car la tourbe desséchée devient hydrofuge. Arrosez-les avec de l'eau chaude (mais pas brûlante) du robinet pour réactiver le pouvoir d'absorption de la tourbe. Si vous trouvez une plante dont la terre est très desséchée, peu importe la taille de son pot, placez-la sans tarder dans un seau d'eau chaude pendant une heure et vous verrez qu'elle s'abreuvera rapidement.

Les plantes couvre-sol tolèrent moins bien l'entreposage temporaire en attendant leur plantation permanente en pleine terre. C'est dans leur nature de croître à l'horizontale et leur système racinaire commence à prendre de l'expansion très tôt au printemps. Ensuite, les racines dépérissent rapidement lorsqu'elles pressent contre les parois de leur pot, frustrées de ne pouvoir entreprendre leur expansion normale. Si vous devez entreposer des couvre-sols pendant plus de deux semaines, il est probablement sage de les transplanter dans des pots plus gros ou même de les repiquer en pleine terre dans un emplacement temporaire jusqu'à ce que leur nouvelle plate-bande soit prête.

LA MISE EN JAUGE

S'IL faut entreposer une plante pendant quelque temps avant de la placer en pleine terre, vous devez la mettre en jauge en quelque endroit. Il s'agit de creuser une fosse peu profonde dans un emplacement ombragé, d'enlever le pot s'il y en a un (il n'est pas nécessaire d'enlever le jute des arbustes emmottés) et d'y déposer la motte de racines. Recouvrez la partie exposée avec de l'écorce déchiquetée (en sac) et maintenez la plante humide. Si vous n'avez pas d'espace pour la mise en jauge, vous pouvez placer la motte de racines et l'écorce déchiquetée dans un grand sac poubelle en plastique que vous poserez dans un coin ombragé. Percez des trous de drainage dans le fond du sac et maintenez la motte de racines humide mais non détrempée.

À droite : Les plantes poussent rarement avec vigueur dans un pot, mais les grimpantes à tiges volubiles font exception à la règle. Ces dernières, comme les clématites, les chèvrefeuilles grimpants et la vigne vierge, peuvent monter en flèche du jour au lendemain, poussant de 10 cm ou plus par jour. Leurs tiges tendres ballotteront donc au vent et commenceront éventuellement à s'entortiller, chacune s'appuyant sur sa voisine, ce qui crée un fouillis impossible à démêler. Vous avez alors deux options : soit vous pincez la nouvelle croissance (il faut alors attendre patiemment que la plante refasse de nouvelles tiges une fois qu'elle est en pleine terre), soit vous installez un treillis temporaire pour maintenir les tiges séparées et intactes. Le treillis le plus commode pour des grimpantes en pot se compose de deux tuteurs insérés de chaque côté du pot et d'un morceau de grillage métallique étendu entre chaque tuteur. Une fois que la plante est en pleine terre, fournissez-lui un treillis permanent.

LES DIX MEILLEURES VIVACES POUR AVRIL ET MAI

ANCOLIE *Aquilegia* spp. H 25-90 cm L 20-40 cm Zone 3 Un délicat joyau du sous-bois aux fleurs éperonnées portées sur des tiges rigides et aux feuilles bleu-vert. Fleurit à la fin du printemps et au début de l'été. Offerte en formes doubles et simples, souvent bicolores. Sol organique et humide au soleil ou à la mi-ombre.

CORBEILLE D'OR *Aurinia saxatilis* (syn. Alyssum saxatile) H 30 cm L 40 cm Zone 3 Cette plante forme un monticule bas qui convient parfaitement à la rocaille, aux terrasses fleuries ou au sommet des murets d'où elle peut retomber en cascade. Pour les emplacements sablonneux ou bien drainés, au soleil ou à l'ombre partielle.

Ce sont les touffes de vivaces vert tendre qui réaniment l'aménagement au début ou au milieu du printemps. Ces plantes herbacées aux tiges annuelles se marient parfaitement aux arbustes à tiges ligneuses permanentes, qu'elles soient placées au pied d'une haie ou dans une plantation de fondation. Elles devraient idéalement avoir une longue saison de floraison, des tiges qui ne demandent aucun tuteurage et une bonne résistance aux insectes et aux maladies.

Si possible, ne lésinez pas sur la quantité de vivaces à floraison printanière que vous planterez dans votre aménagement. Les masses de couleurs ravivent l'âme du jardinier après un long hiver. Beaucoup de vivaces à floraison printanière ont un port bas abondamment feuillu qui continue d'être attrayant durant tout l'été, longtemps après que les fleurs ont fané. Si les feuilles des géraniums commencent à paraître un peu fatiguées à la mi-été, il suffit de les couper au sol, ce qui favorisera une nouvelle poussée de feuilles qui dureront jusqu'aux gels. Le feuillage des ancolies et des œillets restera attrayant jusqu'au premières neiges.

LOBÉLIE VIVACE *Lobelia siphilitica, L. cardinalis* et autres H 90 cm L 30 cm Zone 3-4 Hauts épis de fleurs rappelant vaguement des mufliers. Gamme de couleurs étincelantes dont le rouge, le bleu, le blanc et le pourpre. Sol humide au soleil ou à la mi-ombre.

MERTENSIA DE VIRGINIE *Mertensia pulmonarioides (syn. M. virginica)* H 40-60 cm L 30 cm Zone 2 Ses bouquets de fleurs bleues retombantes sont charmants quand ils se marient avec des narcisses et des tulipes botaniques ou naturalisés dans un sous-bois. Se répand lentement dans les sols humides et riches en humus. Soleil partiel à ombre légère.

GÉRANIUM VIVACE *Geranium* spp. H 15-120 cm L 15-90 cm Zone 3-5 Bien qu'ils ne soient pas d'usage courant dans les plates-bandes printanières, il existe de nombreux géraniums vivaces à floraison printanière qui font d'excellents couvre-sol dans diverses conditions, de l'ombre sèche au soleil. Touffes de feuilles joliment découpées, coiffées de fleurs blanches ou de plusieurs teintes de rose, de violet, de bleu ou de pourpre.

OEILLETS *Dianthus* spp. H 15-45 cm L 15-45 cm Zone 3-4 Nombreuses espèces. Les touffes de feuilles graminiformes bleu-vert portent des fleurs doubles ou simples sur des tiges érigées. Fleurs parfumées aux pétales entaillés ou frangés dans diverses teintes de rose, écarlate, blanc et pourpre, souvent avec un œil plus foncé. Sol bien drainé ou sablonneux, plein soleil.

DORONIC *Doronicum cordatum* H 30-60 cm L 40 cm Zone 3 Cette plante produit, sur de hautes tiges, des marguerites hâtives de couleur jaune intense au cœur orange. Feuilles cordiformes vert foncé. Elle réussit à la mi-ombre ou à l'ombre légère, mais ne tolère pas l'ombre profonde.

PHLOX MOUSSE *Phlox subulata* H 15 cm L 45 cm Zone 3 Plante rampante formant un tapis recouvert de fleurs simples étoilées dans des teintes brillantes de rose, de cerise, de bleu ou de blanc, souvent avec un œil contrastant. Excellent couvre-sol pour la rocaille. Retombera joliment d'un mur de soutènement. Soleil ou mi-ombre.

SCEAU-DE-SALOMON GÉANT *Polygonatum commutatum* H 120 cm L 30 cm Zone 3 De hautes tiges arquées portant des feuilles disposées en étages, le tout créant un très joli effet. Clochettes blanches retombantes au printemps. Superbe durant la floraison, mais aussi une excellente plante structurante durant tout l'été. Préfère un sol riche et humide et la mi-ombre.

PRIMEVÈRE *Primula vulgaris* et autres H 20 cm L 20 cm Zone 3-4 Les primevères aux fleurs simples et dressées se marient magnifiquement avec les hellébores (Helleborus niger et H. orientalis) et les petits bulbes à floraison printanière comme la scille de Sibérie (Scilla sibirica) à fleurs bleues et le chionodoxa (Chionodoxa) à fleurs bleu et blanc. Soleil partiel à ombre légère.

LES DIX MEILLEURES VIVACES POUR JUIN ET JUILLET

ACHILLÉE *Achillea* spp. H 45-120 cm L 30-50 cm Zone 2 Il y a beaucoup d'espèces et de variétés d'achillées, la plupart des plantes de plein soleil aux ombelles aplaties de fleurs roses, jaunes, rouille, rouges et blanches. Supprimez régulièrement les fleurs fanées pour obtenir une floraison prolongée. Elles font d'excellentes fleurs coupées et les fleurs séchées sont attrayantes en hiver. Les achillées tolèrent les sols lourds et le soleil brûlant.

GRANDE MARGUERITE *Leucanthemum x superbum (syn. Chrysanthemum x superbum)* H 30-90 cm L 30-50 cm Zone 3-4 C'est la marguerite classique, blanche au cœur jaune. Il en existe de nombreux hybrides, dont le plus connu est 'Alaska', aux fleurs de 5 cm de diamètre sur des tiges de 60 cm. 'Aglaia' offre des fleurs doubles frangées et 'Little Miss Muffet' porte des fleurs semi-doubles sur des tiges plus courtes (35 cm). 'Majestic' offre les plus grosses fleurs : 15 cm de diamètre.

Plus de la moitié de toutes les plantes vivaces fleurissent en juin et en juillet. C'est donc une période particulièrement colorée dans le jardin. Des vivaces résistantes aux insectes et aux maladies et à floraison prolongée sont des atouts importants pour tout aménagement. On peut prolonger la période de floraison des vivaces jusqu'à deux semaines si on supprime les fleurs fanées au moment où leur floraison cesse. Si on laisse les fleurs fanées sur la plante, elles commenceront bientôt à produire des semences et bientôt la production de fleurs cessera. Supprimer les fleurs sans tarder frustre leurs efforts de production des semences et provoque une autre poussée de fleurs. C'est à l'automne que l'on divise habituellement les vivaces qui fleurissent au début de l'été.

Toutes les vivaces profiteront d'un arrosage régulier, mais celles qui sont décrites ici peuvent néanmoins tolérer un peu de sécheresse. Le coréopsis, le pigamon et la gaillarde peuvent d'ailleurs réussir dans les emplacements chauds et secs si elles peuvent profiter d'un peu d'irrigation. Pour les coins humides et mi-ombragés, la julienne des dames et la digitale sont de bons choix.

GAILLARDE *Gaillardia x grandiflora* H 60-90 cm L 40-50 cm Zone 3 Ces fleurs gaies en forme de marguerite sont de couleur orange foncé ou marron, le plus souvent entourées de jaune. C'est une plante très vigoureuse qui tolère presque tout : la sécheresse, la canicule, le froid sibérien, le vent et les sols pauvres. Utilisez les couleurs riches de la gaillarde pour ajouter une note sombre bien marquée à la plate-bande de vivaces qui soulignera le blanc, le bleu, le pourpre et le jaune pâle des autres fleurs. Plein soleil.

HÉMÉROCALLE *Hemerocallis* spp. H 25-100 cm L 30-90 cm Zone 3 Il existe une vaste gamme de cultivars d'hémérocalles dans des teintes d'écarlate, d'abricot, de jaune, de pêche et de violet, et plusieurs sont parfumées ou présentent des pétales tachetés ou aux marges ondulées. Les fleurs peuvent être larges ou étroites, remontantes ou à floraison unique. Les feuilles lancéolées forment des touffes denses et attrayantes. 'Hyperion' est une hémérocalle jaune pâle parfumée qui devrait faire partie de toute collection. Soleil à ombre partielle.

CORÉOPSIS *Coreopsis* spp. H 30-60 cm L 30-45 cm Zone 3 Le coréopsis est la vivace la plus facile à cultiver et elle offre l'une des floraisons les plus durables. Ses fleurs en forme de marguerite sont posées sur des tiges vigoureuses et raides. La plupart sont à fleurs jaunes, sauf *C. rosea,* à fleurs roses. Le coréopsis à feuillage verticillé (*C. verticillata*) offre un feuillage plumeux et des fleurs superbes : 'Golden Showers' est jaune doré tandis que 'Moonlight' est jaune très pâle.

CŒUR SAIGNANT NAIN *Dicentra eximia* H 30-45 cm L 20-60 cm Zone 3 Une vivace très populaire qui porte sur des tiges arquées d'élégantes fleurs roses en forme de pendentifs cordiformes. Feuillage bleuvert finement découpé. Le cœur saignant nain fleurit de juin à août, soit plus longtemps que son cousin à floraison printanière. Préfère un sol bien drainé et riche en humus. Soleil partiel à ombre légère.

DIGITALE *Digitalis* spp. H 60-150 cm L 30 cm Zone 4 Les fleurs tubulaires à gorge tachetée dans les teintes de rose, pourpre et blanc s'alignent le long de hauts épis portés au-dessus d'une rosette basale de feuilles simples vert foncé. Nécessite un peu de protection contre le vent et un sol humide et riche en humus. La digitale produit parfois des épis secondaires. Se ressème, sans être envahissante. Peut être vivace ou bisannuelle, selon les conditions de culture. Soleil ou ombre partielle.

JULIENNE DES DAMES *Hesperis matronalis* H 90 cm L 30 cm Zone 3 Parmi mes vivaces préférées, cette belle d'autrefois ressemble au phlox des jardins, qui fleurit cependant au début de l'été. La julienne produit sur une longue période des bouquets de fleurs blanches ou mauves très parfumées la nuit. Les plantes individuelles vivent peu longtemps, mais se ressèment. Excellente pour les jardins de sous-bois et les aménagements de style décontracté, au plein soleil ou à l'ombre partielle.

PAVOT D'ORIENT *Papaver orientale* H 60-120 cm L 45-60 cm Zone 2 Ce pavot présente une fleur spectaculaire : une énorme inflorescence de 10 cm de diamètre aux pétales papyracés et crispés et au centre noir contrastant. Offert en plusieurs teintes pastel en plus du rouge flamboyant classique. Exige un hiver froid pour bien réussir. Supprimez les fleurs fanées sans tarder pour obtenir plus de fleurs et pour retarder la montée en graines. Plein soleil.

PIGAMON *Thalictrum* spp. H 60-150 cm L 30-60 cm Zone 4 Il existe plusieurs espèces de cette vivace autrefois très populaire, une autre de mes préférées. Le pigamon produit des épis élégants de minuscules fleurs crème, mauve et pourpre qui pendent de hautes tiges minces et des feuilles bleu-vert finement divisées. Plein soleil ou mi-ombre. Préfère un peu d'ombre ou un ensoleillement filtré dans les climats chauds.

LES DIX MEILLEURES VIVACES POUR AOÛT ET SEPTEMBRE

ASTER DE LA NOUVELLE-ANGLETERRE *Aster novi-angliae* H 30-90 cm L 40-75 cm Zone 4 Les asters ressemblent à des petites marguerites frangées de couleur rose, violette, bleue ou pourpre sur des tiges fortes et très ramifiées. La croissance en dôme des variétés naines les rend particulièrement utiles en rocaille. Préfère un sol frais et humide au plein soleil.

GALANE *Chelone obliqua* H 60-90 cm L 45 cm Zone 3 Cette plante pousse en touffe et convient aux plates-bandes humides. Ses fleurs voyantes rose foncé à capuchon apparaissent à la fin de l'été. Elle est indigène dans l'est de l'Amérique du Nord et demande un sol riche et humide au soleil ou à l'ombre partielle.

Les dernières semaines de l'été et du début de l'automne offrent d'excellentes occasions pour admirer les vivaces. Avec le retour de températures plus fraîches et d'une pluviosité accrue, le partenariat entre les plantes ligneuses et les vivaces herbacées se trouve renouvelé, étirant la saison de floraison le plus longtemps possible.

La physostégie et la rudbeckie seront encore en fleurs pendant les premières semaines de septembre alors que l'aster de la Nouvelle-Angleterre et le sédum restent colorés jusqu'au premier gel sévère.

Quand les feuilles des vivaces commencent à brunir, elles ne produisent plus d'énergie pour la plante et l'on peut les couper au sol, ne laissant qu'une longueur de 5 cm. Dans les régions aux hivers froids, cependant, les feuilles recroquevillées et brunes et les tiges encore dressées aident à attraper la neige et ainsi à protéger les plantes du froid hivernal : il vaut alors mieux ne pas les tailler avant le printemps. Évitez de tailler au sol les dernières vivaces qui fleurissent à l'automne, car leurs tiges se dresseront au-dessus de la neige et constitueront un intérêt visuel durant l'hiver. L'automne est une excellente période pour diviser les touffes trop grosses, mais vous pouvez aussi attendre au printemps.

PHLOX DES JARDINS *Phlox paniculata* H 60-120 cm L 50 cm Zone 3 Produit de petites fleurs parfumées dans des teintes claires de rose, rouge, lavande, cerise ou blanc. Ne choisissez que des cultivars résistants au mildiou (blanc). Paillez bien et conservez humide. Plein soleil.

PHYSOSTÉGIE *Physostegia virginiana* H 90 cm L 40 cm Zone 3 Les fleurs individuelles, roses ou blanches, ressemblent un peu à la gueule-de-loup et sont tassées ensemble sur un mince épi très dressé. Excellent choix pour une plate-bande de grandes vivaces assorties. Les plantes très hautes peuvent demander un tuteur. Plein soleil à ombre légère.

CIMICIFUGE *Cimicifuga* spp. H 90-240 cm L 90-150 cm Zone 3-4 Il existe plusieurs espèces de cimicifuges, toutes de jolies plantes aux hauts épis gracieux composés de minuscules fleurs blanches (rarement rose pâle) d'allure plumeuse. Excellente pour l'orée d'un sous-bois ou l'arrière-plan d'une plate-bande, dans un sol humide. Plein soleil ou ombre légère. Évitez *C. simplex* 'White Pearl' dans les régions nordiques, car elle ne s'épanouit qu'en novembre et ses fleurs sont souvent détruites par le gel avant de s'ouvrir.

ÉCHINACÉE *Echinacea purpurea* H 60-120 cm L 45 cm Zone 3 Une plante étincelante aux hautes tiges produisant des marguerites rose pourpré au centre foncé durant tout l'été. Laissez les dernières fleurs de l'automne debout : non seulement les capsules piquantes seront-elles ornementales durant l'hiver, mais les graines attireront les oiseaux. Plein soleil ou ombre partielle.

HIBISCUS VIVACE *Hibiscus moscheutos* H 90-120 cm L 80 cm Zone 5 Seul hibiscus qui tolère les hivers froids, cette espèce produit de grosses fleurs de 30 cm sur des tiges semi-ligneuses, semblables à celles d'un arbuste. Dans le sud, il fleurit tout l'été jusqu'aux gels ; dans le nord, il arrive à peine à produire quelques fleurs en septembre avant d'être endommagé par le gel. Rabattez à 5 cm du sol à la fin de l'automne. Fertilisez régulièrement et fournissez une protection contre le vent.

RUDBECKIE *Rudbeckia* spp. H 60-150 cm L 35-75 cm Zone 3-4 Il existe de nombreuses espèces de cette jolie et populaire « marguerite jaune » qui éclaire toujours tout jardin où on la cultive. Les fleurs jaune soleil aux cœurs noirs font d'excellentes fleurs coupées. Sol riche en terreau et humide. Soleil ou ombre partielle.

SÉDUM D'AUTOMNE *Sedum spectabile* H 45-60 cm L 35 cm Zone 3 Forme une touffe de tiges solides portant des feuilles succulentes gris-vert et, à la fin de l'été, des fleurs durables qui attirent les papillons. Excellente plante de rocaille, résistante à la sécheresse. Réussit au soleil ou à l'ombre partielle.

LIS CRAPAUD *Tricyrtis hirta* H 30-90 cm L 60 cm Zone 4-5 Ce nom commun peu prometteur cache cependant une plante très élégante. Ses fleurs cireuses rappellent les orchidées et sont portées sur de minces tiges ramifiées de la fin de l'été à l'automne. Demande un sol humide, riche en humus et chaud, à l'ombre partielle ou légère.

LES DIX MEILLEURES ANNUELLES À FLORAISON ESTIVALE

Il n'est pas surprenant que tant de gens se sentent déconcertés en visitant le rayon des annuelles dans une jardinerie : il y a une si vaste sélection de plantes, des belles d'autrefois que votre grand-mère cultivait aux hybrides les plus récents, que vous aurez peine à faire un choix.

Les annuelles à floraison estivale nécessitent une certaine quantité de lumière selon l'espèce plantée. Elles sont génétiquement programmées pour produire des floraisons massives et presque toute plante annuelle produira une avalanche de fleurs… en autant qu'elle ait trouvé sa place au soleil (ou à l'ombre, selon le cas).

Un arrosage suffisant est aussi un facteur important, car les annuelles produisent beaucoup de fleurs pendant une longue saison durant jusqu'à 20 semaines. Le tissu des pétales demandant plus d'eau que celui des feuilles, il faut les arroser régulièrement en période de canicule si vous voulez que les fleurs ne flétrissent pas et restent en bonne condition.

En plus de leur besoin d'arrosages réguliers et généreux, les annuelles apprécient une fertilisation avec des engrais solubles de type commercial qui comblent leurs exigences extrêmes en aliments nutritifs. Les engrais contenant un fertilisant 10-15-10 aux trois semaines les maintiendront couvertes de fleurs durant toute la saison.

BÉGONIA *Begonia* spp. H 20-60 cm L 20-45 cm Les plus gros bégonias, soit les bégonias tubéreux, poussent à partir d'un tubercule et les plus petits, appelés bégonias des plates-bandes, ont des racines fibreuses. Ces fleurs vivement colorées s'épanouissent tout l'été jusqu'à l'automne dans un sol constamment humide, mais non détrempé. Rappelez-vous de les arroser par temps de canicule. Apportent de la couleur vive sous un soleil partiel et à l'ombre légère.

CLÉOME *Cleome hasslerana* H 150 cm L 45 cm Cette plante caractéristique porte des boules aérées de fleurs pourpres, rose foncé, roses ou blanches sur de hautes tiges arquées de 1,20 m. Elle est utile à l'arrière-scène de la plate-bande ou entre des arbustes de grande taille. Le cléome tolère les sols secs et se ressème aisément. Plein soleil ou ombre partielle.

TABAC D'ORNEMENT *Nicotiana alata et N. sylvestris* H 20 cm-1,80 m L 20-60 cm Fleurs tubulaires très évasées à l'extrémité dans des teintes de rouge, rose, vert lime et blanc. Plantes allant de 20 cm à 180 cm, selon le cultivar. L'espèce *N. alata* (syn. *N. affinis*), de très grande taille, était à l'origine extraordinairement parfumée la nuit, mais la plupart des hybrides nains dégagent peu ou pas de parfum. Donnez au tabac d'ornement une humidité constante et du soleil partiel ou une ombre légère.

COLÉUS *Solenostemon scutellarioides (syn. Coleus blumei)* H 25-60 cm L 20-30 cm Une vaste gamme de feuillages vivement colorés aux motifs souvent insolites dans de nombreuses teintes de rouge, pourpre, rose, jaune et noir. De nouvelles variétés sont introduites régulièrement. Pincez les extrémités au début de l'été pour stimuler la ramification. Pour un attrait au-delà du feuillage, laissez les minces épis floraux se développer. Soleil partiel à ombre légère.

IMPATIENTE DES JARDINS *Impatiens walleriana* H 15-50 cm L 15-30 cm Forme un dôme de végétation coiffé de fleurs simples ou doubles brillamment colorées qui s'épanouissent de la fin du printemps au premier gel. Demande un sol riche en humus et une humidité constante. Ne les laissez pas sécher en période de canicule. Utile sous un soleil partiel et à l'ombre légère.

LAVATÈRE À GRANDES FLEURS *Lavatera trimestris* H 60-150 cm L 45-60 cm D'énormes fleurs rose rosé, cerise ou blanches se fixent sur une plante substantielle en forme de dôme du milieu de l'été jusqu'aux gels. Ne la laissez pas monter en graines : supprimez régulièrement les fleurs fanées pour maintenir une floraison constante.

ALYSSE ODORANTE *Lobularia maritima* H 8-20 cm L 15-25 cm Des masses de fleurs minuscules au parfum de miel s'agglutinent sur de courtes tiges, formant un tapis de fleurs de la fin du printemps jusqu'aux gels. L'alysse odorante est utile et colorée dans la rocaille, en bordure de plates-bandes et en contenant. Elle préfère le plein soleil ou une ombre légère. Rabattez-la sévèrement si elle se dégarnit.

CAPUCINE *Tropaeolum majus* H 20-60 cm L 15 à 45 cm Ces plantes forment un monticule aplati de feuilles caractéristiques presque rondes et de fleurs aux couleurs extrêmement brillantes, soit des teintes presque fluorescentes d'orange, rouge, rose et jaune, parfois avec une macule contrastante. Les feuilles de la capucine ont un goût piquant et peuvent être servies en salade ou dans un sandwich. Bonne fleur coupée. Demande le plein soleil ou au moins un soleil partiel.

SAUGE ÉCARLATE *Salvia splendens* H 30-90 cm L 15-30 cm Un plant robuste et dressé portant des épis terminaux et latéraux de fleurs de diverses teintes de pourpre, rouge et blanc ainsi que, de plus en plus souvent, d'autres couleurs originales. Supprimez régulièrement et sans tarder les fleurs fanées pour stimuler la production continuelle de nouveaux épis. Cette plante adore la chaleur et demande le plein soleil. Par contre, les nouveaux cultivars aux fleurs pastel, comme la série 'Sizzler', demandent un peu de protection du soleil ardent.

ZINNIA *Zinnia angustifolia, Z. elegans et Z. haageana* H 30-150 cm L 25-30 cm Offre une variété d'inflorescences simples, doubles ou à fleurs de cactus sur une abondance de ramifications secondaires. Il existe des zinnias de toutes les couleurs sauf le bleu. Comme pour toutes les annuelles, supprimez les fleurs fanées pour stimuler la production de nouveaux boutons. Les zinnias adorent la chaleur et conviennent parfaitement aux emplacements en plein soleil.

Les outils de jardinage

De bons outils réduisent la fatigue musculaire et aident à exécuter un travail plus rapidement et efficacement. Il est important que l'outil soit de la taille appropriée au travail et qu'il soit en bon état. Tenter de couper une branche ligneuse de 2 cm de diamètre avec un sécateur à main vous donnera probablement mal à la main, brisera sans doute la lame de coupe et provoquera des dommages inutiles à la plante. Par contre, avec un ébrancheur à manche long ou une égoïne à élaguer, vous pourrez couper la branche en quelques secondes sans vous fatiguer le moindrement.

Les pelles coûteuses en acier inoxydable paraissent splendides sur leur support dans le garage, mais il est impossible de les affûter, ce qui limite leur utilité à long terme. Les meilleurs outils de bêchage sont à prix modéré et sont offerts dans les quincailleries et les jardineries. Pelles et bêches devraient être fabriquées d'un métal qui peut être affûté avec une pierre à aiguiser. C'est sur les outils de coupe comme les sécateurs à lame remplaçable, les ébrancheurs (sécateurs à manche long) et les égoïnes à élaguer qu'il vaut davantage la peine d'investir un peu plus. Avec un peu d'entretien, vous pourrez faire durer vos outils de longues années. Par contre, si vous les utilisez incorrectement, notamment pour exécuter des travaux pour lesquels ils n'ont pas été conçus, il est certain que vous les abîmerez en peu de temps. Si vous essayez de couper une branche épaisse avec un petit sécateur plutôt qu'avec un ébrancheur, les lames n'auront pas la capacité de trancher à travers une circonférence aussi large et il est fort possible qu'elles restent coincées. Malheureusement, notre première réaction dans une telle situation consiste à rabattre le sécateur latéralement pour essayer de dégager les lames, mais ce genre d'outil, tout comme les scies, est conçu pour exécuter des mouvements d'aller-retour seulement ; un mouvement latéral peut le briser. La règle est de toujours utiliser l'outil approprié au travail à accomplir.

ENTRETIEN DE VOS OUTILS

NE laissez pas les outils à l'extérieur la nuit où la pluie ou la rosée peuvent les faire rouiller. Utilisez une brosse en acier pour enlever toute terre collée et remisez-les dans un endroit sec. À la fin de la saison du jardinage, nettoyez-les avec soin, récurant toute tache de rouille avec du sable, puis appliquez à la brosse une mince couche d'huile minérale pour protéger les surfaces métalliques.

À gauche : Un râteau à manche long assure une plus longue portée et une meilleure manipulation de la terre. Utilisez aussi une pelle à manche long pour creuser un trou profond : l'effort sera mieux distribué et vous serez moins fatigué.

LES DIX OUTILS LES PLUS UTILES

Il n'est pas nécessaire de déployer une force surhumaine pour accomplir des travaux de jardinage... si vous avez les bons outils. Car ce sont les outils qui font le travail, du moins, si vous avez choisi les bons. Creuser un trou peu profond est facile et rapide à faire à l'aide d'une bêche ou d'une pelle carrée bien aiguisée. Le même travail sera plus difficile avec une pelle ronde, qui est plus large et plus difficile à manœuvrer dans un espace restreint. Par contre, creuser un trou plus large et plus profond demande une pelle ronde à long manche qui peut supporter le poids de la terre et réduire l'effort au niveau du dos. Creuser le même trou avec une bêche exigerait une trop grande mobilisation de votre dos. L'idée d'utiliser des outils appropriés au travail à accomplir s'applique aussi aux petits outils à main. Choisissez toujours des sécateurs, des transplantoirs (truelles) et des scies qui tiennent bien dans votre main. Le meilleur outil pour tout travail est celui qui convient à la taille de votre main, et non pas le plus gros outil disponible.

1. Bêche pour creuser les tranchées délimitant les plates-bandes, pour planter les arbustes et pour diviser de grosses vivaces.

2. Pelle à long manche pour creuser dans un sol dense.

3. Fourche de jardin pour mélanger, aérer et retourner le sol.

4. Râteau de jardin pour étendre de la terre et des matières organiques, et pour niveler les planches et les pelouses.

5. Râteau à feuilles (balai à gazon) pour ramasser les feuilles.

6. Transplantoir à lame large pour planter de petites vivaces et des annuelles.

7. Transplantoir à lame étroite pour planter des bulbes et arracher les mauvaises herbes.

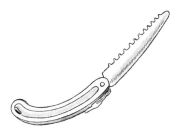

8. Égoïne à élaguer (scie arboricole) pliable pour supprimer les branches de grand diamètre d'arbustes et de rosiers.

9. Sécateur universel pour la taille des branches de petit diamètre des arbustes et des rosiers.

10. Brouette pour transporter de la terre, des roches et des plantes, et pour mélanger les amendements de sols.

PLANTER UNE VIVACE

PLUS QU'UN TROU REMPLI DE BOUE

UN bon trou de plantation est la meilleure assurance vie pour vos plantes. Un trou de plantation doit être conçu pour favoriser ce développement rapide et vigoureux des racines qui est si vital pour préparer une bonne résistance aux froids de l'hiver. Les plantes au système racinaire bien développé ont la capacité de produire des quantités abondantes d'énergie à base d'hydrates de carbone qui servira à former des fibres protectrices contre les gels profonds. Quand le développement des racines est lent et limité, les plantes peuvent souffrir d'une importante mortalité des rameaux durant l'hiver. Si vous avez fait un trou approprié pour votre plante, vous pourrez être raison-nablement certain qu'elle se conservera saine et entière durant les mois d'hiver.

La terre de plantation idéale est un mélange de sol local avec des amendements organiques et du sable grossier. Si votre sol est déjà sablonneux, il vous suffira d'ajouter des matières organiques en abondance. Enlevez la terre du trou et versez-en la moitié dans un seau ; épandez le reste sur une autre partie de la zone de plantation. Dans le seau, ajoutez des quantités assez égales de matières organiques et de sable grossier, assez pour équivaloir au volume du sol prélevé. Vous pouvez aussi ajouter 125 ml de poudre d'os pour stimuler la croissance des racines. Mélangez bien le contenu du seau. Les amendements organiques fourniront des éléments nutritifs aux plantes tandis que le sable, en morcelant la glaise, permettra à l'oxygène de pénétrer dans le trou.

1. Le jour où une plante est mise en pleine terre est le plus important pour sa croissance. La façon dont vous creusez le trou et ce que vous y mettez peuvent déterminer l'avenir de la plante. Si vous avez choisi des végé-taux convenant à votre zone de et à vos conditions de luminosité, et si vous avez amendé le sol correctement, vous voilà prêt à creuser un trou.

Les petites potées de vivaces sont en fait des divisions faites à partir de plantes plus grosses. Ces jeunes plants, vendus en pots de 10 ou de 15 cm, prendront environ trois ans avant de devenir de grosses touffes à leur tour. Vous obtiendrez des résultats plus rapides et plus de fleurs en creusant un trou deux fois plus profond et trois fois plus large que la motte de racines de la plante. Pour une vivace dans un pot de 10 cm, vous devrez donc creuser un trou de 20 cm de profondeur et de 30 cm de largeur. Les potées de vivaces plus grosses peuvent aussi aller dans des trous selon la même proportion : deux fois la profondeur et trois fois la largeur.

2. Supprimez toute tige cassée ou feuille pourrissante. Enlevez la plante de son pot en le renversant et en pressant doucement sur le fond et les côtés du pot jusqu'à ce que la motte glisse dans votre main. Ne tirez pas sur les feuilles ni sur la tige centrale si la plante refuse de bouger. Trempez plutôt la potée dans de l'eau tiède pour l'ameublir un peu. Dégagez doucement la motte de racines pour les libérer.

3. Ajoutez suffisamment de terre amendée dans le trou pour que la nouvelle plante se trouve au niveau du sol, puis placez-y celle-ci et comblez l'espace vide avec le mélange de terre. Tassez la plante doucement, mais sans compacter le sol, ce qui expulserait l'oxygène présent dans le sol autour de la motte de racines.

4. Recouvrez la zone des racines d'un paillis et arrosez généreusement pour bien stabiliser la plante, humidifiant la terre partout dans le trou. Vous pouvez ajouter un engrais transplanteur à l'eau d'arrosage pour promouvoir une croissance rapide des racines. Si la plante fane de façon évidente, offrez-lui un peu d'ombre temporaire pour une journée ou deux en posant une boîte ou un meuble de jardin à proximité pour bloquer le soleil direct.

PLANTER UN ARBUSTE

L'ARROSAGE DES VÉGÉTAUX RÉCEMMENT PLANTÉS

QUAND vous placez une plante dans un trou, elle détecte immédiatement un changement de température. La température du sol est en effet toujours plus basse que la température de l'air. Plus le trou est profond, plus la température du sol est basse. Les végétaux interprètent cette terre plus froide comme un changement de saison et arrêtent de croître pendant une courte période, anticipant le besoin d'entrer en dormance. Mais comme la température cesse de baisser, les plantes recommencent à développer de nouvelles racines absorbantes dans la terre qui les entoure. C'est un processus lent durant lequel la motte de racines est incapable d'accéder aux réserves d'humidité naturellement présentes dans le sol. Il appartient au jardinier de fournir l'irrigation.

Les plantes nouvellement installées demandent un bon arrosage trois fois par semaine durant la première saison, soit assez d'eau pour humidifier toute la motte de racines du haut jusqu'en bas. Durant les périodes de sécheresse associées à la chaleur intense et au vent, un arrosage quotidien sera même nécessaire. Une méthode efficace consiste à placer un tuyau d'arrosage à la base de la plante et de laisser l'eau couler doucement pendant une heure ou deux. Si la motte de racines est très grosse, déplacez ensuite le tuyau de l'autre côté de la motte. Pour arroser efficacement une haie nouvellement plantée ou une zone où il y a plusieurs arbres et arbustes, faites serpenter un tuyau poreux entre et autour des bases et des troncs de végétaux ; vous pourrez laisser couler l'eau goutte à goutte dans la zone des racines pendant plusieurs heures.

Étaler un paillis organique sur les racines d'une nouvelle plante est la meilleure façon de prévenir l'évaporation de l'humidité. De plus, le paillis jette de l'ombre sur la terre, ce qui empêche une surchauffe qui pourrait autrement faire cuire les nouvelles racines tendres. Pour pailler les plantes, choisissez un paillis d'écorces fines ou des feuilles déchiquetées.

Les arbustes sont souvent lourds : il vaut mieux les transporter en brouette ou en chariot de jardin. Si vous les avez traînés ou poussés d'un bout à l'autre du terrain à grands coups de pied, il est inutile de planter ce qui restera de la pauvre plante. Empoigner l'arbuste par son tronc pour le soulever et le transporter peut parfois déchirer le système racinaire. Si vous ne disposez pas d'une brouette ou d'une voiturette, vous pouvez placer l'arbuste sur une toile ou une vieille couverture de façon que deux personnes puissent saisir chacune un bord pour le soulever. Transporter un arbuste sain et sauf jusqu'à son trou représente bien la moitié du travail !

Avant de planter un arbuste, supprimez tout rameau brisé et notez bien de quel côté se trouve le devant. Celui-ci est généralement plus arrondi et composé de branches qui poussent vers l'avant en éventail, tandis que le dos est plus aplati. Si la plante a profité d'un éclairage très égal venant de toutes les directions durant sa croissance en pépinière, il peut être difficile de déterminer le vrai devant, mais l'un des côtés peut présenter une meilleure structure des branches.

1. Le trou de plantation d'un arbuste ressemble au trou d'une vivace : il devrait être deux fois plus profond et trois fois plus large que la motte de racines. Il faut retenir la moitié de la terre prélevée dans le trou et l'amender avec assez de matières organiques et de sable grossier pour que le mélange équivaille au volume d'origine. Ce qui reste du sol prélevé sera éparpillé ailleurs dans le jardin. Vous pouvez ajouter 500 ml de poudre d'os au mélange pour promouvoir une meilleure croissance des racines. Les arbustes plantés dans des trous sans amendements survivront sans doute, mais leur croissance est habituellement lente et décevante à cause des quantités moindres d'oxygène et d'éléments nutritifs dans le trou.

2. Placez l'arbuste sur le côté et saisissez-le fermement au point où le tronc joint le haut de la motte de racines, puis tirez doucement sur le pot pour le dégager. Si rien ne se passe, pressez doucement sur tous les côtés du contenant pour détacher la motte et essayez de nouveau. Si la plante a été cultivée dans le pot depuis trop longtemps, retirer le pot peut être difficile. La meilleure solution est d'employer de solides ciseaux de jardin pour couper le pot. Même si celui-ci est fait de fibres biodégradables, il faut l'enlever ; un sol sain ne contient pas assez d'humidité pour hâter la décomposition d'une fibre aussi épaisse et si des portions du pot inhibent la croissance des racines, la plante dépérira rapidement.

3. Remplissez le fond du trou avec suffisamment de terre amendée pour installer l'arbuste au niveau du sol, puis placez la motte de racines dans le trou et comblez le reste de l'espace du mélange de terre. Avec les mains, non pas les pieds, tassez bien le sol pour stabiliser la plante, puis arrosez abondamment. Cette étape est vitale pour garantir une croissance saine de la plante. Si le sol est trop compacté (ce qui arrivera si vous tassez le sol avec le pied), les minuscules trous d'aération dans le sol se comble-ront, ce qui en chassera l'air. Les racines de la plante se trouveront alors privées d'oxygène et sa croissance ne reprendra jamais sa vigueur normale. Il vaut mieux avoir une plante moins serrée dans son trou que de compacter abusivement le sol autour de la motte de racines.

Vous pouvez ajouter un engrais transplanteur à l'eau d'arrosage pour stimuler une croissance rapide, même si vous avez ajouté de la poudre d'os au sol. Les arbustes ligneux ne requièrent pas de fertilisations fréquentes ou excessives. S'il y a du gazon autour de l'arbuste, par exemple, l'engrais à gazon appliqué une ou deux fois par année à la pelouse suffira à la fois au gazon et aux arbustes. Un paillis épais de compost maison ou de fumier bien décomposé, appliqué sur les racines au printemps, fournira tous les éléments nutritifs dont les plantes ont besoin pour rester saines et vigoureuses. À l'automne, laissez une couche généreuse de feuilles à la base de l'arbuste. Les feuilles constituent le fertilisant le plus naturel pour les plantes et elles incitent les vers de terre à venir enrichir le sol de leurs déchets.

PLANTER UN ARBRE

TUTEURER UN ARBRE

LE tuteurage mal fait déforme, mutile et tue plus d'arbres que les insectes, les maladies et la foudre. Même si un tronc d'arbre peut paraître épais et immuable, il essaiera désespérément de s'éloigner d'un tuteur trop rapproché. Attacher un tuteur directement au tronc provoque la croissance des cellules sur le côté ombragé par le tuteur. Les cellules s'allongeront pour échapper à l'ombre, ce qui amène le tronc à se courber. Et une fois que le tronc est courbé, jamais il ne se redressera et il s'ensuivra un problème de structure et d'équilibre. De plus, si le tuteur reste en place, l'écorce finira par engouffrer les attaches, les faisant pénétrer dans le centre du tronc où elles risqueront de bloquer la circulation vitale de la sève. Cette situation est aggravée quand le bois meurt et que la pourriture s'installe.

Les arbres de plus de 2,5 m de hauteur requièrent deux tuteurs, un de chaque côté du tronc. Il faut enfoncer l'extrémité pointue du tuteur dans le sol à l'extérieur de la motte de racines. Fixez du fil métallique autour du tuteur et insérez-le dans une section de tuyau d'arrosage de 20 cm de longueur que vous passerez doucement autour du tronc ; la section de tuyau protégera l'écorce. Fixez l'autre extrémité du fil sur le tuteur et serrez légèrement. Répétez l'opération avec l'autre tuteur. Ces tuteurs n'ont pas pour but de maintenir l'arbre, mais d'empêcher le vent de faire bouger la motte de racines et de déchirer les nouvelles racines. Rappelez-vous que les fils doivent être légèrement tendus, mais pas sous forte pression. Vérifiez chaque mois que la pression est adéquate et non excessive. Enlevez les tuteurs après un an, ou après deux si l'arbre est lent à se remettre du choc de la plantation.

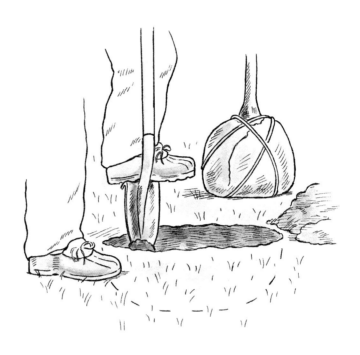

Considérons les végétaux ligneux qui atteindront plus de 4,5 m comme des arbres, qu'ils aient un tronc unique, des troncs multiples ou même un port d'arbuste. La hauteur de ces végétaux nécessite une structure racinaire solide pour qu'ils restent stables dans le sol. Malgré la croyance populaire, peu d'arbres développent une racine pivotante. La majorité développent plutôt au cours de leur croissance des racines qui s'étalent tout autour du tronc pour former un grand cercle. Même chez les très grands arbres, la majorité des racines se trouvent dans les 90 premiers centimètres du sol, là où l'humidité et les éléments nutritifs sont les plus disponibles. Si jamais vous avez vu de grands arbres renversés par un orage violent, vous avez sans doute déjà une idée de cet énorme cercle de racines qui entoure l'arbre.

1. La préparation du sol pour la plantation d'un arbre diffère un peu des procédés précédents. D'abord, le trou devrait être égal à la hauteur de la motte et environ deux fois plus large. Utilisez un ruban à mesurer rigide pour mesurer la hauteur et la largeur de la motte. Comme les arbres demandent un bon drainage sous leurs racines, recouvrez le fond du trou de 5 cm de sable grossier et servez-vous d'une fourche de jardin pour le faire pénétrer. Damez le sol avec le dos d'une pelle, mais évitez de le fouler avec vos pieds. L'ajout de sable dans le fond du trou le soulèvera un peu et favorisera le drainage de l'eau qui pourrait s'y accumuler. Placez la moitié de la terre prélevée dans une brouette ou sur une toile et amendez-la avec des matières organiques et du sable grossier. Étalez l'autre moitié de la terre ailleurs dans le jardin.

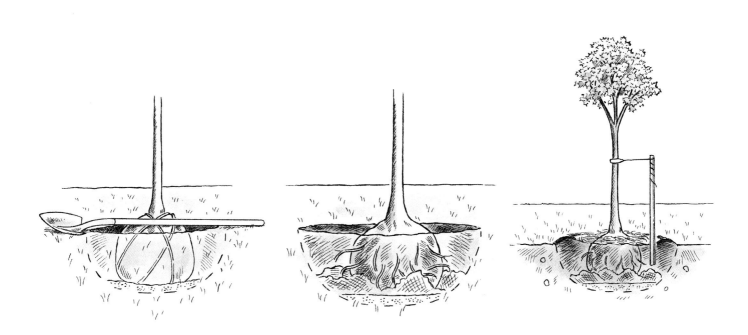

2. Si l'arbre est dans un contenant, couchez-le sur le côté, empoignez le tronc où il joint la motte et retirez le contenant. Si celui-ci refuse de bouger, pressez sur ses côtés pour aider à dégager la motte. Sinon coupez-le. Placez l'arbre debout dans le trou. Les arbres plus gros sont vendus emmottés dans un panier de fil métallique et recouverts de jute. Laissez cet emballage en place pour l'instant et placez l'arbre dans le trou. Contrairement aux autres plantes ligneuses, un arbre préfère que la base de son tronc ne soit pas enterrée. Au contraire, elle devrait être surélevée d'environ 3 à 5 cm au-dessus du sol environnant. C'est le sable mélangé au fond du trou qui assurera la hauteur voulue.

3. Une fois l'arbre bien centré dans le trou, repliez le panier de fil métallique vers l'arrière, loin de la motte de racines, et défaites le jute. Retirez-en ce que vous pouvez du sommet de la motte et, à l'aide de ciseaux, découpez-en le plus possible sans exercer de pression ni tirer sur le jute. Le panier replié et le jute restants resteront enfouis dans le sol. Le panier aidera à solidifier la motte de racines et à empêcher qu'elle ne se défasse avant que les nouvelles racines n'aient pris leur place dans la nouvelle terre. Quant au jute enterré, il se décomposera. Assurez-vous que l'arbre a été emballé de véritable jute. Le jute synthétique est vert et luisant et ne se décomposera pas dans le sol ; si on le laisse dans le trou, il empêchera les racines de s'étendre.

4. Comblez le trou avec la terre amendée, en couvrant bien les côtés et les rebords supérieurs de la motte de racines. Cependant, laissez à découvert la partie supérieure de la motte qui se situe au niveau du tronc,. Tassez le sol avec le dos d'une pelle et, à la main, formez avec la terre restante une bordure surélevée en forme de soucoupe tout autour du trou (une cuvette en langage horticole) afin de capter la pluie et l'eau d'arrosage. Arrosez en profondeur et appliquez un engrais transplanteur si vous le désirez. Les arbres ainsi plantés auront besoin de tuteurage pendant les douze premiers mois, et parfois jusqu'à deux ans (voir l'encadré, page 176), soit jusqu'à ce qu'il y ait assez de racines pour stabiliser le tronc. Répandez une couche de 5 cm de paillis d'écorce sur la plantation afin de conserver l'eau et d'empêcher le sol et le vent de déshydrater la motte de racines.

Planter dans des conditions difficiles

Tout jardinier veut bénéficier des meilleures conditions de culture possible, mais trop souvent la situation est loin d'être idéale. Bien qu'il soit facile d'amender un sol pauvre pour améliorer sa texture et sa fertilité, d'autres facteurs environnementaux sont largement hors de contrôle. Une luminosité et une chaleur intenses, une exposition au vent été comme hiver, une ombre permanente ou un sol souffrant d'un manque ou d'un excès chronique d'eau constituent les conditions les plus difficiles pour les végétaux.

TROP ÉCLAIRÉ, TROP CHAUD, TROP SEC

Les jardins qui bénéficient d'un climat méditerranéen démontrent qu'il est possible de réussir un aménagement

On trouve souvent des pierres dans les emplacements naturellement chauds et secs. Utilisez-les comme paillis et comme matériau structural.

sous un climat chaud et sec et au soleil intense. Les plantes qui évoluent sous un tel climat ont développé leurs propres méthodes pour conserver l'humidité et pour protéger les tissus délicats des feuilles. Des conditions climatiques similaires existent ailleurs, mais elles provoquent un tel stress sur les plantes ordinaires qu'elles finissent par en mourir. Un jardin exposé au plein soleil et à sol sec est l'une des conditions les plus difficile pour les végétaux. En été, il faut parfois se lancer dans une opération de sauvetage presque héroïque juste pour les garder en vie. Les rayons ultraviolets peuvent épuiser les tissus végétaux, réduisant les feuilles à l'état de chiffons mous avant midi, quand le soleil les surplombe. C'est à cause de la pression d'eau dans les tissus végétaux que les tiges et les feuilles demeurent turgescentes, un terme qui décrit le port dressé normal des végétaux. Même si le sol est suffisamment humide, le système hydraulique interne des plantes n'est pas capable de pomper l'eau assez rapidement pour maintenir en état de turgescence leurs parties supérieures; c'est alors qu'elles se flétrissent. Bien que les tiges et les feuilles retournent souvent à leur position normale quand le soleil disparaît, une plante qui se fane encore et encore n'est guère attrayante.

Un sol organique constitue la première défense contre une exposition au soleil brûlant et à la chaleur extrême. Amender le sol avec des ma-

tières organiques comme le compost, le fumier décomposé, la tourbe et les feuilles déchiquetées garantira qu'il y aura de l'eau près du système racinaire lorsque les plantes en auront besoin. Il est important aussi d'empêcher cette eau de s'évaporer. C'est la raison d'être des paillis : une couche de paillis d'écorce de 5 à 7,5 cm recouvrant le sol exposé autour des plantes aidera à préserver l'eau souterraine. De plus, un sol exposé au soleil intense peut se réchauffer suffisamment pour faire cuire les racines. Or, un épais paillis aide aussi à réduire la température dans la zone des racines.

Une approche de plantation intelligente dans les emplacements chauds consiste à choisir des végétaux résistants à la sécheresse. Les plantes au feuillage recouvert de fins poils qui protègent du soleil le limbe de la feuille, comme la centaurée de montagne (*Centaurea montana*), sont habituellement capables de donner de bons résultats dans un endroit chaud. Les plantes aux longues racines pivotantes, comme la mauve musquée (*Malvis moschata*), peuvent compter sur l'eau emmagasinée dans le sous-sol, loin des rayons du soleil. Les plantes au feuillage carrément gris, comme la sauge russe (*Perovskia atriplicifolia*), ont évolué dans une région aride et demandent un emplacement chaud et sec en plein soleil. Regrouper les plantes en touffes rapprochées permet à chacune de jeter un peu d'ombrage sur ses voisines et d'établir ainsi, à l'intérieur du regroupement, un microclimat d'air plus frais. Vous pouvez aussi créer plus d'ombre en plantant un arbuste ou un arbre du côté sud-ouest. Même une grosse pierre peut donner un peu de protection contre le soleil si on plante les végétaux sur ses côtés nord et est.

Bien sûr, un programme régulier d'irrigation peut faire une énorme différence. Même les plantes réputées très résistantes donneront de bien meilleurs résultats si elles reçoivent un arrosage régulier. D'accord, elles peuvent souvent survivre uniquement avec l'eau de pluie, mais si vous voulez qu'elles soient attrayantes, un arrosage supplémentaire sera nécessaire. Un arrosage rapide qui n'humidifie que 3 à 6 cm de sol en surface est insuffisant et sera presque totalement perdu à l'évaporation. Arrosez tôt le matin ou en début de soirée quand le soleil est couché. Il est important d'arroser lentement et longtemps, ce qui permet à l'eau de pénétrer en profondeur, dans la zone des racines. Un tuyau poreux est le meilleur outil pour s'assurer que l'eau ira bien là où on en a réellement besoin. Installez-le pour la saison et faites-le travailler plusieurs heures en soirée ou au début de la journée.

TROP DE VENT

Le vent est peut-être une source de fraîcheur par temps de canicule, mais il peut provoquer un stress très dangereux chez les végétaux situés dans un emplacement venteux en permanence. Le vent qui passe à travers le feuillage cause autant d'évaporation que le soleil chaud et il peut assécher totalement les

Utilisez des structures et des arbustes pour filtrer le vent et protéger les plantes à fleurs.

tissus végétaux dans un seul après-midi. Mais si nul ne peut arrêter le vent totalement, il est possible de modérer les courants d'air avec de simples brise-vent.

Un brise-vent fonctionne en dispersant le vent plutôt qu'en l'arrêtant. Quand un vent fort atteint un panneau de treillage ou un arbuste ligneux, la masse d'air est brisée en de nombreux courants plus petits et plus faibles. Un brise-vent n'a pas besoin d'être très gros et fonctionne même mieux quand il est de petite taille. Les arbustes à fleurs, avec leurs tiges ligneuses, font d'excellents brise-vents pour les vivaces herbacées. Les rosiers arbustifs, les genévriers de faible hauteur et le pin de montagne (*Pinus mugo*) font aussi d'excellents brise-vents, qui résistent bien aux assauts d'un vent constant. Les arbres hauts et étroits, comme le chêne pyramidal (*Quercus robur* 'Fastigiata', zone 4b), peuvent également dissiper la force du vent sans occuper beaucoup

d'espace dans le jardin. L'épinette de Serbie (Picea omorika, zone 4b) est un conifère haut et étroit qui fait un excellent brise-vent en toutes saisons pour un coin exposé.

TROP D'OMBRE

Dans tout jardin ombragé, il faut apprendre à tirer le meilleur parti du peu de lumière dont on dispose. Si de gros arbres sont la source de l'ombre, vous pouvez faire appel à un arboriculteur qui en dégagera le tronc en supprimant les branches inférieures et en éclaircira la cime. Vous serez surpris de voir à quel point la lumière au sol augmentera lorsqu'on aura « nettoyé » un peu les arbres. Mais ne faites jamais ce travail vous-même. Toute taille à plus de 8 m du sol devrait toujours être exécutée par un professionnel muni de l'équipement adéquat, qui connaît toutes les mesures de sécurité. Si l'ombre est causée par une

Il est possible d'aménager un jardin superbe à l'ombre si vous choisissez les bonnes plantes et offrez un sol sain.

structure avoisinante, le problème sera probablement permanent. Peindre les clôtures et les treillis gris pâle ou taupe aidera à refléter la lumière sur les plantes… mais évitez le blanc, trop éclatant pour un aménagement subtil. Vous pouvez installer des miroirs d'extérieur (ornés de treillis et de plantes grimpantes pour en masquer le cadre) sur des clôtures ou des murs pour augmenter la diffusion de lumière par réflexion.

Comme les plantes d'un emplacement ombragé doivent déjà composer avec une luminosité faible, de piètres conditions de sol provoqueront une double privation. Amender le sol généreusement avec des matières organiques comme le compost, le fumier décomposé, la tourbe et les feuilles assurera qu'il y a toujours de l'humidité dans la zone des racines. Si les racines massives d'un arbre mature absorbent toute l'eau disponible, créant une ombre sèche, il peut être utile d'installer des plates-bandes surélevées pour les arbustes et les vivaces.

Un jardin ombragé impose des limites à ce que l'on peut y cultiver. Il faut éliminer dès le départ certaines plantes à floraison particulièrement abondante, comme les rosiers, les pivoines et les lilas. Dans le processus biologique des végétaux, une luminosité faible équivaut à une réduction d'énergie. Ainsi, des plantes à l'ombre donnent moins de fleurs et de fruits. Les plantes tirent leur énergie d'une combinaison de lumière solaire et d'éléments nutritifs qu'elles absorbent du sol. Heureusement, certaines plantes peuvent s'adapter à une luminosité réduite et quand même offrir une bonne floraison et un feuillage ornemental. Choisissez donc des végétaux adaptés à l'ombre… et achetez plus de plants qu'il vous semble nécessaire. Les plantes cultivées à l'ombre ont en effet tendance à pousser plus en hauteur et moins en largeur, car elles montent à la recherche de la lumière ; il en faut donc plus pour remplir l'espace. Essayez d'inclure dans votre choix quelques plantes au feuillage panaché vert et blanc, car cette coloration reflète la lumière et illumine le milieu.

TROP HUMIDE

De toutes les conditions de plantation difficiles, un excès d'eau est de loin la pire. Quand l'eau est emprisonnée dans le sol, elle empêche l'air et l'oxygène de pénétrer la zone des

Le drainage du sol est une préoccupation importante dans ce jardin humide, où les plantes pleureuses mettent en valeur le cadre luxuriant.

racines, ralentissant la croissance et éventuellement asphyxiant les plantes. Normalement l'eau est drainée par le biais de pores et d'interstices dans le sol et elle est remplacée par de l'air. Que ce soit au plein soleil ou à l'ombre, les difficultés inhérentes à un sol gorgé d'eau sont similaires et exigent les mêmes solutions.

Si le sol est composé de glaise dense, il est possible d'en améliorer la texture en y mélangeant du sable de construction grossier ou même du gravier de 1 cm ; on améliore ainsi sa porosité. L'ajout de matières organiques aidera aussi à créer des interstices dans le sol, qui accroîtront les échanges d'air et d'eau. Choisissez des plantes qui tolèrent les sols humides, comme l'aronie à feuilles d'arbousier (*Aronia arbutifolia*, zone 5), le clèthre (*Clethra alnifolia*, zone 4b), le cornouiller argenté (*Cornus alba* 'Variegata', zone 2) et le sureau du Canada (*Sambucus canadensis*, zone 3).

Si le sol est complètement détrempé, vous devrez peut-être installer un système de dalles de drainage et peut-être un puits sec. Si ces travaux vous rebutent, vous pouvez planter dans des monticules ou des plates-bandes surélevées. Aménager un jardin humide avec des plantes de marécage donne rarement les résultats escomptés. Les plantes de marécage demandent en effet de l'eau en mouvement – lent peut-être, mais néanmoins en mouvement – ce qui assure une oxygénation adéquate du sol. Or, la plupart des emplacements humides n'offrent qu'une eau stagnante, sans oxygénation aucune.

Ci-contre : En automne, une plate-bande rouge attire toujours l'attention. Ici plusieurs teintes de rouge conjuguent leurs effets, chacune intensifiant l'effet de l'autre. Les arbustes ligneux, le sédum d'automne et les graminées ornementales sont de bons choix pour un milieu sec. Arrosez régulièrement pour prolonger l'étalage rouge jusqu'aux premiers gels sévères.

LES DIX MEILLEURS ARBUSTES RÉSISTANTS À LA SÉCHERESSE

Les arbustes sont infiniment utiles, particulièrement dans les sols secs où il est difficile de bien remplir l'espace. Cependant, rappelez-vous que « résistant à la sécheresse » ne veut pas dire que ces plantes n'ont jamais besoin d'eau.

Les nouvelles plantes demandent un arrosage en profondeur pendant les deux premières saisons de croissance, pour leur permettre de développer un bons système racinaire. Par la suite, elles deviendront de plus en plus autonomes et trouveront leur propre chemin jusqu'aux eaux souterraines.

Vous pouvez simplifier de beaucoup le processus d'arrosage en utilisant un tuyau poreux posé sur le sol qui assurera un arrosage régulier. Les arbustes à fleurs insuffisamment arrosés une année risquent de ne pas produire de boutons floraux l'année suivante.

ÉLEUTHÈRE DE SIEBOLD *Eleutherococcus sieboldianus* (syn. *Acanthopanax sieboldianus*) H 2-3 m L 2-3 m Zone 5a Ses feuilles vert foncé luisant, profondément lobées, et ses branches aux nombreuses épines en font un excellent choix pour une haie d'intimité ou une barrière végétale. Cette plante utile croît bien à l'ombre sèche comme au soleil et tolère la pollution urbaine et les sites venteux.

CARAGANA DE SIBÉRIE *Caragana arborescens* H 4,5-6 m L 4-5 m Zone 2b Les caraganas peuvent tolérer une grande sécheresse et survivent même très bien dans les Prairies canadiennes très sèches. Leur résistance dans les emplacements venteux en font un excellent choix pour un écran d'intimité ou un brise-vent. Les fleurs jaunes en forme de pois de senteur apparaissent en juin et sont suivies de cosses ornementales en août. Le caragana de Sibérie est aussi offert sous forme d'arbuste sur tige aux rameaux pleureurs à feuilles finement découpées.

HAMAMÉLIS PRINTANIER *Hamamelis vernalis* H 1,8 m L 1,8 m Zone 5b Cet hamamélis produit des feuilles attrayantes arrondies et vertes qui deviennent dorées à l'automne, et des fleurs rubanées et parfumées de couleur jaune à rouge très tôt au printemps. L'hamamélis de Virginie *(Hamamelis virginiana)*, un arbuste indigène, atteint de 3,5 à 6 m de hauteur et de diamètre, et fleurit à l'automne. Les hybrides, comme 'Arnold's Promise' et 'Diane', ne sont pas aussi résistants à la sécheresse.

GENÉVRIER DES ROCHEUSES TABLETOP *Juniperus scopulorum* 'Tabletop' H 2 m L 4 m Zone 4 Tous les genévriers sont résistants à la sécheresse. 'Tabletop' est une bonne variété pour meubler un coin ensoleillé ou rehausser le coin d'un portail. Il a un port étendu polyvalent, au sommet aplati, et un feuillage bleu argenté. Voici deux genévriers plus petits mais tout aussi utiles : *Juniperus sabina* 'Blue Danube' (bleu-vert) et *J. sabina* 'Hicksii' (vert foncé) au port évasé.

ARBRE À PERRUQUE *Cotinus coggygria* H 1,5-3 m L 1,5-3 m Zone 5b Cet arbre petit à maturité peut être maintenu à environ 2,5 m de hauteur par une taille annuelle. Les feuilles sont presque rondes et l'inflorescence fine et aérée forme des nuages autour de l'arbuste. L'espèce, au feuillage bleu-vert mat et aux fleurs rose pâle, est moins cultivée que les cultivars à feuillage pourpré plus spectaculaire, comme 'Nordine', aux feuilles rouge pourpré, aux fleurs rouge rubis et au feuillage automnal jaune orangé. 'Royal Purple' (ci-dessus) porte des feuilles marron pourpre foncé et des fleurs pourpre rosé.

COTONÉASTRE À HAIES *Cotoneaster lucidus* H 1,5-2 m L 1-1,5 m Zone 2b Pour une jolie haie le long d'une route, rien ne bat le cotonéastre à haies. Ses branches sont longues, étroites et évasées et portent de petites feuilles vert foncé qui deviennent rouge orangé à l'automne. En haie libre, il produit des fleurs discrètes suivies de fruits noirs présents tout l'hiver et attirant les oiseaux. On peut le tailler en haie classique, mais on sacrifie alors la majorité des fruits. Souvent vendu sous le nom de cotonéastre de Pékin *(C. acutifolius)*, une espèce difficile à trouver et moins attrayante.

FUSAIN AILÉ *Euonymus alatus* H 4-6 m L 4-6 m Zone 5a C'est un très gros arbuste qui fait beaucoup d'effet et qui atteint rapidement sa pleine grosseur. Ses attraits principaux sont les curieuses ailes le long de ses tiges matures et son feuillage d'un superbe écarlate sombre à l'automne lorsqu'il est cultivé en plein soleil. Son cultivar 'Compacta' est plus petit et plus rustique, convenant aux terrains plus petits. Les deux peuvent servir de haie ou de plante vedette.

CHÈVREFEUILLE DE TATARIE ARNOLD RED *Lonicera tatarica* 'Arnold Red' H 2 m L 2 m Zone 4a Les chèvrefeuilles arbustifs peuvent pousser au soleil ou sous une ombre légère et ils tolèrent les sols secs. Ce cultivar fleurit davantage que les autres chèvrefeuilles, produisant des fleurs rouge foncé au printemps, suivies de baies rouge vif à l'été. Ses branches ouvertes et arquées créent un bon échafaudage pour les clématites grimpantes. Très utile pour cacher une clôture peu attrayante en grillage métallique.

PHYSOCARPE DORÉ NAIN *Physocarpus opulifolius* 'Dart's Gold' H 1,2-1,5 m L 1,2-1,5 m Zone 3 Les physocarpes offrent une bonne sélection de feuillages de couleurs différentes, tous des arbustes résistants à la sécheresse pour les emplacements ensoleillés. Ce cultivar est une forme naine qui convient bien aux jardins plus petits avec son feuillage arrondi doré et ses fleurs blanches suivies de fruits rouges. 'Diabolo' est plus haut, avec un port dressé et des feuilles pourpre foncé. Les deux conviennent bien aux plantations de fondation ou comme haie libre.

PIN DES MONTAGNES *Pinus mugho pumilio* H 3 m L 4 m Zone 1 Le pin des montagnes, appelé aussi pin mugo, offre une apparence coniférienne très marquée et un feuillage vert foncé toute l'année. Son port bas en monticule le rend utile dans les plantations massées sur un coin sec ou tout seul dans une plate-bande. Il faut rechercher une variété naine si vous tenez à une croissance basse, car il y a des variétés qui peuvent devenir grandes si on ne les taille pas. Si vous achetez par mégarde un cultivar qui tend à trop grandir, laissez-le atteindre la hauteur désirée, puis taillez-le tous les étés seulement dans la nouvelle croissance (les chandelles) pour le maintenir à cette hauteur.

LES DIX MEILLEURS ARBUSTES POUR L'OMBRE

Il n'est pas toujours facile de jardiner dans un emplacement ombragé, mais il existe certains arbustes ornementaux qui tolèrent une luminosité faible et qui meubleront les coins sombres s'ils bénéficient de conditions de culture optimales. Ces arbustes solides ont la capacité de produire des feuilles et des fleurs sans soleil direct s'ils sont arrosés régulièrement et cultivés dans un sol riche. Épandez un paillis organique, comme des feuilles déchiquetées ou un paillis d'écorce, sur et autour de leurs racines pour aider à conserver l'humidité du sol.

La croissance des végétaux est toujours plus lente à l'ombre et les arbustes cultivés à l'ombre tendent à être plus verticaux, car ils montent à la recherche de la lumière. Regrouper trois à cinq arbustes aidera à remplir l'espace plus rapidement. Dans ces conditions, les arbustes tendent aussi à produire plus de feuilles dans le tiers supérieur du plant, laissant la partie inférieure dénudée. Pour aider à combler l'espace au niveau du sol, plantez des plantes couvre-sol basses, comme l'aspérule odorante ou le pachysandre, sous les arbustes.

ÉLEUTHÈRE DE SIEBOLD *Eleutherococcus sieboldianus* (syn. *Acanthopanax sieboldianus*) H 2-3 m L 2-3 m Zone 5a Cet arbuste produit d'attrayantes feuilles vert moyen à cinq lobes, mais ses fleurs sont insignifiantes. Il croît bien même à l'ombre dense, déployant ses branches arquées dans tous les sens. C'est une plante à croissance rapide pour les coins sombres ou pour remplir un espace à côté du garage. Avec ses branches piquantes, il fait un bon repoussoir. Il croît dans une variété de conditions de sol et se montre très résistant à la pollution des villes. La forme panachée est très séduisante.

CHÈVREFEUILLE ODORANT *Lonicera fragrantissima* H 1,8 m L 1,8 m Zone 5b La plupart des chèvrefeuilles poussent et fleurissent bien à l'ombre dense, tout comme ce joyau peu connu très parfumé. Les petites fleurs au parfum de citron apparaissent en grand nombre pendant plusieurs semaines au tout début du printemps sur un grand arbuste étalé au feuillage mat vert-bleu. Il tolère le sable, la glaise et les sols alcalins. Placé du côté ombragé d'une clôture ou d'un mur, il embaumera tout le jardin en avril.

MARRONNIER À PETITES FLEURS *Aesculus parviflora* H 2,5 m L 4,5 m Zone 5a Cet arbuste, proche parent du marronnier d'Inde, peut devenir énorme au plein soleil, mais il reste de taille plus modeste dans une ombre légère. Il affiche une forme ouverte et bien structurée avec des épis terminaux de fleurs crème en juin, mais la floraison est moins fiable à l'ombre. C'est une excellente plante de sous-étage pour un boisé ou pour un massif d'arbustes. Il drageonne dans les sols humides… ce qui est un avantage si vous voulez combler de l'espace. Superbe en combinaison avec l'aspérule odorante.

SERINGAT *Philadelphus coronarius* H 2 m L 1 m Zone 5b Ce grand arbuste au port évasé en fontaine et aux branches arquées croît sous une ombre légère. Les fleurs aux pétales blancs et aux étamines jaunes produisent des nuages de parfum d'oranger pendant deux semaines en juin. 'Aurea' (photo ci-dessus) est le cultivar le plus populaire, au feuillage jaune citron au printemps, devenant vert moyen en été. Il est très utile dans un emplacement sombre sous de grands arbres et s'adapte aux sols secs et alcalins. C'est le seul des cultivars qui réussit bien sous une luminosité faible.

HYDRANGÉE À FEUILLES DE CHÊNE *Hydrangea quercifolia* H 1-1,5 m L 1,5-2,5 m Zone 5b Cette plante très ornementale produit des feuilles joliment lobées, une écorce brune exfoliante et, sous les climats les plus doux, de grosses panicules de fleurs blanches devenant vert pâle. Au plein soleil, les feuilles deviennent d'un rouge vin riche à l'automne. Les hydrangées paraissent mieux en groupes, les plants espacés de 1,2 m. Sol de sous-bois humide et fertile. Superbe sur une légère pente sous une ombre légère, entourée de violettes et de crocus précoces.

HOUX BLEU *Ilex x meserveae* H 1 à 1,2 m L 1,5 à 2 m Zone 6a Enfin un houx à feuillage persistant qui peut survivre dans le nord ! S'il ne tolère que la zone 6a en plein vent, on le réussit souvent en zone 3b à l'ombre où la neige s'accumule. Un houx de Noël classique aux feuilles vert foncé luisant et piquantes et aux fruits rouge vif qui persistent l'hiver. Demande un emplacement légèrement ombragé à l'abri du vent et un sol humide. Plantez-le là où vous pourrez le voir durant l'hiver. Il faut un plant mâle pour six femelles et à moins de 8 m pour assurer une fructification.

CORÊTE DU JAPON DOUBLE *Kerria japonica* 'Pleniflora' H 1,2 m L 1,5 m Zone 5b La corête du Japon est plus rustique qu'on le pense, poussant sans difficulté en zone 4a si elle est protégée du vent. Préfère une ombre légère. Tolère la sécheresse, mais drageonne moins que dans un sol humide. Les branches vert pomme joliment arquées lui confèrent une apparence caractéristique. Tout l'arbuste est couvert de fleurs jaunes pleinement doubles en juin. Utile pour combler un coin ou un espace vide du côté ombragé d'un arbuste ou d'un conifère.

PIERIS DES MONTAGNES *Pieris floribunda* H 60-2 m L 60 cm à 2 m Zone 5b Un superbe arbuste à feuillage persistant méritant une place d'honneur. Les feuilles vert foncé luisant demeurent intactes en hiver, ne s'enroulant même pas. Au printemps, l'extrémité des branches se couvre de cloches blanches parfumées. Son cousin, le pieris du Japon (*Pieris japonica*), plus populaire mais moins rustique (zone 6b), offre un feuillage rouge vif au printemps. Pour une ombre légère et un sol humide riche en matières organiques.

RHODOTYPOS *Rhodotypos scandens* H 1,2 m L 1,5 m Zone 5b Cet arbuste formant un léger monticule produit des feuilles remarquables aux nervures joliment enfoncées et de nombreuses fleurs blanches à quatre pétales suivies de baies noires qui persistent tout l'hiver. Son port décontracté convient mieux à un grand regroupement de plantes ou à un massif d'arbustes, mais assurez-vous qu'il demeure visible, car il est très joli. Tolère un sol pauvre et des conditions urbaines. Une fois établi, il est très résistant aux conditions difficiles. Ombre profonde.

VIORNE COMMUNE *Viburnum lantana* H 3-4 m L 3 m Zone 2b Un arbuste élégant pour un emplacement légèrement ombragé. Des baies ornementales suivent les ombelles de fleurs crème. Ses feuilles caractéristiques, nervurées et coriaces, persistent longtemps à l'automne. *V. plicatum tomentosum* 'Summer Snowflake' est plus petit et moins rustique (zone 6a), mais il fleurit tout l'été sous une ombre légère. Fleurs blanc pur. La viorne de Corée (*V. carlesii*), zone 5b, produit des fleurs très parfumées sous un soleil partiel.

Un attrait pour chaque saison

Chaque saison offre des scènes intéressantes composées de plantes, d'éléments naturels comme la pierre, le bois et l'eau, et de structures ou d'accessoires comme des tonnelles, des pergolas, des cadrans solaires, des statues ou d'autres ornements. Bien entendu, la beauté est d'ordre subjectif et il ne manque pas de moyens pour assurer l'intérêt d'une saison à l'autre. Pourtant, mettre en scène un jardin où les phénomènes se succéderont dans l'harmonie, où un groupe de plantes sur le point de fleurir sera prêt à prendre la relève de celles qui ont exécuté leur numéro, constitue un véritable défi !

L'approche la plus facile consiste à diviser l'année en ses quatre saisons – printemps, été, automne et hiver – et à dresser une liste saisonnière des plantes que vous possédez ; pour chaque plante, indiquez la période de floraison et ses autres attraits. Vous verrez en un coup d'œil les saisons où il y a beaucoup d'attraits et constaterez peut-être qu'il n'y en a guère durant une ou deux saisons. La plupart des jardins sont garnis de plantes fleuries au printemps et en été, quand 90 % des vivaces, des arbustes et des arbres fleurissent. Prévoir des attraits pour les saisons plus tardives peut demander des recherches et des visites dans les jardineries pour en apprendre davantage sur les plantes au feuillage automnal coloré ou aux fruits et écorces ornementaux en hiver.

Vous pouvez faire un plan plus détaillé et plus opérationnel en divisant l'année en périodes plus courtes : début et fin de printemps, début et fin d'été, début et fin d'automne, hiver. Planifier pour ces sept périodes requiert des notes plus détaillées : servez-vous d'un agenda ou d'un calendrier pour indiquer les périodes de floraisons des différentes plantes. Une méthode très utile consiste à tenir un registre hebdomadaire de ce qui fleurit ou offre un attrait quelconque. Vous noterez rapidement les périodes vides où il vous faudra trouver des attraits. Vous pourrez alors commencer une liste d'emplettes. En observant avec soin votre jardin et en prenant des notes, vous devriez être capable de trouver ce qu'il faut pour assurer un agrément continu saison après saison. Vous pouvez y parvenir après seulement une ou deux années de jardinage.

Vous pouvez dresser un plan pour accroître l'intérêt saisonnier de votre jardin tout entier ou seulement pour une section. Les sections que vous voyez le plus souvent, comme une plate-bande près de la porte d'entrée, sont les meilleurs endroits pour effectuer une planification ornementale étalée sur les quatre saisons. Vous pouvez inclure un arbre à l'écorce ornementale en hiver, comme le maackia de l'Amour (*Maackia amurensis*, zone 4b), à l'écorce brun cuivrée exfoliante et aux fleurs blanches en racèmes l'été ; un arbuste à floraison printanière comme le forsythia rustique, aux fleurs nombreuses jaune soleil, puis une sélection de bulbes à floraison printanière et de petites vivaces hâtives, comme les violettes, les primevères et le cœur saignant. Le début d'été peut comprendre des ancolies, des pivoines et des rosiers suivis des grandes marguerites, des campanules et des échinacées. Une hydrangée Annabelle pourrait faire le pont entre le début et la fin de l'été, accompagnée de phlox des jardins, de rudbeckies et de tournesols vivaces. Essayez sa cousine, l'hydrangée paniculée, comme transition entre la fin de l'été et le début d'automne. La floraison se poursuivra à l'automne avec des anémones du Japon, des sédums d'automne et des asters. Si vous ne taillez pas les échinacées et les sédums d'automne en fin de saison, vous profiterez de leurs silhouettes encore dressées sous la neige.

Ci-contre : Bien que couvert de neige, un aménagement peut être plus qu'un souvenir quand des pommetiers délicats composent une scène hivernale aussi saisissante. Les fleurs d'hydrangées laissées sur les branches créent une ornementation florale superbe... et le banc demeure invitant en toute saison.

LES DIX MEILLEURS ARBUSTES À FLORAISON PRINTANIÈRE

Les arbustes de toutes sortes font des plantes utiles et attrayantes, mais les plus satisfaisants sont ceux qui fleurissent très tôt, à la fin de l'hiver quand les jardiniers commencent à désespérer de la venue du printemps. Les arbustes à floraison hâtive produisent des fleurs, souvent très parfumées, qui ne s'incommodent pas des nuits sous zéro ou des chutes de neige tardives. En fait, leurs fleurs durent plus longtemps quand les températures demeurent fraîches ou même froides. D'ailleurs, ce sont les coups de chaleur trop tôt au printemps qu'il faut craindre, car ils mettent fin rapidement à la floraison.

Si ces arbustes à floraison printanière demandent d'être taillés un peu, attendez la fin de leur floraison, sinon vous supprimerez leur attrait le plus intéressant.

FORSYTHIA NORTHERN GOLD *Forsythia* 'Northern Gold' H 1,8 à 2,7 m L 1,8 à 2 m Zone 4a Le forsythia est le symbole même du printemps, avec ses jolies fleurs jaunes en entonnoir qui illuminent même les journées les plus grises. La plupart des forsythias ne sont pas assez rustiques pour les régions froides, fleurissant seulement à la base des branches si l'hiver est sévère. 'Northern Gold' et quelques autres cultivars modernes, comme 'Happy Centennial' et 'Northern Sun', sont cependant assez résistants au froid pour fleurir jusqu'à l'extrémité des branches en zone 4, parfois même en zone 3. Soleil ou ombre légère, sol bien drainé.

CORNOUILLER MÂLE *Cornus mas* H 6 m L 4,5 m Zone 5b C'est le premier arbuste à fleurir massivement au printemps, produisant tellement de minuscules fleurs jaunes sur toutes les branches, mêmes celles qui ont trois ou quatre ans, que l'arbuste semble entouré d'un nuage jaune. Les fleurs sont suivies de fruits rouges en août. Le jaune éthéré du cornouiller mâle est plus subtil que celui, très dominant, des forsythias et convient davantage aux aménagements sobres. Le feuillage vert est bien nervuré et devient rouge orangé à l'automne.

AZALÉE LIGHTS *Rhododendron* série Lights H 80-1,50 m L 90-120 cm Zone 4a Les belles grosses fleurs en entonnoir des azalées Lights apparaissent tôt au printemps, avant les feuilles, qui viennent les rejoindre vers la fin de la floraison. Il existe plusieurs cultivars de couleurs différentes, dont 'Northern Lights' (rose, montré ci-dessus), 'Mandarin Lights' (rouge orangé) et 'White Lights' (rose très pâle devenant blanc). Les feuilles vert moyen deviennent rouges à l'automne. Pour les sols acides et légèrement humides, au soleil ou à la mi-ombre. Un paillis est fortement recommandé.

CERISIER TOMENTEUX *Prunus tomentosa* H 2-3 m L 2-4,5 m Zone 3a Pour un emplacement ensoleillé, le cerisier tomenteux offre une floraison dense recouvrant les branches presque en leur entier de fleurs rose très pâle à blanches. Cet arbuste peut devenir énorme avec le temps : laissez-lui de l'espace pour son expansion ou utilisez-le comme grande haie libre à floraison précoce. Des fruits rouges suivent les fleurs durant l'été. Il vaut la peine de dégager le tronc de cet arbuste en le taillant à l'occasion pour mieux apercevoir son écorce exfoliante.

CORYLOPSE GLABRE *Corylopsis glabrescens* H 1,8 m L 2 m Zone 6b Un arbuste large et bas, d'apparence délicate, qui convient bien aux jardins de sous-bois. Il produit des fleurs parfumées jaune pâle qui retombent des branches nues, créant un étalage élégant au début du printemps. Les feuilles sont uniques, larges et ovales avec des nervures profondes. Elles deviennent jaunes à l'automne. Son cousin similaire, mais plus rustique, est le corylopse à épis (*Corylopsis spicata,* zone 6a). Les deux réussissent aussi très bien en zone 5 dans un emplacement protégé du vent.

BOIS JOLI *Daphne mezereum* H 90-120 cm L 80 cm Zone 3a Extraordinaire pour son parfum, le bois joli sera surtout placé près d'une porte d'entrée où ses fleurs rose pourpre peuvent être appréciées tôt au printemps. En Europe, il fleurit aussi tôt que janvier, mais une floraison en avril (parfois mars) est plus normale sous notre climat. Son feuillage bleu-vert est attrayant en été et ses superbes baies rouge vif (toxiques) apparaissent au début de l'automne.

AMANDIER NAIN DE RUSSIE *Prunus tenella* H 1-1,5 m L 1 m Zone 2a Il existe deux amandiers ornementaux populaires, à fleurs doubles, l'amandier de Chine (*Prunus triloba multiplex,* zone 4) et l'amandier du Japon (*Prunus glandulosa* 'Sinensis', syn. P. g. 'Rosea Plena', zone 5a), mais ils vivent très peu de temps sous notre climat. L'amandier nain de Russie est plus rustique et vivra des décennies dans un emplacement ensoleillé et un sol riche et bien drainé. Il fleurit à nu au printemps, ces tiges se recouvrant de fleurs simples roses ; les feuilles suivent vers la fin de la floraison. Ses feuilles étroites vert foncé luisant sont attrayantes en été ; elles deviennent jaune orangé à l'automne.

RHODODENDRON PJM *Rhododendron* 'PJM' H 1,2 m L 1,5 m Zone 4a Ce rhododendron à petites feuilles persistantes est justement célèbre pour sa floraison hâtive si vivement colorée. En effet, les fleurs mauve rosé à lavande semblent être éclairées de l'intérieur, donnant un coup d'éclat au jardin qui tarde à se réveiller au printemps. Le feuillage devient d'un bel acajou rehaussé d'écarlate à l'automne. Il ne demande aucune protection hivernale si on le plante à l'abri des vents dominants.

SAULE MARSAULT *Salix caprea* H 5 m L 4 m Zone 4b C'est le saule à chatons classique, avec un port large et ovale atteignant éventuellement une bonne hauteur. Il réussit mieux dans un sol humide à la luminosité vive. Pour le maintenir à 2 m ou moins, rabattez annuellement les branches les plus âgées. Les chatons commencent déjà à apparaître à la fin de l'hiver et persistent pendant quatre à six semaines. Il existe une forme pleureuse greffée, *S. caprea* 'Kilmarnock' (syn. 'Pendula'), qui convient aux espaces restreints.

VIORNE DE CORÉE *Viburnum carlesii* H 1,2-1,5 m L 1,2-1,5 m Zone 5b L'une des viornes précoces les plus rustiques, la viorne de Corée est surtout cultivée pour ses boutons rose foncé en ombelles qui s'épanouissent pour révéler des fleurs blanc pur incroyablement parfumées. Ses fruits sont attrayants, passant en mûrissant du vert au rouge, puis au noir, et ils attirent les oiseaux. Son feuillage duveteux et dentelé, vert foncé luisant l'été, devient souvent rouge vin à l'automne, notamment si l'arbuste est au plein soleil. Soleil ou mi-ombre, sol bien drainé et riche.

LES DIX MEILLEURS BULBES À FLORAISON PRINTANIÈRE

Aux premiers jours du printemps, il y a encore beaucoup de temps avant que les branches nues des arbres et des arbustes se recouvrent de feuilles. C'est alors que l'on profite au maximum des bulbes à floraison printanière et des plantes de sous-bois que l'on peut naturaliser afin d'obtenir un étalage fiable de feuilles et de fleurs fraîches dès la fonte des neiges. Les bulbes, les cormus et les tubercules ne sont pas tous véritablement pérennes cependant, mais certains peuvent revenir indéfiniment, des décennies durant, leur nombre augmentant d'année en année.

Les plantes décrites ici se naturalisent facilement. Vous pouvez les laisser vagabonder à travers les plates-bandes, les sous-bois et même la pelouse. Les bulbes se naturalisent plus rapidement si on les plante par touffes généreuses, alors qu'ils se touchent ou presque. Si le sol est humide, ils se ressèmeront par colonies, les jeunes fleurissant après quatre ou cinq ans, puis les colonies s'agrandiront plus rapidement. Laissez toujours le feuillage mûrir jusqu'à ce qu'il commence à jaunir avant de l'enlever, ce qui assure que le bulbe aura emmagasiné assez d'énergie pour sa reproduction. Et laissez les tiges florales jusqu'à ce que les capsules mûrissent et libèrent leur contenu dans le jardin. Si vous plantez des petits bulbes, comme les scilles et les crocus botaniques, dans le gazon, résistez à la tentation de tondre la pelouse avant que leur feuillage ait commencé à jaunir. De toute façon, il est bon que le gazon pousse un peu plus haut au printemps, ce qui favorise un enracinement en profondeur qui le protégera contre la sécheresse.

CROCUS *Crocus* spp. H 7-15 cm L 6 cm Zone 3 Les crocus les plus hâtifs sont les crocus botaniques. Ils fleuriront pendant plusieurs années dans le jardin, mais se ressèment rarement sous notre climat. Ce groupe très coloré comprend à la fois des espèces et des hybrides simples de crocus sauvages. Recherchez le bicolore *C. tomasianus* 'Barr's Purple', le jaune, blanc et violet *C. sieberi* 'Tricolor' et les divers cultivars de *C. chrysanthus*, comme le jaune et marron 'Gypsy Girl', le pourpre royal 'Prins Claus', et le blanc et pourpre 'Lady Killer'.

SCILLE DE SIBÉRIE *Scilla sibirica* H 10-15 cm L 7-10 cm Zone 2 Sous notre climat, de tous les bulbes, c'est la petite scille de Sibérie qui se naturalise le mieux. Le bulbe se ressème abondamment, formant de denses colonies dans le gazon, les plates-bandes, les sous-bois ouverts, etc. Fleurissant un peu plus tard que les autres petits bulbes, ses cloches inversées bleues apparaissent quand les derniers crocus fanent, prolongeant la saison de la pelouse fleurie, notamment. 'Spring Beauty', aux fleurs bleu vif, est la variété la plus courante. 'Alba' porte des fleurs blanches.

MERTENSIA DE VIRGINIE *Mertensia pulmonarioides*, syn. *M. virginica* H 45-60 cm L 30 cm Zone 2 Les feuilles ovales bleu-vert s'épanouissent tôt au printemps, suivies de près par les cloches bleu vif des fleurs. Il s'agit d'une vivace qui se comporte comme un bulbe, car il entre en dormance dès le début de l'été. Il proliférera dans un sous-bois ombragé ou ouvert, mais seulement dans un sol humide. C'est un excellent compagnon pour les narcisses botaniques *(Narcissus),* bien que ces derniers se naturalisent mieux en plein champ où le sol est humide au printemps, mais plus sec l'été. *N. bulbocodium* et *N. jonquilla* sont deux des meilleurs narcisses pour la naturalisation.

JACINTHE À GRAPPES *Muscari* spp. H 15-40 cm L 8-12 cm Zone 3 Rustiques et faciles à cultiver, les muscaris, avec leurs fleurs bleu foncé, sont très jolis en compagnie des *Narcissus* jaunes et des érythrones. L'épi de petites fleurs bleues en boule de *M. neglectum* et de *M. azureum* rappelle une grappe de raisins et ils forment avec le temps des masses de bleu dans la plate-bande ou sous les arbustes. Parmi les variétés, on note *M. botryoides album* en blanc, *M. tubergianum* (syn. *M.* 'Oxford and Cambridge') à deux tons de bleu et le très double *M. armeniacum* 'Fantasy Creation', en bleu violacé.

ÉRYTHRONE *Erythronium* spp. H 15-40 cm L 10-15 cm Zone 3-4 Le long de sentiers forestiers et sous l'ombre percée de soleil du côté sombre d'un grand arbuste, le feuillage joliment marbré des érythrones formera éventuellement des colonies de cloches gracieuses qui fleuriront chaque printemps. Essayez le jaune *E. americanum* ou le plus gros *E. 'Pagoda'*, en jaune vif. Ce dernier ne se répand pas, cependant, mais reste à sa place. Un autre bulbe à floraison hâtive est l'étoile de Bethléem (*Ornithogalum umbellatum*) aux fleurs blanches redressées.

FRITILLAIRE MÉLÉAGRE *Fritillaria meleagris* H 25-30 cm L 10 cm Zone 3 La plante à floraison printanière que tout jardinier se doit absolument de posséder! Réellement curieuses et belles, les cloches inversées à carreaux blancs et pourpres se marient parfaitement aux feuilles minces bleu-vert. Ces plantes originaires des prés se ressèmeront si on ne les dérange pas et apparaîtront çà et là dans le jardin. Achetez les bulbes tôt et plantez-les sans tarder pour les empêcher de s'assécher. Mi-ombre à plein soleil.

PERCE-NEIGE *Galanthus* spp. H 10-25 cm L 8-12 cm Zone 3-4 Les perce-neige portent bien leur nom, apparaissant très tôt au printemps, parfois à la fin de l'hiver, même quand la terre est encore gelée. Leurs petites fleurs pendantes, blanc touché de vert, sont surtout attrayantes lorsqu'elles encerclent un arbuste à feuilles persistantes foncées, comme l'if ou le buis. Le plus fiable est *G. nivalis,* qui préfère un sol humide à la mi-ombre ou au soleil partiel. Le perce-neige géant, *G. elwesii,* plus gros, et le perce-neige double (*G. nivalis* 'Flore Pleno') ne se ressèment pas.

GLOIRE DES NEIGES *Chionodoxa* spp. H 10-25 cm L 8-10 cm Zone 3 Cette beauté printanière en bleu et blanc chassera sûrement le cafard hivernal ! Plantez-la sous les arbres où elle se mariera particulièrement bien avec la scille de Sibérie (*Scilla*) en bleu foncé et puschkinia (*Puschkinia libanotica*) en blanc strié bleu pâle. En général, les bulbes hybrides à floraison printanière ne sont pas aussi robustes que les espèces et se ressèment très peu.

TRILLE *Trillium* spp. H 12-60 cm L 15-30 cm Zone 3-5 Tout jardin devrait abriter quelques-unes de ces beautés printanières, adorées pour leurs fleurs à trois pétales et leur grande fiabilité. Le plus familier est le trille blanc classique (*Trillium grandiflorum),* aussi le plus grand. On trouve toutefois d'autres espèces, dont des trilles rouges – trille sessile (*T. sessile)* et trille dressé (*T. erectum)* – et des trilles jaunes, comme *T. luteum,* ce dernier au feuillage joliment marbré. Tous préfèrent les coins humides et ombragés et se multiplient lentement si on ne les dérange pas. Évitez de bêcher à leur proximité.

TULIPE *Tulipa* spp. H 15-75 cm L 15-25 cm Zone 3-4 Pour la naturalisation, préférez les tulipes botaniques (sauvages) : plus petites et plus hâtives que les tulipes hybrides, elles repousseront durant des décennies si on laisse leur feuillage mûrir. Elles ne se ressèment toutefois pas comme les petits bulbes. *T. tarda* (ci-dessus) produit des fleurs jaune intense et blanc qui s'ouvrent et se ferment avec le soleil. *T. saxatilis* 'Lilac Wonder' est rose lilas à cœur jaune. Parmi les autres bons choix, il y a *T. pulchella* 'Violacea', *T. sylvestris* et *T. acuminata*. Parmi les hybrides, les Darwin hybrides sont les plus durables, refleurissant annuellement pendant une décennie.

LES DIX MEILLEURS VÉGÉTAUX POUR LE COLORIS AUTOMNAL

Il est plaisant d'admirer les brillants coloris automnaux durant les journées fraîches précédant l'hiver, mais la période pour préparer cet étalage de couleurs est le printemps, quand les journées s'allongent et se réchauffent. C'est alors qu'il faut planter aux endroits stratégiques les arbustes et les arbres qui donneront des éclats de couleur à l'automne. Choisissez au moins quatre plantes au feuillage automnal coloré parmi les suggestions ci-contre et incorporez-les dans votre jardin à des endroits où elles pourront être bien visibles.

N'oubliez pas que la lumière du soleil est un facteur important dans la production des coloris automnaux des feuilles. Certaines plantes, comme le fusain ailé, doivent être au plein soleil pour produire leurs feuilles cramoisies. D'autres peuvent composer avec une demi-journée du soleil, comme l'hydrangée à feuilles de chêne et le géranium vivace. Le deuxième facteur en importance est l'eau : les plantes qui ont souffert de sécheresse au milieu de l'été ne seront pas capables de donner leur coloration automnale la plus vive. Voilà une autre bonne raison pour mettre en œuvre un programme d'irrigation fiable et efficace.

ÉRABLE DE L'AMOUR *Acer tataricum ginnala,* syn. *Acer ginnala* H 3-6 m L 3-6 m Zone 2a Ce grand arbuste ou petit arbre est très populaire sur les terrains urbains, en partie à cause de sa taille restreinte (il convient bien aux petits terrains), de ses fleurs printanières attrayantes, de ses feuilles vert moyen découpées en été et de ses samares souvent rouges en fin d'été, mais c'est avant tout pour son superbe coloris d'automne qu'il a la préférence. L'arbuste au complet devient rouge vif à rouge pourpré, selon l'intensité du soleil. Soleil ou mi-ombre. Tout bon sol bien drainé.

ARONIE À FEUILLES D'ARBOUSIER *Aronia arbutifolia* H 2-3 m L 1,5 m Zone 5a Un excellent arbuste pour l'arrière-scène d'une vaste plate-bande ou pour le coin d'un grand jardin. Les feuilles lustrées vert foncé de l'aronie deviennent d'un superbe rouge écarlate foncé à l'automne... et en même temps, ses fruits nombreux deviennent rouge vif. Recherchez le cultivar 'Brilliantissima', plus vivement coloré.

FUSAIN AILÉ *Euonymus alatus* H 4-6 m L 4-6 m Zone 5a Son feuillage automnal écarlate brûlant est l'attrait principal de cette espèce. Le cultivar plus petit 'Compacta' (1,2-1,8 m x 1-1,5 m, zone 4b) est similaire mais plus rustique, et il compose une excellente haie si vous plantez les arbustes à 1,5 m d'espacement. Le fusain européen *(E. europaeus)* (3-4 m x 1,5-3 m, zone 4b) offre aussi un attrait automnal : des fruits rose foncé et orange de septembre à novembre. Tous les fusains ailés ont besoin de plein soleil pour donner de belles couleurs.

ARBRE AUX QUARANTE ÉCUS *Ginkgo biloba* H 20 m L 8 m Zone 4 Cet arbre des temps immémoriaux offre un feuillage caractéristique. Malgré sa grande hauteur, il occupe relativement peu d'espace et ne jette pas d'ombre dense avant plusieurs décennies. Résistant à la pollution et à la sécheresse, il apparaît d'un beau jaune clair à l'automne, éclairant tout le terrain. Seuls les plants mâles sont vendus : les plants femelles produisent des fruits malodorants et n'ont pas leur place dans les jardins.

CARYOPTÈRE HYBRIDE *Caryopteris x clandonensis* H 60-80 cm L 60-80 cm Zone 6b Ce petit arbuste gèle au sol tous les hivers, mais il récupère amplement au printemps, même en zone 4b, si on le plante là où la neige s'accumule ou si on applique à sa base une épaisse couche de feuilles mortes à l'automne. Il produit d'étroites feuilles gris-vert et des fleurs plumeuses bleues de la fin de l'été au début de l'automne, sur le bois de l'année. 'Dark Knight' et 'Kew Blue' sont les plus foncés ; 'Azure' est bleu plus vif et 'Blue Mist' est bleu poudre. Soleil, sol ordinaire. Attendez la mi-printemps avant de supprimer le bois mort.

BOURREAU DES ARBRES *Celastrus scandens* H 9 m Zone 3b Il vous faut deux spécimens, le mâle 'Hercules' et la femelle 'Diane', pour obtenir les fruits fabuleux écarlate et orange qui recouvrent les tiges grimpantes du bourreau des arbres. Les branches coupées servent souvent aux décorations de Noël. Attention ! Cette grimpante exubérante possède assez d'énergie pour anéantir de vieilles souches et étrangler à mort des arbres. Par contre, elle convient bien aux emplacements dégarnis ou sauvages. Plein soleil, sol pauvre.

CORNOUILLER DE SIBÉRIE *Cornus alba* 'Sibirica' 'Siberica' H 1,8-3 m L1,5 m Zone 2a Feuilles vertes et tiges rouge corail brillant. 'Sibirica Variegata' offre des feuilles marginées de blanc. L'un et l'autre sont superbes en association avec *Cornus sericea* 'Flaviramea', aux branches jaunes. Le cornouiller aux plus beaux coloris d'écorce est cependant *C. sanguinea* 'Winter Flame' (syn. 'Winter Beauty'), aux tiges jaunes à orange teintées de rouge. Rabattez annuellement la moitié des branches au sol pour stimuler la croissance de nouvelles tiges, toujours plus colorées. Plein soleil.

HYDRANGÉE À FEUILLES DE CHÊNE *Hydrangea quercifolia* H 1-1,5 m L 1,5-2,5 m Zone 5b Comme toutes les hydrangées, cette espèce pousse et fleurit bien à la mi-ombre. Sous un éclairage plus intense, les feuilles similaires à celles du chêne prennent des teintes brillantes de rouge, de brun-orange et de pourpre à l'automne. Cette hydrangée fleurit peu sous un climat froid, mais on peut s'en contenter pour une floraison automnale spectaculaire. Sa cousine, l'hydrangée paniculée ou hydrangée P.G. (*Hydrangea paniculata* 'Grandiflora') produit des inflorescences coniques blanches qui deviennent rosées à l'automne et sèchent bien.

BLEUETIER EN CORYMBE *Vaccinium corymbosum* H 1-1,8 m L 80-150 cm Zone 5 Arbuste dressé aux branches multiples portant de petites fleurs blanches teintées rose en forme d'urne suivies de fruits acides comestibles bleu-noir. Les feuilles automnales sont jaune vif, orange et rouge. Facile à cultiver dans un sol humide et organique au pH faible (4,5 à 5,5). Plantez-le dans une plate-bande surélevée remplie d'écorce déchiquetée, de tourbe, de fumier décomposé et de compost avec assez de sable grossier pour assurer un bon drainage. Vous pouvez aussi ajouter du soufre en pilule ou en poudre pour acidifier le sol.

VIORNE PLICATUM *Viburnum plicatum tomentosum* H 3,5 m L 2,5 m Zone 6a Cet arbuste peu rustique peut se cultiver en zone 5 en le plaçant à l'abri du vent. Il est surtout réputé pour sa floraison : deux rangées de fleurs blanc pur qui recouvrent ses branches au début de l'été. Sa coloration automnale est également intéressante : un beau rouge vin foncé ! Sa silhouette hivernale est remarquable grâce à sa croissance en forme d'étages horizontaux. Parmi les cultivars, notons 'Mariesii', 'Lanarth', 'Shasta' et 'Newport', ce dernier constituant une sélection naine intéressante pour une haie.

LES DIX MEILLEURS ARBUSTES D'AGRÉMENT HIVERNAL

Les jardiniers que les fleurs séduisent doivent faire quelques efforts pour se montrer sensibles à d'autres types d'attraits en hiver. Quand les feuilles et les fleurs ne sont plus présentes, les arbustes peuvent alors montrer leur vrai caractère. Après le feu d'artifice des coloris d'automne, les tiges hivernales du fusain ailé se garnissent de jolis fruits rouges. Le corète du Japon double, surtout planté pour ses superbes fleurs estivales dorées, surprend avec ses tiges vert pomme en hiver. Les plantes qui présentent des tiges curieusement formées, comme le noisetier tortueux, ou des baies rouge vif, comme le pimbina, peuvent aussi être des sources d'agrément en hiver.

Un bon emplacement est crucial si on veut vraiment profiter des attraits ornementaux de certaines plantes en hiver. Il est préférable de situer les plantes dont la forme est curieuse ou dont les fruits ou l'écorce sont colorés près des portes et des fenêtres où vous pourrez les contempler tous les jours. Il n'en faut pas beaucoup – une seule plante vedette peut suffire – , et, si vous les placez à portée de la main, votre aménagement deviendra vraiment un jardin des délices douze mois par année.

CORNOUILLER DE SIBÉRIE *Cornus alba* 'Siberica' H 1,8-3 m L 1,5 m Zone 2a Les feuilles vertes de l'été tombent pour révéler une écorce rouge corail qui contraste fortement avec la neige. 'Flaviramea', aussi aux feuilles vert uni, offre des tiges jaunes. 'Gouchaultii' donne des feuilles vertes, jaunes et roses sur des tiges rouges. Pour une coloration de l'écorce plus accentuée, cultivez ces arbustes au plein soleil et supprimez quelques vieilles branches tous les ans, ce qui stimulera la repousse de jeunes tiges plus colorées.

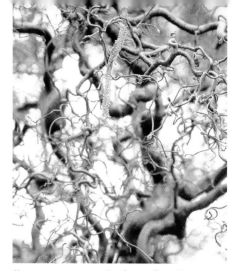

NOISETIER TORTUEUX *Corylus avellana* 'Contorta' H 2 m L 1,5 à 2 m Zone 5b Intrigant en hiver, avec ses tiges spiralées et tordues et son écorce brun argenté. Ses bourgeons floraux s'allongent durant l'hiver, devenant d'élégants chatons au printemps. Pousse bien au soleil ou à l'ombre légère, mais ses tiges sont davantage tordues lorsqu'il est cultivé au plein soleil. Supprimez toute branche lisse ou droite qui pousse de sa base.

SUMAC VINAIGRIER À FEUILLES DÉCOUPÉES *Rhus typhina* 'Dissecta' H 2-4 m L 2-5 m Zone 3a Plante gracieuse à feuillage plumeux qui devient jaune orange flamboyant à l'automne. Les fruits rouge cramoisi ramassés en cônes aux extrémités des branches sont très visibles, une vraie gâterie autant pour le jardinier que pour les oiseaux... du moins, le temps qu'ils durent. Le sumac vinaigrier est une plante très envahissante qui colonisera tout espace vide. Employez-le dans les emplacements difficiles à atteindre où justement vous cherchez une plante qui comblera le vide.

ARGOUSIER *Hippophae rhamnoides* H 2-9 m L 2-9 m Zone 2b Intéressant en toute saison, l'argousier produit des branches épineuses aux nombreuses feuilles étroites vert argenté en été, mais ses nombreux petits fruits orange dominent en hiver. La silhouette tordue et l'écorce noire des vieux sujets jamais taillés, qui peuvent éventuellement devenir de petits arbres, en font un genre de bonsaï naturel. C'est un arbuste très adapté aux conditions difficiles : sols pauvres et secs, air très pollué, sel marin, etc., mais il poussera bien dans un sol plus riche. Plein soleil. Il faut au moins un sujet mâle pour quatre ou cinq femelles pour obtenir des fruits qui sont d'ailleurs comestibles.

BOULEAU NOIR FOX VALLEY *Betula nigra* 'Little King' Fox Valley™ H 2,5 à 3 m L 3 à 4 m Zone 2a Tout le monde connaît et apprécie l'attrayante écorce exfoliante des grands bouleaux, comme le bouleau à papier *(Betula papyrifera)* et le bouleau de l'Himalaya *(Betula utilis jacquemontii)*, mais il existe aussi des bouleaux arbustifs dont au moins un présente une écorce colorée attrayante. Le bouleau Fox Valley revêt une forme arrondie et offre une écorce blanche dans sa jeunesse, qui devient exfoliante et de couleur crème, cannelle et rose à maturité. Cet arbre n'est pas susceptible à l'agrile du bouleau. Soleil, sol humide.

HOUX VERTICILLÉ *Ilex verticillata* H 1-2,5 m L 75 à 200 cm Zone 3b Un houx indigène à feuillage caduc qui attire tous les regards l'hiver grâce à ses nombreux fruits rouge brillant. Il faut au moins un plant mâle pour six femelles pour obtenir une bonne fructification... à moins qu'il n'y ait des houx verticillés sauvages dans les environs. Il existe maintenant un vaste choix de cultivars femelles, souvent vendus avec un mâle pollinisateur correspondant, comme 'Jim Dandy' (M) et 'Afterglow' (F) ou 'Red Sprite' (F) ; ou encore 'Southern Gentleman' (M) et 'Winter Red' (F). Sol humide, soleil ou mi-ombre.

CORÈTE DU JAPON DOUBLE *Kerria japonica* 'Pleniflora' H 1,2 m L 1,5 m Zone 5b Les minces tiges vert pomme demeurent vivement colorées durant l'hiver. Les larges touffes arquées portent des fleurs jaunes en forme de mini-roses au début de l'été et sont utiles pour combler un coin ou cacher une souche. 'Picta' offre des feuilles gris-vert marginées de blanc. Superbe avec la julienne des dames *(Hesperis matronalis)* et l'ancolie *(Aquilegia)* qui fleurissent au même moment. Ombre partielle à plein soleil.

ROSIER SAUVAGE *Rosa* spp. H 1-5 m L 1-5 m Zone 2-5 Si on ne supprime pas les fleurs fanées des rosiers, ils produisent des fruits colorés appelés cynorrhodons. Ce sont généralement les rosiers sauvages qui offrent les cynorrhodons les plus nombreux et les plus colorés. Avec ses fruits rouge orangé et sa hauteur restreinte, l'églantier des Alpes *(Rosa pendulina)* est parfait pour un petit coin ensoleillé. Pour le fond de scène d'une plate-bande, essayez des rosiers plus hauts et plus arqués, comme *R. holodonta* et *R. x highdownensis*.

SAULE DORÉ TORTUEUX *Salix* 'Erythroflexuosa' H 10 m L 5 m Zone 5a Le plus petit des saules tortueux, 'Erythroflexuosa' fait un grand arbuste ou un petit arbre. Ses branches bien espacées et tournées en tire-bouchon présentent une écorce jaune doré à orange. Les feuilles vertes étroites aussi sont tordues. Soleil. Tout sol bien drainé.

PIMBINA *Viburnum trilobum* H 2,5-5 m L 2-3 m Zone 2a Cette viorne indigène compte parmi les plus colorées de toutes les viornes, grâce à ses fleurs blanches abondantes au printemps, son feuillage écarlate à l'automne et ses lourds fruits rouge vif qui persistent jusqu'à la fin de l'hiver. Le cultivar nain, *V. trilobum* 'Compactum', est populaire en haie, mais peu florifère et fructifère. Lui préférer 'Bailey Compact' ou 'Alfredo', de la même taille, mais qui fleurissent et fructifient en abondance. Soleil ou mi-ombre, sol humide.

L'entretien de l'aménagement paysager

6

A près tant de préparatifs minutieux, votre plan d'aménagement s'est maintenant concrétisé et vous pouvez vous reposer en paix. Mais pas tout à fait. Un jardin, voyez-vous, est en constante évolution ; il continue de croître et de se transformer, même durant les mois d'hiver. Les cycles naturels sont constamment à l'œuvre, qu'il s'agisse du sol, des plantes et même des matériaux inanimés. Les pierres et le bois changent sous l'effet du temps : la patine de l'âge trahit leur vieillissement. Les végétaux commencent à changer dès l'instant où on les plante. Après cinq années de croissance, leur structure ligneuse aura pris de l'expansion, s'étirant pour chercher la lumière et affichant une silhouette mature. Certaines plantes auront sans doute succombé assez rapidement sans laisser de traces alors que d'autres auront profité et même fait des petits. Les orages peuvent causer des changements, les insectes et les maladies vont et viennent, et les conditions environnementales, comme la chaleur et le froid, peuvent provoquer des stress prolongés. Plusieurs de ces changements sont acceptables, certains doivent être corrigés, mais les jardiniers se soucient avant tout de la santé et de la qualité constantes des plantes et du sol.

LA FERTILISATION DES VÉGÉTAUX

Il vaut la peine de se rappeler que les plantes ont prospéré sur la planète Terre pendant des millions d'années avant que quelqu'un n'ait l'idée de les fertiliser. De toute évidence, elles sont capables d'arriver à maturité en utilisant uniquement des nutriments produits par leur propre feuillage. Mais quel jardinier peut résister à en faire juste un petit peu plus pour les plantes qu'il a si méticuleusement choisies ? Les engrais organiques, comme le compost, le fumier, la farine de sang et la poudre d'os, contiennent des éléments nutritifs à libération lente en plus d'une gamme complète d'oligo-éléments importants pour une croissance saine. Par contre, la plupart des préparations commerciales sont à libération rapide ; elles contiennent les trois principaux éléments, mais peu ou pas d'oligo éléments. Les engrais organiques constituent donc un meilleur

SAVOIR COMPTER JUSQU'À 3

Engrais tout usage 10-10-10

Composition garantie	
Azote total (N)	10%
Phosphate disponible (P₂O₅)	10%
Potasse soluble (K₂0)	10%

LES éléments nutritifs de base pour les végétaux sont l'azote, qui assure une coloration vert foncé et une croissance vigoureuse des feuilles, le phosphore, qui stimule un développement dynamique des racines et des boutons floraux, et le potassium, pour des tissus sains. Trois nombres apparaissent sur chaque sac ou boîte d'engrais. Ils indiquent les proportions des principaux éléments nutritifs contenus, toujours dans le même ordre : azote, phosphore, potassium. Par exemple, les nombres 10-15-6 veulent dire que cet engrais contient, pour le poids total, 10 % d'azote, 15 % de phosphore et 6 % de potassium.

Les engrais de base pour les plantes ornementales devraient toujours indiquer des nombres inférieurs à vingt. Tout nombre supérieur signifierait que le mélange contient un élément trop concentré qui risque d'endommager les plantes.

Ci-contre : Un beau jardin exige de l'entretien pour rester dans cet état. Même les graminées ornementales, théoriquement autosuffisantes, demandent au moins un rabattage au sol à chaque printemps et plusieurs vivaces auront besoin d'être divisées après quelques années. Les plantes profitent toujours d'une amélioration de la fertilité du sol résultant de l'application d'amendements organiques et de paillis isolants.

FERTILISER VOS PLANTES

APPLIQUEZ les engrais au printemps au moment où il est évident que la croissance a repris. On peut noter chez les conifères des pointes de nouvelle croissance vert pâle alors que les arbres, les arbustes et les rosiers présentent des bourgeons gonflés qui s'ouvrent pour révéler les pointes de nouvelles feuilles.

Le fumier, la farine de sang et la poudre d'os sont des engrais à libération lente dont les pourcentages d'éléments de base sont faibles. On peut les faire pénétrer légèrement dans le sol, jusqu'à une profondeur de 15 centimètres autour des racines des plantes. L'emballage de la farine de sang et de la poudre d'os indique quelle quantité utiliser.

Appliquez généreusement le fumier bien décomposé et le compost de jardin fait maison. Les deux constituent des engrais parfaits pour les végétaux. Vous pouvez les faire pénétrer dans le sol ou simplement les appliquer sur la zone des racines comme un paillis.

Vous pouvez appliquer des engrais granulaires commerciaux en les faisant pénétrer dans les 7,5 premiers centimètres du sol et selon le dosage indiqué sur l'emballage. Ces engrais risquent cependant de brûler les plantes. Arrosez toujours en profondeur après l'application et n'appliquez jamais une quantité plus importante ou à une fréquence plus grande que ce que le fabricant recommande.

Il est peut-être plus pratique d'appliquer un engrais liquide au moyen d'un vaporisateur fixé à l'extrémité du tuyau d'arrosage, mais la perte en évaporation est plus grande que la quantité qui se rend à la plante.

choix pour les plantes, car ils offrent un repas nutritif complet. Les engrais industriels ont aussi une valeur nutritive, mais ils fournissent un menu moins complet.

Appliquer un engrais à une plante avant qu'elle ne soit prête à pousser peut provoquer un effet tout à fait contraire à celui qui est recherché ; l'engrais peut freiner ou même stopper provisoirement sa croissance éventuelle. Recherchez d'abord de nouveaux bourgeons ou de nouvelles feuilles avant de fournir des nutriments supplémentaires. Comme les plantes fabriquent presque tous les éléments nutritifs dont ils ont besoin de toute façon, allez-y doucement dans les « repas supplémentaires » que vous voulez leur donner. Elles n'en ont pas vraiment besoin, mais elles donneront de meilleurs résultats avec juste un peu d'engrais supplémentaire. Une quantité excessive peut brûler leurs racines fragiles et causer une accumulation toxique de sodium dans le sol.

Attention ! Appliquer un engrais tard en été peut provoquer la production d'une croissance nouvelle qui n'aura pas le temps de s'endurcir avant l'arrivée du gel. La plante sera prédisposée au gel de ses extrémités durant l'hiver et pourra même subir des dégâts plus sérieux ; sa rusticité générale (résistance au froid) sera également réduite. Si vous vivez dans une région où les gels hivernaux sont sévères, n'appliquez pas d'engrais après la mi-juillet. Les engrais aux faibles pourcentages d'éléments de base (1, 2, 3, etc.), comme le fumier et le compost, peuvent cependant être appliqués à tout moment. Si les plantes n'ont pas besoin de cet apport énergétique pour leur croissance immédiate, elles emmagasineront l'énergie dans leurs racines et leur couronne pour une utilisation future.

L'écorce déchiquetée est l'un des meilleurs paillis de jardin. Elle conserve une température de sol fraîche durant la canicule et maintient une humidité constante dans la zone des racines des végétaux.

État et fertilité du sol

Un sol sain grouille en permanence de microbes bénéfiques qui produisent les éléments de base de la nutrition des végétaux. Pour garder un sol en bonne condition, il faut s'assurer qu'il contient des matières organiques et qu'il a la texture appropriée ; il devra être revivifié et amendé chaque année. Vous n'avez pas besoin de connaissances scientifiques pour maintenir la productivité d'un sol de jardin. Il suffit de lui offrir régulièrement des matériaux organiques courants comme des feuilles, des aiguilles de pin, du fumier décomposé et du compost, qui renouvèleront constamment sa fertilité et assureront une oxygène et une humidité abondantes dans la zone des racines.

La méthode la plus facile et la moins coûteuse pour améliorer la texture d'un sol et sa fertilité naturelle consiste à laisser les feuilles sur le sol à l'automne. Les feuilles sont un conditionneur de sol idéal, car elles contiennent suffisamment de fibres et d'éléments nutritifs de base que les microbes peuvent convertir en humus. Les vers de terre, qui consomment d'énormes quantités de feuilles, déposent leurs déjections riches en éléments nutritifs justement là où les plantes peuvent facilement en profiter. Plus vous trouvez de vers de terre dans votre sol, plus il est riche.

Déchiqueter les feuilles mortes est la meilleure façon de vous assurer qu'elles resteront là où vous les voulez. En outre, des morceaux minuscules sont plus accessibles aux micro-organismes de décomposition et aux vers de terre. Vous pouvez déchiqueter les feuilles à l'aide d'une tondeuse à moteur conventionnelle ou d'une déchiqueteuse, un instrument peu coûteux qui traite uniquement les feuilles (mais pas les branches ni les rameaux) et qui produit un superbe paillis. Vous pouvez répandre une couche de feuilles déchiquetées de 5 à 7,5 cm sur vos plates-bandes et sur les racines de vos

Si votre hortensia produit des fleurs bleues, vous saurez que le pH de votre sol est bas. Si le pH est de plus de 6,0, les fleurs seront roses.

LE pH A-T-IL DE L'IMPORTANCE ?

La fertilité d'un sol de jardin est indiquée par son niveau de pH, qui mesure son caractère acide ou alcalin. L'échelle de pH va de 1 à 14, soit de très acide (petits nombres) à extrêmement alcalin (plus près de 14). Les éléments nutritifs essentiels aux plantes sont plus facilement disponibles lorsque le pH est légèrement acide ou neutre, soit entre 6,5 et 7. Si le taux est plus bas (acide) ou plus haut (alcalin), les éléments nutritifs peuvent se trouver solidement fixés aux molécules du sol et donc inaccessibles aux plantes.

Il est utile de connaître le pH moyen dans votre région. De plus, il est facile de faire analyser un sol par un laboratoire. Vous pouvez incorporer de la chaux dans un sol trop acide ou du soufre dans un sol trop alcalin, mais les résultats ne dureront que quelques semaines. Il est plus efficace d'ajouter des quantités abondantes de matières organiques tous les ans, les mélangeant au sol dans les trous de plantation et les appliquant, en tant que paillis, sur la surface des plates-bandes et des parterres. Les matériaux organiques comme les feuilles, l'écorce déchiquetée et les aiguilles de pin stabilisent ou corrigent le niveau de pH, ce qui rend les conditions du sol plus favorables à la croissance des végétaux.

L'AZOTE donne une coloration vert foncé et stimule la croissance des feuilles et des tiges.

LE PHOSPHORE stimule la croissance des racines et des tiges, et favorise le développement de boutons floraux.

LE POTASSIUM contribue à la santé et à la vigueur des plantes, et favorise leur résistance à la sécheresse et aux maladies.

arbres et arbustes. Vous pouvez au besoin recueillir les sacs de feuilles de vos voisins et louer une déchiqueteuse pour une grosse journée de production de paillis. Le vent ne déplacera pas les feuilles déchiquetées et la couche de feuilles se comprimera plus rapidement pour atteindre environ la moitié de son épaisseur d'origine. Si vous n'avez pas le temps de déchiqueter les feuilles, sachez que la plupart des feuilles entières peuvent être déposées directement sur le sol où elles seront consommées par les vers de terre et les micro-organismes en moins de douze mois. Seules les feuilles très larges, comme celles des érables de Norvège, doivent absolument être déchiquetées, sinon elles se tasseront sur le sol pour former une barrière impénétrable qui bloquera la circulation d'oxygène. Les feuilles de chêne sont riches en tanin, ce qui ralentit leur décomposition, mais elles font quand même un excellent paillis et ne constituent pas un tapis impénétrable.

Le compost de jardin fait à la maison et le fumier bien décomposé sont déjà des matières organiques qui sont presque prêtes à servir de nutriments. Vous pouvez les étendre sur la surface du sol ou les incorporer dans les trous de plantation. Le compost, le fumier et les feuilles sont les agents naturels les plus importants qui contribuent à la fertilité du sol : ils offrent le spectre complet des éléments majeurs et mineurs nécessaires à la croissance des végétaux. Préférez-vous constituer un sol sain que vous enrichirez de matières organiques ou utiliser des engrais industriels emballés ? Vous feriez peut-être mieux de laisser ces derniers sur leur étalage.

Tout jardinier rêve d'une boîte de compost géante, mais vous pouvez fabriquer facilement du compost en entassant ses composants dans des coins peu visibles du terrain. Pour tenir en place les tas élevés, entourez-les de branches rameuses.

Parasites et maladies

Les insectes et les maladies fongiques font partie de l'écologie du jardin, même s'il est difficile de l'admettre quand on se trouve confronté à des pétales mâchouillés ou à des feuilles saupoudrées de mildiou. Mais sachez que seulement dix pour cent des insectes ont la capacité d'endommager les plantes et que quatre-vingt-dix pour cent sont davantage intéressés à préserver et à protéger les végétaux. Il est donc utile de se montrer plus tolérant vis-à-vis des bestioles et d'accepter une certaine part d'intervention animale. Même imparfaites, des plantes peuvent encore offrir beaucoup d'agrément.

Les pathogènes fongiques sont naturellement présents dans tous les jardins et il est impossible de les éradiquer complètement. Mais une bonne hygiène, fondée sur la suppression des végétaux pourris, et une augmentation de la circulation de l'air, qu'on peut obtenir en ne plantant pas trop densément, aident beaucoup à prévenir les maladies. La meilleure défense contre les insectes est une population d'oiseaux importante. Les oisillons affamés exigent une nourriture continue à base d'insectes riches en protéines, et ce, précisément au moment où les insectes indésirables prolifèrent dans le jardin. Les insectes bénéfiques comme les chrysopes et les coccinelles seront attirés au jardin par des plantations de fenouil, d'achillée, de camomille et de trèfle, et ils se feront un plaisir de dévorer les bestioles néfastes.

Non seulement une tournée d'inspection régulière de vos plantes vous permettra-t-elle de profiter davantage de votre jardin, mais vous découvrirez aussi les problèmes de parasites avant qu'ils ne deviennent incontrôlables. Si jamais un problème de parasite devient réellement accablant, mieux vaut peut-être enlever la plante pour la saison plutôt que de recourir à un arsenal chimique puissant. Si vous devez vaporiser, n'utilisez que des insecticides d'origine botanique comme le pyrèthre, qu'on trouve dans plusieurs pesticides biologiques. C'est un produit efficace, mais qu'il faut employer avec prudence. Portez des gants de caoutchouc quand vous vaporisez, recouvrez vos bras, vos jambes et vos pieds, et évitez de respirer tout pesticide vaporisé en suspension dans l'air.

Scarabées japonais Récoltez-les à la main ou vaporisez-les avec un mélange de pyrèthre et d'alcool (voir Pucerons). Vous pouvez aussi acheter des pièges à phéromones (un attractif sexuel) et les placer dans une plate-bande loin des végétaux vulnérables.

Limaces Vaporisez-les d'une solution composée de parties égales d'eau et d'ammoniaque ou saupoudrez-les de sel de table. Ou encore, étalez un généreux cercle de soufre en poudre sur le sol tout autour des plantes vulnérables : les limaces ne le traverseront pas.

Aleurodes (mouches blanches) Utilisez un pesticide à base de pyrèthre (voir Pucerons) et vaporisez deux fois à sept jours d'intervalle. Humidifiez bien la plante infestée, surtout l'envers des feuilles.

Kermès (cochenilles) Vaporisez une solution de trois pour cent d'huile horticole légère (appelée aussi huile supérieure) directement sur les insectes pour les faire suffoquer. Ou vaporisez avec une solution de pyrèthre et d'alcool (voir pucerons).

Pucerons Vaporisez avec un insecticide composé de 500 ml d'un produit à base de pyrèthre et de 15 ml d'alcool isopropylique (alcool à friction). Vaporisez les pucerons directement : ils doivent être recouverts de liquide pour que la solution soit efficace.

Perce-oreilles (forficules) Construisez un piège en écrasant et en fermant à l'agrafeuse l'extrémité d'un tube de carton et déposez-le sur le sol sous des feuilles. Les perce-oreilles iront se cacher dans le tube durant la journée et il suffira alors de secouer le tube au-dessus d'une eau savonneuse.

Types de vaporisation

VAPORISATIONS INSECTICIDES

Les pesticides maison sont plus efficaces en tant que répulsifs, soit avant le développement d'infestations importantes. On peut ainsi prévenir l'invasion de populations importantes d'insectes dévastateurs si on applique régulièrement des répulsifs sur des plantes qu'ils ont la réputation d'aimer. Il est important de traiter seulement les plantes qui sont fréquemment infestées, car les traitements répulsifs peuvent aussi tuer ou décourager les insectes utiles. Rappelez-vous que la perfection n'a pas sa place dans le jardin. Il est important d'arriver à tolérer les dommages mineurs.

Que vous utilisiez une préparation commerciale ou un mélange maison, étiquetez bien tout contenant ou bouteille avec un marqueur à l'épreuve de l'eau.

VAPORISATION AU PIMENT ET À L'AIL

Ce mélange contient assez d'huiles volatiles piquantes pour brûler l'appareil buccal des insectes suceurs, mais il est si piquant qu'il brûlera aussi la peau humaine. Attention de ne pas vous éclabousser ! Le port de gants de cuisine en caoutchouc et d'une paire de lunettes de sécurité est une précaution qui va de soi.

125 ml de piments forts frais
2 grosses gousses d'ail
500 ml d'eau
15 ml d'huile végétale

Liquéfiez les ingrédients dans un mélangeur ou un robot culinaire, puis passez le mélange dans une passoire de cuisine recouverte d'un mouchoir de poche. Versez dans un pulvérisateur et étiquetez. Vaporisez les surfaces supérieures et inférieures des plantes qui montrent des symptômes d'infestation.

SAVONS INSECTICIDES SUPER-PUISSANTS

Les savons insecticides commerciaux sont beaucoup plus efficaces que tout ce que vous pourriez fabriquer vous-même à partir de savon à vaisselle ; de plus, ils n'endommageront pas les tissus délicats des végétaux. Un mélange de savon insecticide est cependant plus efficace lorsqu'il est allongé d'alcool à friction (alcool isopropylique), un produit qui fait fondre la cuticule cireuse qui recouvre les insectes au corps mou, comme les pucerons, les aleurodes et les ciccadelles. Par contre, l'alcool aura peu d'effet sur les insectes à carapace dure comme les perce-oreilles et les scarabées japonais.

500 ml de savon insecticide commercial prêt à utiliser
15 ml d'alcool à friction (alcool isopropylique)

Mélangez le savon insecticide commercial selon le mode d'emploi du produit et versez-le dans un vaporisateur bien étiqueté. Ajoutez l'alcool à friction et brassez. Pulvérisez complètement les plantes infestées.

VAPORISATION ANTI-FOURMIS

Les fourmis détestent les huiles d'agrumes et abandonneront leur nid pour les éviter. Essayez la pâte décrite un peu plus loin, que les fourmis rapporteront au nid. Vous pouvez aussi inonder les fourmilières avec un tuyau d'arrosage, car les fourmis ne nagent pas ; un courant fort perturbera le nid et les dispersera.

3 agrumes (oranges, pamplemousses ou citrons)
750 ml d'eau bouillante

Au moyen d'un couteau à zester ou d'un couteau à éplucher, enlevez le zeste (la mince couche extérieure) des agrumes. Placez les zestes dans un bol et versez de l'eau bouillante. Laissez refroidir. Versez l'infusion d'agrumes refroidie sur les nids de fourmis indésirables dans la pelouse ou la plate-bande.

PÂTE ANTI-FOURMIS

Les fourmis adoreront cette pâte sucrée, mais ils empoisonneront leur nid en la rapportant. Vous trouverez du borax au supermarché, parmi les produits de lessivage.

15 ml de borax
Mélasse ou miel

Mélangez le savon au borax avec assez de mélasse ou de miel pour former une pâte. Placez de petits morceaux de pâte sur un papier ciré et posez-les près des fourmilières. Comme la pâte intéressera aussi les abeilles et les guêpes, attendez la nuit si vous voulez l'enlever.

VAPORISATION CONTRE LES MALADIES

Les maladies fongiques sont provoquées par des spores microscopiques qui atterrissent sur les tissus foliaires et s'y enracinent. Des taches, des striures ou des macules brunes finiront par indiquer la contamination, mais avant que les symptômes ne deviennent évidents, la maladie est déjà très avancée.

Pour prévenir les maladies fongiques comme la tache noire sur les rosiers, vaporisez à des fins préventives, soit avant le début des températures chaudes et humides. Rappelez-vous que c'est une méthode préventive seulement : elle ne guérira pas les plantes déjà malades.

VAPORISATION ANTI-TACHE NOIRE

5 ml de bicarbonate de soude
1 litre d'eau
Quelques gouttes de savon liquide

Mélangez le bicarbonate à l'eau, puis ajoutez quelques gouttes de savon pour mieux faire adhérer la solution aux feuilles. Vaporisez le feuillage des rosiers aux sept à dix jours, à partir de la mi-été.

La taille

La taille demeure un mystère pour la plupart des jardiniers, et avec raison. Chaque plante se développe selon un programme génétique qui lui indique ses dimensions finales à maturité… et l'intervention humaine n'est pas incluse. Quand un sécateur ou des ciseaux à haie tranchent dans du bois vivant, l'opération active des bourgeons dormants sur la partie inférieure de la branche, qui s'efforcent alors de remplacer le bois perdu. Il n'est donc pas surprenant que tant d'efforts pour contrôler la taille des végétaux soient contrariés par des poussées de nouvelles tiges. Il est donc sage de choisir des végétaux dont la taille à maturité correspond à l'espace disponible. Consultez un bon livre de jardinage ou des catalogues de pépinières pour découvrir la taille potentielle de la plupart des arbres et arbustes, et choisissez-en un qui conviendra à l'espace à combler. Si les arbustes deviennent trop gros là où vous les avez plantés, une taille répétée ne fera que les défigurer sans résoudre le problème. Plusieurs végétaux ligneux comme les forsythias, les spirées, les lilas et les cornouillers sont offerts en diverses tailles et sont peu coûteux. Dans le cas d'un arbuste trop gros, déterrez-le tout simplement et remplacez-le par une plante de la taille appropriée.

Tailler les arbres et les arbustes devrait surtout viser à corriger les dommages causés par le mauvais temps. L'accumulation de neige et de glace sur des branches peut atteindre un poids incroyable qui peut briser et fracasser le bois. Les déchirures irrégulières qui en résultent seront une porte ouverte aux infestations d'insectes et de maladies. La taille s'impose alors pour supprimer ces ouvertures. Si vous ne pouvez atteindre la branche endommagée avec un sécateur ou une scie à manche télescopique, il est essentiel de recourir à un arboriculteur professionnel. Il n'y a aucune justification pour monter vous-même dans un arbre et risquer de vous casser un bras en tombant. Sachez cependant que les sécateurs et les scies à manche télescopique peuvent avoir une portée de 3 à 5,5 m. Avec un peu d'entraînement, vous pouvez devenir un expert dans les réparations mineures nécessitant un peu de taille ou de sciage. L'important dans la taille est de supprimer le plus nettement possible toute branche qui pend, en laissant une coupe lisse et égale qui expose le moins de bois intérieur possible. Les enduits d'étanchéité pour les surfaces coupées ne sont pas nécessaires et peuvent même provoquer une carie sérieuse en empêchant la formation d'un cal cicatriciel.

Les jardiniers peuvent connaître un certain succès à revigorer des arbustes clairsemés ou fatigués en coupant le bois faible et grêle au tout début du printemps, avant l'éclosion des bourgeons (débourrement). Réduire la longueur de toutes les branches ou tiges de la moitié, toujours avant le débourrement, transférera l'énergie de la plante vers les bourgeons restants quand la température se réchauffera. Ces bourgeons gonflés à bloc auront donc plus que leur part de vigueur printanière. Vous pouvez même accentuer cette poussée de nouvelle croissance avec un généreux paillis de compost ou de fumier bien décomposé appliqué sur la zone des racines.

Les gros arbustes négligés déploient souvent tant de branches que les feuilles de l'intérieur meurent par manque de lumière. Pour rafraîchir un gros arbuste et stimuler la croissance de bois nouveau plus fort, supprimez

---

COMMENT COUPER

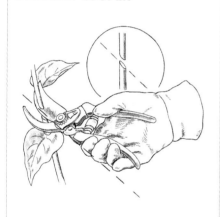

COUPER le bois à un angle de 45° permet à l'humidité de s'échapper facilement au niveau de la coupe. Bien que vous n'ayez coupé qu'une seule ramille ou qu'une seule branche, sa suppression activera deux bourgeons plus bas sur la branche. Chaque coupe augmente alors la quantité de bois par deux. C'est pour cette raison qu'une taille pour réduire les dimensions donne rarement les résultats escomptés : elle donnera souvent une plante plus grosse que celle que vous avez taillée ! Choisir une plante dont les dimensions à maturité correspondront à l'espace disponible est donc moins stressant (à la fois pour vous et pour la plante) et donnera un meilleur résultat.

un tiers des branches les plus âgées tous les ans, les sectionnant aussi près de la base que vous le pouvez. Il vous faudra sans doute un élagueur (sécateur à longs manches) ou même une égoïne à élaguer pour cette opération. Étendez ensuite du compost ou du fumier décomposé sur la zone des racines pour accroître l'énergie que la plante devra investir dans la production de bois nouveau. Après trois ans, vous aurez un arbuste totalement renouvelé.

Pour tailler avec succès les arbustes à fleurs, il faut connaître le bon moment. C'est après la floraison de l'année que la plupart des arbustes à fleurs forment les boutons floraux de l'année suivante. Si vous voulez réduire la taille de votre arbuste, il faudra donc le faire immédiatement après que ses fleurs ont fané. Attendre plusieurs semaines vous coûtera sans doute les boutons floraux de l'année suivante, supprimés lors de la taille. Il faut ainsi tailler les arbustes à floraison printanière qui fleurissent sur le bois de l'année précédente, comme le forsythia, le lilas, le cognassier du Japon, l'amandier à fleurs et le daphné, après la fin de leur floraison. Quant aux arbustes à floraison plus tardive, soit ceux qui fleurissent sur le bois de l'année, comme certaines spirées et les hydrangées, il faut aussi les tailler après la floraison, ce qui veut dire à l'automne ou très tôt au printemps de l'année suivante, avant l'éclosion des bourgeons.

À droite : Pour tailler de façon créative, il faut retrouver les vraies lignes de l'arbre, puis supprimer le bois secondaire (les rameaux minces qui portent les feuilles). Cette opération aide à faire ressortir l'aspect naturel d'espèces tel l'érable japonais.

TAILLER UN ARBRE

Non, la taille n'est pas un rite annuel du printemps. La plupart des arbres ont rarement besoin de taille, mais parfois la suppression d'un peu de bois peut être utile pour améliorer la santé de l'arbre et prolonger son existence. Le vent et le verglas peuvent blesser l'arbre, produisant des ouvertures accessibles aux insectes et aux maladies. Il faut alors corriger ces dommages, de façon à exposer le moins possible de bois d'intérieur. Les branches massives structurellement déséquilibrées (A), celles qui s'entrecroisent ou se touchent (B) et les branches trop basses qui pourraient assommer les passants (C) sont trois autres problèmes qu'une taille judicieuse et modérée peut résoudre.

Certains arbres profitent des quantités massives d'engrais riche en azote utilisées pour fertiliser le gazon qui les entoure. Ils produisent alors un grand nombre de branches rameuses (D) portant un excès de feuillage qui assombrit l'intérieur de l'arbre. Ce phénomène provoque une perte de feuilles et la mort de nombreux rameaux, et réduit la circulation de l'air, ce qui crée un environnement favorable aux pathogènes fongiques. Supprimer cette croissance excessivement rameuse dégagera l'intérieur de l'arbre, favorisant une meilleure circulation de l'air et de la lumière et stimulant une croissance plus saine.

La meilleure consiste à commencer par une évaluation minutieuse du port de l'arbre, de préférence quand les feuilles sont absentes et qu'on peut voir sa structure entière, y compris l'intérieur. Enlevez les branches mortes ou endommagées par le vent ou le verglas ainsi que celles qui s'entrecroisent ou qui se touchent. Essayez de voir si l'arbre apparaît bien équilibré, le poids de branches se répartissant presque également sur tous les côtés.

Mais ce qui est plus important encore, ne sectionnez *jamais* la faîte de l'arbre (E), soit sa pointe supérieure, car c'est elle qui dirige la croissance de l'arbre. Si vous l'éliminez, vous favoriserez une orientation de croissance différente qui pourra être plus difficile à contrôler et dont les résultats seront peut-être moins attrayants.

SUPPRIMER UNE GROSSE BRANCHE

En supprimant une branche d'arbre, il est important de causer le moins de dommages possible à l'écorce du tronc, car elle protège le cambium, une couche de cellules déterminantes pour la croissance de l'arbre. Si le cambium est exposé, la croissance et le développement de l'arbre peuvent être sérieusement mis en péril. Une coupe en trois étapes empêchera que le poids de la branche coupée ne vienne déchirer, en tombant, une longue section d'écorce.

1. Faites d'abord une entaille sous la branche (1), dans le tronçon où vous prévoyez exécuter la coupe.

2. Sectionnez la branche à environ 10 à 15 cm au-delà de cette entaille (2). Si jamais la branche devait tomber subitement avant que vous ayez fini de couper, l'entaille initiale empêchera que la chute n'arrache une longue section d'écorce.

3. Maintenant que presque tout le poids de la branche est disparu, faites une dernière coupe pour supprimer le chicot. Attention en coupant de ne pas endommager le collet, cet anneau protubérant qui entoure la base de la branche d'où part le cal qui recouvrira la plaie. Sectionner le chicot trop près du point de jonction avec le tronc pourrait exposer le bois interne du tronc et endommager l'arbre sérieusement. Si le collet reste intact, un cal cicatriciel se formera rapidement.

TAILLER LES ARBUSTES À FLEURS

Choisir le bon moment est la clé du succès de la taille des arbustes à fleurs. Quand un arbuste à fleurs arrête de fleurir, les boutons de fleurs de l'année suivante commencent à se former à la base des fleurs fanées. Il est donc important que vous ne supprimiez pas ces boutons dormants, sinon l'arbuste ne fleurira pas l'année suivante. Il faut toujours tailler judicieusement et intelligemment. La suppression des fleurs fanées afin de stimuler la production de plus de fleurs l'année suivante (qui peut être faite sur les arbustes à floraison printanière et à floraison automnale) doit être exécutée de la même manière.

ARBUSTES À FLORAISON PRINTANIÈRE

Les arbustes qui fleurissent au printemps portent leurs fleurs sur le «vieux bois», soit le bois formé au cours de la saison précédente. Un arbuste à floraison printanière, comme le lilas montré ici, fleurit en mai et, dans les six semaines suivantes, il a déjà formé les boutons floraux encore invisibles de l'année suivante. Il est donc important d'entreprendre toute taille majeure rapidement après que les fleurs ont fané au printemps, idéalement dans les deux semaines suivantes, sinon il y aura risque de supprimer les boutons nouvellement produits qui donneront les fleurs de l'année suivante.

   Les arbustes suivants devraient être taillés peu après la floraison :
• amélanchier *(Amelanchier)* • arbre à perruque *(Cotinus coggygria)* • azalée *(Rhododendron)* • cognassier du Japon *(Chaenomeles)* • cornouiller mâle *(Cornus)* • deutzia *(Deutzia)* • forsythia *(Forsythia)* • lilas *(Syringa)* • seringat *(Philadelphus)* • spirée de Van Houtte *(Spiraea x vanhouttei)* • viorne *(Viburnum)*

ARBUSTES À FLORAISON ESTIVALE

Les arbustes qui fleurissent au milieu ou à la fin de l'été portent leurs fleurs sur le «bois nouveau», c'est-à-dire le bois formé durant la même saison que les fleurs. On peut les tailler à tout moment après la fin de la floraison, soit à l'automne ou très tôt au printemps suivant, avant que la croissance ne reprenne. Si vous taillez trop tardivement au printemps suivant, vous risquez de supprimer les boutons floraux fraîchement développés qui autrement deviendront les fleurs de l'été.
Les arbustes suivants ont une floraison estivale. Il faut donc les tailler avant que les branches ne débourrent au printemps.
• Marronnier à petites fleurs *(Aesculus parviflora)* • ketmie des jardins *(Hibiscus syriacus)* • hydrangée *(Hydrangea)* • millepertuis *(Hypericum)* • corète du Japon *(Kerria japonica)* • potentille *(Potentilla fruticosa)* • sureau *(Sambucus)* • sorbaria *(Sorbaria sorbifolia)* • spirée du Japon *(Spirea japonica)*.

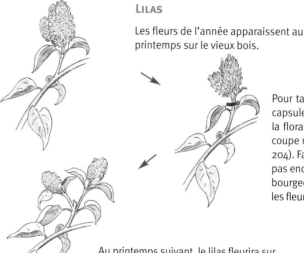

LILAS

Les fleurs de l'année apparaissent au printemps sur le vieux bois.

Pour tailler, supprimez les capsules de graines après la floraison en faisant une coupe nette (voir à la page 204). Faites attention de ne pas endommager les petits bourgeons dormants sous les fleurs.

Au printemps suivant, le lilas fleurira sur le vieux bois produit au cours de la saison précédente.

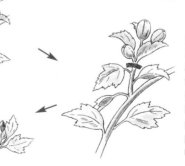

KETMIE DES JARDINS

Les fleurs de l'année apparaissent à la fin de l'été sur le bois nouveau.

Pour tailler, supprimer les capsules de graines après la floraison en faisant une coupe nette (voir à la page 204). Faites attention de ne pas endommager les petits bourgeons dormants sous les fleurs.

Au printemps suivant, les boutons dormants de la ketmie des jardins commenceront à se développer sur le bois nouveau qui portera alors les fleurs à la fin de l'été.

RAJEUNIR UN ARBUSTE NÉGLIGÉ

Il est facile de reconnaître un arbuste qui a été négligé. Il arbore une silhouette haute et dégarnie, il y a plus de feuillage à certains endroits qu'à d'autres, et les fleurs, s'il y en a, n'apparaissent qu'irrégulièrement. Rajeunir un arbuste stimule une poussée de croissance, le forçant à réinvestir son énergie dans ce qu'il fait de mieux : produire des feuilles et des fleurs, et atteindre son port et sa taille naturels à maturité.

On peut rajeunir les arbustes en supprimant un tiers du vieux bois tous les ans, donc sur une période de trois ans. Au début du printemps de la première année, enlevez un tiers du bois le plus vieux en le taillant aussi près que possible de l'endroit où il jaillit de la couronne de la plante. Cette opération stimulera la plante à produire de nouvelles branches vigoureuses au niveau de sa couronne. La seconde année, les nouvelles branches auront pris leur place et il faudra maintenant supprimer un autre tiers des vieilles branches. La troisième année, les nouvelles branches des deux premières années croîtront avec vigueur et vous pourrez alors enlever ce qui reste des branches les plus vieilles, si nécessaire.

Première année Tôt au printemps, taillez un tiers du plus vieux bois aussi près que possible de la couronne de l'arbuste.

Deuxième année   Au printemps suivant, de nouvelles branches auront poussé par suite de la taille de l'année précédente. Vous pourrez maintenant supprimer un autre tiers des branches les plus anciennes, encore une fois aussi près que possible de la couronne de l'arbuste.

Troisième année   Au troisième printemps, l'arbuste aura de nouvelles branches fortes qui auront remplacé celles qui ont été coupées au printemps précédent. Vous pouvez maintenant couper ce qu'il reste des branches les plus vieilles, si vous le désirez. Au printemps suivant, tout l'arbuste aura été rajeuni et ne produira que de nouvelles branches vigoureuses.

LES DIX MEILLEURS ARBUSTES À FLEURS, QUAND LES TAILLER

Une taille réussie des arbustes à fleurs n'est pas aussi compliquée qu'elle le paraît de prime abord, mais c'est surtout une question de moment opportun. Il faut se rappeler que, dans tous les cas, c'est peu après la floraison qu'il faut tailler les arbustes… le mot « peu » étant relatif. Si vous suivez cette règle, la routine naturelle de la floraison sur le bois nouveau ou le vieux bois (voir les pages 204 à 209) suivra son cours normal.

Si votre arbuste à fleurs fleurit de moins en moins, s'il est négligé et plein de branches, retournez à la page précédente pour savoir comment rajeunir la plante et stimuler de nouveau une floraison abondante.

ARBRE AUX PAPILLONS *Buddleia davidii* H 1-2 m L 1,5-2,5 m Zone 5b Sous notre climat, l'arbre aux papillons agit comme un arbuste à recéper, c'est-à-dire qu'il meurt jusqu'au sol (ou presque) tous les ans. Ce n'est que dans les zones 7a et plus qu'il peut atteindre sa taille maximale. Attendez que la croissance de l'année, qui débute tardivement (souvent seulement au début de l'été), soit visible, puis taillez uniquement le bois mort, soit la partie qui ne repousse pas.

KOLKWITZIA AIMABLE *Kolkwitzia amabilis* H 3 m L 3 m Zone 5b Le kolkwitzia produit des fleurs sur toute la longueur des tiges : essayer de toutes les supprimer par la taille serait un travail de moine ! Prenez plutôt l'habitude de rabattre au sol, tous les ans après la floraison printanière, un tiers des branches les plus âgées pour garder la plante constamment rajeunie et abondamment florifère.

LILAS *Syringa* spp. H 1-6 m L 1-8 m Zone 3-5 Taillez immédiatement après la floraison, en supprimant les fleurs fanées à portée de la main si leurs capsules vous dérangent. Par contre, le lilas connaît tout naturellement une bonne année de floraison suivie d'une année faible et tailler fait peu pour remédier à la situation. Il est beaucoup plus important d'éclaircir l'arbuste régulièrement, en supprimant les nombreux gourmands. Si votre arbuste paraît dénudé, laissez pousser deux ou trois gourmands pour l'aider à se remplir. Coupez les branches trop longues au niveau d'une branche secondaire vigoureuse qui pousse vers l'extérieur de l'arbuste.

RHODODENDRON *Rhododendron* spp. H 0,5-4 m L 1-5 m Zone 3-6 La taille annuelle, si vous la jugez nécessaire, consiste uniquement à supprimer avec soin les capsules de graines à l'extrémité des branches, immédiatement après la floraison. Cette plante réagit mal à la taille des branches : inutile d'essayer de l'égaliser en les raccourcissant ! On peut cependant rabattre les vieilles branches dégarnies pour stimuler une certaine croissance à la base.

FORSYTHIA *Forsythia* species and hybrids H 1-3 m L 1-2 m Zone 4-6 Se taille au printemps, après la floraison. Rabattez à leur base, tous les ans, quelques branches plus âgées pour prévenir une croissance trop dense et maintenir la « transparence » de l'arbuste. Évitez de « raccourcir les branches » : les longs rameaux fleuris sont son principal attrait ! Si l'arbuste est trop gros pour l'espace disponible, mieux vaut le remplacer par un cultivar de plus petite taille. On peut rabattre au sol un forsythia vieilli pour le rajeunir rapidement.

KETMIE DES JARDINS *Hibiscus syriacus* H 80-180 cm L 80-180 cm Zone 6b Cet arbuste peu rustique gèle terriblement dans nos régions, à moins de l'enterrer dans une tranchée pour l'hiver. Comme il débourre très tardivement et fleurit sur le bois de l'année, attendez que les nouvelles feuilles apparaissent au début de l'été avant de supprimer le bois mort. Sous notre climat, la suppression des fleurs fanées est inutile, car la ketmie ne se ressème pas spontanément, comme elle le fait sous d'autres climats.

HYDRANGÉE ANNABELLE *Hydrangea arborescens* 'Annabelle' H 1-5 m L 1-5 m Zone 3 Cet arbuste, aux grosses inflorescences arrondies blanches, fleurit sur le bois de l'année : on peut le rabattre à la couronne au début de chaque printemps. L'hydrangée paniculée *(H. paniculata)* n'a pas besoin d'une taille aussi draconienne, mais comme elle fleurit aussi sur le bois de l'année, si vous avez à la tailler, c'est au printemps qu'il faut procéder. Quant à l'hortensia *(H. macrophylla)*, il fleurit sur le vieux bois. Après que les feuilles sont apparues au printemps, supprimez tout simplement le bois mort.

ROSIER *Rosa* spp. H 15 cm-3 m L 15 cm-3 m Zone 3-7 Rosiers arbustifs et rosiers buissons (hybride de thé, grandiflora, floribunda, etc.) : tôt au printemps, quand les bourgeons gonflent, mais avant qu'ils n'éclatent, supprimez le bois mort, les tiges cassées ou endommagées et les tiges de moins de 2 cm de diamètre. Rosiers grimpants : à la même période, supprimez le bois mort, endommagé ou faible, ainsi que les vieilles tiges de faible vigueur. Arquer les jeunes tiges, les fixant à l'horizontale, peut stimuler une floraison plus abondante.

SPIRÉE *Spiraea* spp. H 15 cm-2,5 m L 30 cm-2 m Zone 3-5 Spirées à floraison printanière blanche, de type « couronne de la mariée », comme *S. nipponica, S. canescens, S. x vanhouttei,* etc.) : elles fleurissent sur le vieux bois. Immédiatement après la floraison printanière, taillez-les aux deux tiers de leur hauteur et éclaircissez les branches si elles sont trop nombreuses. Spirées à floraison estivale, comme *S. japonica* (syn. *S. bumalda*) : elles fleurissent sur le bois de l'année. Coupez les branches de moitié tôt au printemps, avant le débourrement. On peut même rabattre à la couronne les sujets cultivés au plein soleil.

POTENTILLE FRUTESCENTE *Potentilla fruticosa* H 30 cm-1,5 m L 60 cm-1,2 m Zone 2 Cet arbuste exige peu de taille régulière, seulement la suppression des rameaux morts ou endommagés. On peut essayer de l'éclaircir en supprimant les vieilles branches, toujours tôt au printemps, car il produit de grandes quantités de tiges et devient vite trop dense. Il est cependant plus facile de le rajeunir en le rabattant à sa couronne aux sept ou huit ans, quand il commence à moins fleurir.

L'entretien des surfaces inertes

Le bois est le matériau de construction qui change le plus rapidement et le plus profondément avec le temps. À cause de sa nature poreuse, il absorbe rapidement l'eau en toute saison. Par temps chaud, les champignons réussissent à pénétrer le grain du bois, qu'il soit humide ou sec, et la pourriture commence alors son œuvre. La meilleure façon pour prévenir la pourriture du bois, ou du moins, pour la retarder au maximum, consiste à appliquer aux deux ans une couche d'un produit de conservation pour le bois. Si la neige demeure sur la surface durant des mois, une application plus fréquente peut être nécessaire.

L'asphalte est une surface solide qui demande peu d'entretien. Une application annuelle de scellant noir aidera à colmater les petites fissures et à empêcher qu'elles ne deviennent de grosses crevasses. Il existe aussi des scellants transparents pour les pavés en béton qui aident à prévenir la pénétration en profondeur de la glace. Toute surface de pierres posées à sec deviendra moins solide quand la neige et la pluie auront emporté le sable des joints ; dalles et pavés bougeront et se soulèveront sous l'effet du gel. Il faut appliquer régulièrement du sable fin pour joints sur ces surfaces, en le balayant entre les pavés ou les dalles pour remplir les interstices et ainsi les tenir en place solidement.

Les surfaces en pierre dans les emplacements ombragés et humides à faible circulation d'air peuvent être colonisées par des algues. Ce revêtement vert est très glissant et constitue un risque sérieux. Les mousses qui poussent dans les fissures entre les pierres sont cependant inoffensives et certains jardiniers font même des efforts pour encourager leur croissance. Mais il faut toujours supprimer sans tarder les algues poussant sur les pierres elles-mêmes. Si les algues ne sont pas trop bien établies, on peut les supprimer avec une solution de quatre parties d'eau et d'une partie d'eau de Javel. Faites attention de ne pas vaporiser cette solution sur les mousses dans les fissures ou les plantes ornementales à proximité, ce qui pourrait les endommager ou les tuer. Si les algues persistent, frottez bien avec une brosse métallique solide.

Si vous avez investi dans diverses installations pour votre aménagement paysager, il vaut la peine de les garder propres, libres d'éléments corrosifs et dans un état d'utilisation sécuritaire. Assurez-vous que les surfaces à l'ombre soient libres d'algues glissantes (voir ci-contre) et gardez toutes les surfaces piétonnières libres de glace en répandant du sable grossier ou un déglaçant qui n'endommage pas le béton. Rappelez-vous que le sel de déglaçage (calcium) provoquera éventuellement des dommages permanents aux pierres et au béton.

Protection hivernale

Les conditions hivernales peuvent être très difficiles pour les végétaux, même quand ils sont cultivés dans la bonne zone de rusticité. Les plantes situées dans les emplacements exposés subissent le plus fort des vents asséchants qui font aussi baisser la température de l'air. Aux endroits où vous savez qu'il y aura beaucoup de vent hivernal, il est judicieux de placer les plantes plus délicates près d'un mur pour leur offrir un peu de protection. Ou pensez à les placer derrière des plantes plus solides et plus hautes qui filtreront le vent. Quelques conifères bien situés peuvent servir de brise-vent pour un coin exposé : les variétés particulièrement denses, comme l'if et le thuya, sont parfaites pour servir de protecteurs naturels.

Les thuyas qui croissent en hauteur sont vulnérables aux dommages causés par la neige lourde qui fait plier leurs branches. Il vaut la peine de sortir dans la tempête de neige pour faire tomber au balai la neige et la glace qui s'y sont accumulés. Vous pouvez prévenir ce problème à la fin de l'automne en ceignant les thuyas de corde de jute ; serrez délicatement pour maintenir les branches inférieures et les aider à rester dressées.

Normalement, il ne faut pas tailler les rosiers avant le printemps, mais certains rosiers grimpants ou très hauts ont de longues tiges qui ont besoin de support. Pour les empêcher de casser ou d'être endommagées par le vent, fixez les tiges à une clôture, à un treillis ou même à un tuteur, ce qui les empêchera de ballotter sous le vent

Les racines des vivaces nouvellement plantées ne sont pas encore solidement ancrées dans le sol et peuvent être déchaussées par l'action du gel. Pour prévenir cet accident, appliquez une épaisse couche de paillis sur les plantes à la fin de l'automne. Utilisez 5 cm de feuilles déchiquetées ou très petites. Enlevez le paillis protecteur au tout début du printemps pour permettre au sol de se réchauffer plus rapidement.

d'hiver. D'autres plantes hautes et de jeunes arbres peuvent avoir besoin d'un tuteurage d'appoint pour rester dressées et stationnaires durant l'hiver.

Le vent et le soleil hivernal peuvent brûler les larges feuilles persistantes de certains arbustes comme les rhododendrons et le fusain de Fortune, mais on peut les protéger avec un antitranspirant. Ce produit biologique biodégradable est souvent offert dans le temps des Fêtes pour prolonger la vie des sapins de Noël coupés, mais il est encore plus utile aux arbustes à feuillage persistant poussant dans le jardin. Il est offert prêt à l'emploi dans une bouteille vaporisateur. Appliquez-en sur les deux côtés de chaque feuille pour réduire la transpiration durant l'hiver. Il protégera les feuilles contre l'assèchement durant les mois froids, puis se décomposera assez rapidement avec le retour du beau temps. Appliquez l'antitranspirant tard à l'automne par une journée où la température diurne est juste au-dessus du point de congélation.

Il est rarement nécessaire d'emballer les plantes pour l'hiver si elles sont suffisamment rustiques pour la zone où elles ont été plantées. Par contre, une plante à feuilles persistantes fraîchement plantée a parfois de la difficulté à conserver ses feuilles suffisamment hydratées lorsqu'elle est exposée au vent ou au soleil de la fin de l'hiver. Il est préférable de ne pas recouvrir complètement la plante, mais vous pouvez insérer des tuteurs dans le sol tout autour d'elle et y fixer une barrière de jute qui aidera à ombrager le feuillage et à diffuser le vent. Placez les tuteurs de façon à ce que le jute ne touche pas à la plante et utilisez une agrafeuse ou des épingles pour fixer solidement le jute aux tuteurs. Les épingles de sûreté font merveille pour ce travail.

Le mot de la fin : un banc invitant

Les gens aménagent leur terrain pour une foule de raisons. Certains jardins sont si sommaires et si peu invitants qu'on ne saurait les trouver accueillants sans un réaménagement majeur. Ils sont trop chauds ou trop ombragés, ou le sol est inégal et plein de trous, ou alors ils sont toujours secs ou constamment inondés. D'autres terrains offrent un cadre plus sympathique, mais il y manque quelque agrément ou le détail qui pique la curiosité. Ils sont trop plats ou trop étroits, il n'y a pas assez de plantes et tout est à la vue des passants.

En recourant aux techniques d'aménagement que vous avez apprises dans ce livre, vous pourriez faire de ces lieux quelconques de véritables refuges verdoyants. À mesure que vous gagnerez en expérience et en confiance, vous pourrez faire de grands pas vers la création d'un jardin vraiment accueillant. Mais demandez-vous toujours jusqu'où vous voulez aller. Parfois, par excès de zèle, on fait plus de mal que de bien. C'est le cas quand de grosses installations, voyantes et envahissantes, écrasent et dévalorisent tout ce qu'il y a de naturel sur le terrain. Votre jardin doit-il être luxueusement meublé comme un salon de prestige ? Cette clôture a-t-elle vraiment besoin d'être munie d'enceintes acoustiques ? Est-ce encore un jardin ou un prolongement de votre maison ? Plutôt que d'aller en ce sens, peut-être devriez-vous rester à l'intérieur !

Certains projets d'aménagement ambitieux destinés à remplacer un décor familier vont parfois trop loin. Il n'est pas nécessaire d'arracher tout. La plupart des terrains ont des attraits qu'il vaut la peine de préserver. Conserver des plantes auxquelles vous êtes

attaché ne peut qu'exprimer votre personnalité dans votre projet et votre désir de voir votre terrain demeurer bien à vous. Le but d'un aménagement paysager est de mettre en valeur la beauté naturelle d'un terrain et de fournir à son propriétaire un siège confortable sous le plus bel arbre du jardin. Le défi que pose chaque projet d'aménagement, qu'il soit modeste ou complexe, consiste à trouver un équilibre entre le caractère naturel du jardin et les aménagements structuraux qui le rendront plus utile.

Le rôle du jardinier est d'organiser le petit univers de la cour. Investir du temps et des efforts dans un jardin permet de se familiariser avec l'esprit des lieux. Vous connaîtrez ses atouts tout comme les défauts que vous voudrez corriger. Prévoir une terrasse ici, construire un sentier là et préparer une plate-bande ailleurs sont des projets dont la récompense sera d'abord et avant tout une grande satisfaction personnelle. Si le travail est au-dessus de vos capacités, vous pouvez peut-être demander à un paysagiste professionnel d'exécuter votre plan.

Il n'est pas nécessaire que tous les projets d'aménagement aient une grande envergure. Parfois, les changements les plus satisfaisants sont modestes et peuvent être réalisés en un seul avant-midi. Ce qui importe le plus, c'est que chaque recoin vous donne satisfaction, qu'il soit garni de plantes, de bois ou de pierres. Le jardin le mieux conçu repose sur des techniques de construction subtiles et est constitué de matériaux de la terre. C'est le lilas, et non pas le chlore, qui parfume l'air. Et on peut voir l'influence du jardinier partout : dans un tapis de couvre-sol aussi bien que dans ce banc accueillant placé sous un arbre avec grâce et distinction.

Bibliographie

Adam, Judith, *The New City Gardener, Natural Techniques and Necessary Skills for a Successful Urban Garden,* Firefly Books Ltd., 1999.

Bennett, Jennifer, *Dry-Land Gardening: A Xeriscaping Guide for Dry-Summer, Cold-Winter Climates,* Firefly Books Ltd., 1998.

Blais, Denise, *Les grands principes de l'aménagement paysager,* Éditions Marcel Broquet, 1994.

Coll., *Répertoire des arbres et arbustes ornementaux,* Hydro-Québec, 1998.

Cox, Jeff, *Landscaping with Nature: Using Nature's Designs to Plan Your Yard,* Rodale Press, 1991.

Dirr, Michael A., *Dirr's Hardy Trees and Shrubs: An Illustrated Encyclopedia,* Timber Press, 1997.

Dirr, Michael A., *Manual of Woody Landscape Plants,* Stipes Publishing L.L.C., 1998.

Druitt, Liz, and G. Michael Shoup, *Landscaping with Antique Roses,* Taunton Press, 1992.

Dumont, Bertrand, *Guide des végétaux d'ornement pour le Québec – Tome I: Les conifères et les arbustes à feuillage persistant,* Broquet, 1987.

Dumont, Bertrand, *Guide des végétaux d'ornement pour le Québec – Tome II: Les arbres feuillus,* Broquet, 1989.

Fisher, Kathleen, *Taylor's Guide to Shrubs: How to Select and Grow More than 400 Ornamental and Useful Shrubs for Privacy, Ground Covers, and Foundation Plantings,* Houghton Mifflin Company, 2001.

Gillet Cimon, Guylaine et Micheline Gillet Desmartis, *Un jardin bien pensé : guide d'aménagement paysager,* InterMondes, 1989.

Gillet Cimon, Guylaine, Micheline Gillet Desmartis, Christiane Cimon et Martin Desgagnés, *Un regard vert sur l'aménagement paysager,* Éditions MultiMondes, 1992.

Hayward, Gordon, *Garden Paths: Inspiring Designs and Practical Projects,* Firefly Books, 1993.

Hill, Lewis, and Nancy Hill, *The Lawn & Garden Owner's Manual: What to Do and When to Do It,* Storey Communications, 2000.

Hodgson, Larry, *Le jardinier paresseux – Les arbustes,* Broquet, 2002.

Hodgson, Larry, *Le jardinier paresseux – Les vivaces,* Broquet, 1997.

Hodgson, Larry, *Le jardinier paresseux – Les annuelles,* Broquet, 1997.

Laramée, Louisette, *Plantes vivaces,* La Maison des Fleurs Vivaces, 1999.

Paterson, Allen, *Designing a Garden: A Guide to Planning and Planting through the Seasons,* Camden House Publishing, 1992.

Roach, Margaret, *The Natural Lawn and Alternatives,* Brooklyn Botanic Garden, 1993.

Roth, Susan A., *The Four-Season Landscape: Easy-Care Plants and Plans for Year-Round Color,* Rodale Press, 1994.

Schenk, George, *The Complete Shade Gardener,* Houghton Mifflin Company, 1985. Silva, Jeff. *Building a Healthy Lawn: A Safe and Natural Approach,* Storey Communications, 1988.

Stell, Elizabeth P., *Secrets to Great Soil: A Grower's Guide to Composting, Mulching, and Creating Healthy Fertile Soil for Your Garden and Lawn,* Storey Publishing, 1997.

Taylor, Norman, *Taylor's Guide to Trees: A Complete Guide to Gardening with Trees,* Houghton Mifflin Company, 1987.

Whitner, Jan Kowalczewski, *Stonescaping: A Guide to Using Stone in Your Garden,* Garden Way Publishing, 1992.

Dumont, Bertrand, Daniel Lefebvre et Michel Rousseau, *Réaliser son aménagement paysager,* Collection Terre à Terre, 2002.

Remerciement de l'éditeur

Nous voulons remercier **Humber Nurseries Ltd.**, de Brampton, Ontario de nous avoir permis d'utiliser leur terrain ainsi que leurs plantes et leurs accessoires de jardin pour fins de photographie.

CRÉDITS PHOTOS

Photo de l'auteur par **Mark Mainguy /Adam Gibbs** couverture arrière bd; 2; 9; 11g; 34; 36; 40hc; 50; 77; 81hg; 89; 94hg, bd; 100-01; 108-09; 125; 136bg; 144; 162hg; 163hg, bd; 164hd, bg; 165hg, bc; 179-80; 185bd; 191bc; 200hg; 211bd /**Karen Bussolini** couverture avant photo principale; 11cl, cr; 15hd; 17bg; 38c; 45bg; 46g, cr; 56; 58bd; 60; 88; 99; 110g; 124; 131; 135; 150hg; 154; 187; 196; 210bd /(Design: **James David**) 46cg /(Design: **Dickson DeMarche Landscape Architects**) 10; 14bd; 16hd; 84-85 /(Design: **Juanita Flagg**) 12; 13; 87 /(Design: **Wayne Renard**) 95 /(Design: **Johnsen Landscapes and Pools**) 28 /(Design: **Randolf Marshall, Landscape Architect**) 71 /(Design: **Susan Muszala**) 68bd /**Frank Del Vecchio** 14hg; 16bg; 17c; 19; 21; 22; 24bd; 25; 26; 31hd; 35; 37; 38r; 39r; 58hg; 61hd; 68hg; 82-83; 86g; 90hg, bg; 92; 110r; 114hg; 115hd, bc; 118hd; 134; 139g; 178; 189bg; 212 /**Alan & Linda Detrick** 40bc; 105; 106bg; 113; 132hg; 183hd; 185bc; 191hc; 197; 200bg, bd; 201; 202hg, hd, bg /(Design: **Andrea Buckingham**) 8 /(Design: **Michael Levine**) couverture avant hg; 40hg; 41; 46d /(Design: **Ardie Runkel**) couverture arrière cd; couverture avant 3ᵉ du haut à droite; 93; /**Garden Image/Ian Adams** 123hd; 129hd; 184hd /**Christine Beck** 133hc /**Mark Bolton** 137hc; 194hg /**Alan & Linda Detrick** 130; 214 /**Therese d'Monte** 191hd; /**Michael Dodge** 185hc /**Andrew Drake** 86r; 156; 213; /**Wally Eberhardt** 91hc /**Tony Giammarino** 14bc; 141; 211bg /**John Glover** 11r; 163bc; 210bg /**Mike Grandmaison** 188bd /**Dency Kane** 137bc; 163bg /**Ernst Kucklich** couverture avant bg; 194hd; 199; 215 /**Carole Ottesen** 127bc; 182bg; 190bg /**Rich Pomerantz** 166hg; 193hg /**Phillip Roullard** 102 /**Peter Symcox** 146; 190hg /**Gerald Tang** 137bd; 183bg /**Connie Toops** couverture avant 2ᵉ du haut à gauche; 147; 161 /**Martien Vinkersteijn** 136hg; 152; 189hg /**Garden Matters/John Feltwell** 119bg; 132bg; 137hd; 191bg /**GardenPhotos.com/Graham Rice** 86c; 128hd /**judywhite** 31bg; 61bg; 80hg, hd, bd; 106bd; 122hg; 123bg, bd; 126hg; 133hd; 136hg; 151bg; 162bd; 185bg; 191hg, bd; 195bd; 205; couverture arrière hd; 211hg, hd. **Garden Picture Libdary/Philippe Bonduel** 91hg /**Mark Bolton** 165bd /**Eric Crichton** 150bg; 169hg, bd; /**John Glover** 119bc; 195bc; 210bg; 211bc /**Georgia Glynn-Smith** 198hg /**Sunniva Harte** 15bg; 168hd; 193hd /**Neil Holmes** 184bd; /**Lamontagne** 168hg /**A.I. Lord** 169hd /**Zara McCalmont** 153 **Mayer/LeScanff** 121; 127hd /**John Neubauer** 181 /**Jerry Pavia /Howard Rice** 54; 81hc; 151hg; 163hc; 185hd; 189hc; 211hc /**Gary Rogers** 150hd /**Ellen Rooney** 117hd /**J. S. Sira** 117hg; 127bd; 188hg /**Friedrick Strauss** 167hg /**Juliette Wade** 81bg; 193bd /**Stuart Webster** 39g /**Didier Willery** 107bc; 151bc; 166hd /**Steven Wooster** 165hd; 167bc. **Greer Gardens/Harold Greer** 81bd; 91bc; 107hc, bd; 115hg; 116bg, bd; 119hg, hc; 122bd; 123bc; 128bd; 129hc; 132bd; 133bg; 136hd; 150bd; 167bd; 168bg; 169hc; 192bd; 194bd; 195hc. **Holt Studios/Willem Harinck** 155; 198bd /**Horticultural Photography** 38g; 116hd; 117bg; 119bd; 122hd, bg; 126bg, bd; 128hg; 129bg, bc; 133bc, bd; 148-49; 162bg; 163hd; 182bd; 183hc; 184bg; 189bc; 192bg /**Hodgson, Larry** 81bc; 90bd; 91hd, bd; 106hg; 107bg; 114bg, bd; 115hc, bg, bd; 117hg, hc; 118hg, bg; 123hc, bd; 126hd; 127bg 128bg; 129hg; 132bd; 133hd; 137bg, bd; 151hd; 182hd; 183bc; 188bg; 189hd, bd; 190hd; 192hg; 194bd; 195hg; 210hd /**Muriel Orans** 40bd /**Jardin botanique de Montréal** 81hd; 90hd; 106hd; 107hg; 117bc, bd; 118bd; 119bd; 123hg; 127hd; 129bd; 137hg; 151hc; 164hg, bd; 165bg; 166bd; 167hc, hd, bg; 169bg, bc; 182hg; 183hg; 184hg; 192hd; 193bg, bc; 195hd. **Andrew Leyerle** 24bg; 39c. **Positive Images/Karen Bussolini** 165hc; /**Jerry Howard** 193hc /**Lee Lockwood** 80bg /**Ben Phillips** 91bg; 151bd; 162hd; 168bd; 183bd; 185hg; 200cg /**Diane Pratt** 190bd /**Ann Reilly** 116hg, 188hd /**Pam Spaulding** 107hd; 114hd; 210hg /**Connie Toops** 32; 45hd; 127hc; 166bg; 170; 195bg /**Mark Turner** 139r /**Wild & Natural/Bill Beatty** 202bd.

ILLUSTRATIONS

Sarah Jane English 29; 32; 33; 52-53; 62-65; 69; 72-73; 76; 78-79; 96-97; 121; 144-45; 171-177; 204; 206-09 /**Frank Del Vecchio** 43 /**Terry Shoffner** 18; 30; 57; 59; 66-67; 70; 74-75; 98; 103-4; 111; 120; 142-43.

Index